Division des Politiques linguistiques, Strasbourg
Description des niveaux de référence
du *Cadre européen commun de référence pour les langues*
par langue (nationale ou régionale)

NIVEAU A2 POUR LE FRANÇAIS
(utilisateur/apprenant élémentaire)
niveau intermédiaire

par

Jean-Claude BEACCO, Université Paris III - Sorbonne nouvelle

Sylvie LEPAGE, Centre international d'études pédagogiques

Rémy PORQUIER, Université Paris X - Nanterre

Patrick RIBA, Centre international d'études pédagogiques

Composition et mise en pages : Nicole Pellieux

© Les Éditions Didier, 2008   ISBN 978-2-278-06299-7   Imprimé en France

SOMMAIRE

 Les exemples du chapitre 3, *Fonctions*, sont enregistrés sur un CD inclus dans l'ouvrage.

PRÉFACE

Ce *Niveau A2 pour le français* décrit les compétences langagières attendues d'un apprenant de français langue étrangère ou seconde à ce niveau où il a acquis, selon le *Cadre européen commun de référence pour les langues* (désormais le *Cadre*)[1], une maîtrise dite *élémentaire* de la langue. Mais celle-ci n'est plus *introductive* ou de *découverte* comme en A1 : ce point de référence abstrait, dit A2, caractérise une compétence considérée comme *intermédiaire*, antérieure à un premier stade d'*indépendance* (point de repère B1) dans lequel l'apprenant/utilisateur est capable de « se débrouiller dans la plupart des situations rencontrées en voyage dans une région dans laquelle la langue cible est parlée » (*Cadre* p. 25).

Comme les niveaux déjà publiés (B2, A1.1 et A1), ce référentiel pour l'enseignement du français a pour rôle d'identifier les formes du français susceptibles de correspondre aux descripteurs qui caractérisent le niveau de référence équivalent du *Cadre*. Il prend appui de façon circonstanciée sur les indications descriptives qui définissent ce point de référence dans le *Cadre*, pour proposer des inventaires différenciés de formes, circonscrits mais ouverts. L'entreprise est d'autant plus délicate que A2, tout comme B1, n'est pas borné à droite et à gauche par des limites identifiables, à la différence de A1 qui « part » d'un point voisin d'une connaissance « zéro » du français et de B2 où, par exemple, la correction grammaticale est quasi complète ou, du moins, sous contrôle (malgré des bévues occasionnelles, des erreurs non systématiques et de petites fautes, *Cadre* p. 90). Ce repère médian est spécifié par des inventaires de formes du français qu'il conviendra donc de considérer avec prudence, surtout en ce qui concerne la morphosyntaxe. Ceux-ci n'ont d'autre avantage que de constituer des points d'ancrage explicites et partagés, que l'on a cherché à fixer selon des critères aussi peu arbitraires que possible.

On continuera à utiliser le terme de « niveau de référence » du *Cadre*, en ne perdant pas de vue que celui-ci définit en fait une zone (et non une ligne) et que celle-ci peut donner lieu à des découpages différents en fonction, par exemple, des activités de communication langagière ou des contextes éducatifs. Ce qui impose de considérer que les contenus de ce référentiel ne constituent pas un programme d'enseignement préfabriqué mais bien un ensemble de ressources standardisées à partir desquelles des programmes spécifiques multiples peuvent être élaborés.

Les contenus correspondant au niveau de référence A2 sont présentés sous la forme matérielle et concrète d'inventaires langagiers (chapitres 3 à 8 : fonctions, notions générales, notions spécifiques, grammaire, matière sonore, matière graphique), organisés au moyen de classifications identiques à celles adoptées dans les niveaux de référence pour le français publiés antérieurement. Ces contenus, qui sont établis sur la base commune définie par le *Cadre*, sont ainsi harmonisés entre eux et avec les niveaux de référence élaborés pour d'autres langues. Cela permet de définir des objectifs d'enseignement indépendants des langues enseignées et d'établir des profils de compétences plurilingues diversifiés, en fonction des finalités globales de l'enseignement, des besoins langagiers nationaux/régionaux et personnels ainsi que des situations sociolinguistiques. Cet ouvrage et son contenu n'ont pas de visée prescriptive : ils ne délimitent ni ne préconisent les contenus à enseigner pour quelque public que ce soit, ni la façon de les enseigner, ni le format des évaluations et des certifications.

Le présent *Niveau A2* est un ouvrage-ressource destiné, comme les précédents, à tous les collègues impliqués, d'une manière ou d'une autre, dans l'ingénierie des formations en langues et, en particulier :

---

1. Conseil de l'Europe : *Cadre européen commun de référence pour les langues. Apprendre, enseigner, évaluer*, Didier, Paris, 2001.

– aux concepteurs et aux responsables de programmes d'enseignement de langues, y compris de programmes de formation initiale et continue d'enseignants de langues et de formateurs en langues ;
– aux auteurs de méthodes et de matériaux d'enseignement de langues, quelle qu'en soit la forme ;
– aux responsables d'évaluation et aux concepteurs et utilisateurs d'outils d'évaluation et de certification (diplômes, examens) ;
– aux enseignants de langues amenés à élaborer et/ou à adapter eux-mêmes leur matériel.

L'entreprise des *Niveaux de références pour le français*, amorcée en 1999, a trouvé sa première réalisation éditoriale avec le *Niveau B2* (Didier, Paris, 2004), qui a servi à l'élaboration des autres niveaux : le *Niveau A1*, le *Niveau A1.1*, puis le *Niveau A2*. Cette entreprise, rendue possible grâce à l'appui et au concours de diverses institutions et de nombreux linguistes, didacticiens et didacticiens linguistes, constitue une contribution permettant de mettre en place une éducation plurilingue/multilingue pour l'Europe et ouverte à la diversité des langues et du monde.

Jean-Claude BEACCO

COMPOSITION DU COMITÉ DE PILOTAGE

Agence intergouvernementale de la francophonie (AIF):
Direction des langues et du livre

Ministère de la Culture et de la Communication:
Délégation générale à la langue française et aux langues de France (DGLFLF)

Centre international d'études pédagogiques (CIEP):
Pôle évaluation et certifications

Ministère des Affaires étrangères:
Direction générale de la coopération internationale et du développement (DGCID)
Sous-direction du français

La réalisation des descriptions, pour le français, des niveaux de référence du *Cadre européen commun de référence pour les langues* résulte de l'initiative personnelle de chercheurs en didactique du français et en sciences du langage. Ce projet a été rendu possible grâce à l'appui décisif qu'il a reçu d'institutions nationales ou intergouvernementales impliquées dans les politiques linguistiques et les politiques linguistiques éducatives relatives au français.
Les financements pour le niveau A2 proviennent essentiellement de l'Agence intergouvernementale de la francophonie (AIF) et du Centre international d'études pédagogiques (CIEP).

RÉALISATION DU *NIVEAU A2 POUR LE FRANÇAIS*

Une première spécification des contenus du *Niveau A2 pour le français* (chap. 3 à 6) a été élaborée par Jean-Claude BEACCO, Sylvie LEPAGE, Rémy PORQUIER et Patrick RIBA à partir des inventaires des niveaux B2 et A1.

Les différents éléments du *Niveau A2 pour le français* ont été réalisés comme suit :
– note préliminaire, chapitres 1, 2 et 9 : Jean-Claude BEACCO ;
– chapitres 3, 4, 5 et 6 : Jean-Claude BEACCO, Sylvie LEPAGE, Rémy PORQUIER et Patrick RIBA ;
– chapitre 7, Matière sonore : Bertrand LAURET, avec la collaboration de Rémy PORQUIER ;
– chapitre 8, Matière graphique : Daniel LUZZATI ;
– chapitre 10, Stratégies d'apprentissage : Claude SPRINGER et Rémy PORQUIER.

Cette version a été révisée collectivement puis mise au point en fonction des observations de Cl. SPRINGER (Université Aix-Marseille) et de D. LUZZATI (Université du Maine).

La mise au point définitive a été réalisée grâce aux observations de professionnels du domaine :
– Hans BÄCHLE, lycée franco-allemand de Sarrebruck
– Auréliane BAPTISTE, Centre international d'études pédagogiques
– Benjamin BENOIT, Centre culturel et de coopération linguistique, Helsinki
– Béatrice BLIN, Institut français d'Amérique latine, Mexico D. C.
– Detlev BRENNEISEN, Landesinstitut für Lehrerbildung und Schulentwicklung, Hambourg
– Michèle FRELAND, Institut français d'Amérique latine, Mexico D. C.
– Audrey HUMMEL, Institut français d'Amérique latine, Mexico D. C.
– Magalie GONTERO, Institut français d'Amérique latine, Mexico D. C.
– Michaël MAGNE, Institut français de Naples
– Nicolas MOREAU, Institut français d'Amérique latine, Mexico D. C.
– Christine MOERMAN, Institut français d'Amérique latine, Mexico D. C.
– Annick PIERSON, Institut français de Madrid
– Rachid WEJEBE, Institut français d'Amérique latine, Mexico D. C.

Les coordinateurs du niveau A2 remercient très vivement ces collègues de leur implication dans ce projet.

Les inventaires de formes sur lesquels est fondée la présente spécification de A2 sont ceux du *Niveau B2 pour le français*. On rappelle que la réalisation des inventaires « bruts », qui ont servi de base aux inventaires définitifs, avait été assurée par :
– fonctions : Simon BOUQUET, Kate BEECHING, Mirjam EGLI, Sylvie GARNIER, Stavroula KATSIKI, Simona PEKAREK, Mat PIRES, Carol SANDERS, Frédérique SITRI, Véronique TRAVERSO ;
– notions générales : Rémy PORQUIER, François CHAMPION, Gérard PETIT ;
– grammaire : Rémy PORQUIER, Évelyne ROSEN, Séverine DURAND ;
– notions spécifiques : François CHAMPION, Gérard PETIT, Rémy PORQUIER ;
– matière sonore : Bertrand LAURET ;
– matière graphique : Daniel LUZZATI.

LES DESCRIPTIONS POUR LE FRANÇAIS DES NIVEAUX DE RÉFÉRENCE DU *CADRE EUROPÉEN COMMUN DE RÉFÉRENCE POUR LES LANGUES*

Le *Cadre européen commun de référence pour les langues…* et la description des niveaux de référence pour les langues nationales et régionales : des instruments pour l'éducation plurilingue

Ce niveau de référence prend la suite de la réalisation du *Niveau B2 pour le français. Un référentiel* (Éditions Didier, 2004) et du *Niveau A1 pour le français. Un référentiel* (Éditions Didier, 2007). Ce n'est que lorsque les quatre niveaux A1, A2, B1 et B2 auront été réalisés qu'une mise au point globale pourra être effectuée, car au stade actuel il existe encore de légères différences dans les inventaires publiés.

Le *Cadre européen commun de référence pour les langues. Apprendre, enseigner, évaluer* (désormais le *Cadre*)[2] a été adopté comme instrument de référence par de nombreux systèmes éducatifs des États membres du Conseil de l'Europe, qui l'emploient essentiellement pour déterminer des niveaux de maîtrise à atteindre dans les langues enseignées : par exemple, on vise souvent, pour la première langue vivante enseignée, la maîtrise du niveau de référence A2 ou B1 à la fin de la scolarité obligatoire et B2 à la fin de l'enseignement secondaire supérieur. Il sert aussi d'instrument de référence à l'Association des centres d'évaluation en langues en Europe (ALTE)[3].

Cette utilisation du *Cadre* par les évaluateurs a conduit à une sorte de plus petit commun usage du *Cadre* :
- on retient six niveaux, alors que le *Cadre* laisse la possibilité d'en établir davantage et de les moduler ;
- on privilégie des niveaux de compétences identiques (par exemple : B1 pour la réception écrite, l'interaction orale, la production écrite…) et non des profils différenciés de compétences ;
- on tend à utiliser directement le *Cadre* comme programme d'enseignement, alors qu'il n'est qu'un des instruments qui permet d'élaborer ceux-ci.

Ces premières formes d'utilisation ont assuré une diffusion remarquable du *Cadre*, mais elles ont aussi donné le sentiment que celui-ci était une norme, alors que ce n'en est qu'une utilisation particulière.

Car le *Cadre* a bien d'autres finalités que celles, somme toute sectorielles, des certifications. Il est essentiellement au service de l'éducation plurilingue, posée comme finalité des enseignements de langue. Voici ce qu'en dit le *Cadre* (1.3., p. 11) : « On peut arriver au multilinguisme simplement en diversifiant l'offre de langues dans une école ou un système éducatif donnés, ou en encourageant les élèves à étudier plus d'une langue étrangère, ou en réduisant la place dominante de l'anglais dans la communication internationale. Bien au-delà, **l'approche plurilingue** met l'accent sur le fait que, au fur et à mesure que l'expérience langagière d'un individu dans son contexte culturel s'étend de la langue familiale à celle du groupe social puis à celle d'autres groupes (que ce soit par apprentissage scolaire ou sur le tas), il/elle

---

2. Le *Cadre* sera cité dans la version française, traduite de l'anglais, publiée aux Éditions Didier, Paris, en 2001.
3. Sigle issu de l'anglais : *Association of Language Testers in Europe*.

ne classe pas ces langues et ces cultures dans des compartiments séparés mais construit plutôt une compétence communicative à laquelle contribuent toute connaissance et toute expérience des langues et dans laquelle les langues sont en corrélation et interagissent. »

Les finalités de l'éducation plurilingue sont :

- de faire prendre conscience à chacun de son répertoire de langues, de le valoriser et de l'élargir, en rendant parallèlement les apprenants/utilisateurs plus autonomes dans l'acquisition des langues ;
- de faire acquérir des compétences communicatives dans plusieurs langues, quel qu'en soit le niveau de maîtrise et quel que soit le statut des langues (langues régionales, minoritaires, d'origine) tout au long de la vie, en fonction des besoins de chacun ;
- de développer des compétences stratégiques pouvant être réinvesties dans une nouvelle langue.

À cette fin, le *Cadre* s'appuie :

- **sur un nouveau modèle du locuteur,** car la perspective plurilingue qu'il développe envisage les langues ensemble, du point de vue de ceux qui les utilisent (en tant qu'elles constituent le répertoire de langues individuel) et non du point de vue de politiques linguistiques visant à développer telle ou telle langue en particulier. Le plurilinguisme renvoie à ces répertoires de langues individuels qui comportent la variété de langue appelée « langue maternelle » ou « première langue » (mais on peut aussi avoir deux langues maternelles) et toute autre variété de langue : régionale, étrangère, identitaire, pour la profession, pour des situations de communication formelles, acquises au moyen d'un enseignement institutionnel ou par d'autres moyens. Le plurilinguisme des locuteurs se développe et évolue tout au long de la vie, pour des besoins et dans des buts différents ;
- **sur une nouvelle conception de la connaissance des langues :** précisément en spécifiant des niveaux de maîtrise, le *Cadre* reconnaît la pertinence de ceux-ci. Le *Cadre* ne « préconise » en aucune manière d'aller dans tous les cas jusqu'à une maîtrise parfaite des langues mais il souligne bien que chaque forme de « connaissance d'une langue » est digne d'évaluation : si elle peut être considérée comme limitée par rapport à des connaissances supérieures, elle n'est pas pour autant à considérer comme imparfaite et possède donc une valeur sociale et une signification en termes de relations humaines ;
- **sur la conception de la communication** qui a servi de fondement à l'approche communicative de l'enseignement des langues : si le langage est action (au sens de Austin) et si la communication est une activité, c'est-à-dire une action sociale répondant à une stratégie et ayant une finalité, elle porte aussi sur un domaine déterminé et elle emprunte les formes, plus ou moins régulées, des discours (ou genres de discours) qui définissent une communauté de communication, tout autant que la/les langue(s) qui y sont employées. Le *Cadre* rappelle la diversité des activités (interaction, production, réception, médiation orales ou écrites) et, en ce sens, il développe un modèle tout autant actionnel que compétentiel.

On voit bien là que le potentiel du *Cadre* ne se limite pas à la description de standards communs destinés à établir des évaluations fiables.

Des descriptions de référence pour le français

La mise en place d'une pédagogie intégrée pour développer et gérer cette éducation plurilingue suppose des stades de réalisation, dont celui de constituer des programmes d'enseignement qui tirent toutes les conséquences du *Cadre*. Mais celui-ci n'est sans doute pas suffisant à cette fin, puisqu'il concerne potentiellement toutes les langues et que des programmes de langues, quelles que soient leurs convergences, sont aussi amenés à spécifier des objectifs à travers des inventaires de formes propres à une langue donnée. C'est de cette exigence que sont nées les descriptions langue par langue des niveaux de référence du *Cadre*.

Celles-ci sont avant tout des inventaires de formes dont la maîtrise par les apprenants caractérise un niveau de compétence à communiquer langagièrement, visé ou acquis. Ces descriptions de référence sont dérivées du *Cadre*, qui identifie des types et des niveaux de compétence :
- sur la base d'une typologie de compétences générales individuelles (savoirs déclaratifs, savoir-faire, savoir apprendre, pp. 16-17) et de compétences à communiquer langagièrement (compétence linguistique, sociolinguistique et pragmatique, pp. 17-18) ;
- sur la base de niveaux identifiés globalement et par activités langagières (réception, production, interaction, médiation…) à l'aide de descripteurs. Les niveaux délimités sont au nombre de six. A2 est le deuxième dans cet éventail.

Il s'est avéré utile de spécifier ce référentiel de compétences et d'activités qu'est le *Cadre* par des inventaires de formes d'une langue donnée. En effet les descripteurs d'activités sont nécessairement larges : à supposer que « être capable de demander son chemin » ou « être capable d'utiliser les transports en commun » soient des descripteurs pour l'interaction orale au niveau A1 ou A2, ils disent peu sur la maîtrise de la morphologie, de la syntaxe et du lexique en langue cible. Il y a d'évidentes différences morphosyntaxiques entre ces énoncés, qui ont sans doute une efficacité communicative voisine :
- *Est-ce que vous pourriez me dire où se trouve la rue de la République ?*
- *La rue de la République, s'il vous plaît ?*
- *La rue République ! Où ?*

Pour définir des contenus d'enseignement comparables, il a donc semblé opportun de s'en rapporter aussi aux formes, sans cependant ignorer la compétence de communication qui, elle, se décrit à partir d'autres critères (gestion efficace de situations de communication, fluidité…). Ainsi référentiel de compétences communicationnelles (le *Cadre*) et inventaires de formes constituent-ils deux voies d'accès complémentaires à l'établissement de programmes, de formations ou de certifications, permettant de spécifier un « pôle communicationnel » et un « pôle formel », puisque la finalité des enseignements de langues est bien de « communiquer dans une langue étrangère ».

Ces inventaires ont donc pour rôle de dessiner un « objet-langue », produit de choix effectués dans la totalité des formes linguistiques existantes (mots, phrases, textes…) d'une langue, le français en l'occurrence. Ces formes proposées à l'apprentissage ne sont pas *le* français, mais *du* français, comme extrait des emplois effectifs qu'en font les francophones. Certaines des formes du français ont été retenues dans cette description parce qu'on s'accorde à les considérer comme devant être maîtrisées par les apprenants à ce niveau de compétence communicationnelle. Cette matière verbale (y compris sonore et graphique) ainsi découpée constitue un objet-langue particulier, destiné à l'enseignement.

Ces instruments constituent uniquement un étalonnage de référence mais, cependant, d'une manière indirecte, ils promeuvent des normes ou des standards. Leur objectif n'est pas de normaliser ou d'uniformiser les contenus des enseignements mais de les rendre compatibles au sein d'une culture didactique commune. Cependant, comme on a pu le constater dans les utilisations du *Cadre*, la facilité qui consiste à en faire un programme prêt à l'emploi et universel n'est jamais à exclure, bien au contraire. Pour lever toute ambiguïté, on rappellera ce que le *Niveau A2 pour le français*, tout comme les précédents, n'est pas :
- Le *Niveau A2 pour le français* n'est pas un matériel pédagogique utilisable pour l'enseignement en classe. En effet, par exemple, il ne propose pas de répartition dans la durée des formes à enseigner (la « progression »). Il n'identifie pas les formes à enseigner ensemble dans une même séquence didactique. Il ne précise pas le volume horaire nécessaire pour atteindre le niveau décrit. Il propose des inventaires dans lesquels il reste à

choisir ce qui est à enseigner, et à décider comment organiser et enseigner ces contenus, en fonction des publics, du temps disponible, des situations et des cultures éducatives…
• Le *Niveau A2 pour le français* ne préconise aucune méthodologie d'enseignement particulière, même si ses catégorisations renvoient à certaines de celles-ci (par exemple, les inventaires d'actes de langage/fonctions).
• Le *Niveau A2 pour le français* n'est pas une grammaire : on n'y décrit pas les régularités de la langue française, mais on y recense des formes enseignables. Certains de ses chapitres présentent des inventaires de contenus et de formes (classés suivant des catégories très larges) exemplifiés, correspondant à des besoins d'utilisateurs de niveau élémentaire, mais ils ne constituent pas une grammaire descriptive ou normative du français.
• Le *Niveau A2 pour le français* n'est pas un dictionnaire : on y présente des inventaires de mots mais on n'en décrit ni le(s) sens ni les emplois.

Ce *Niveau A2*, comme les autres, doit être spécifié à son tour, par exemple pour devenir un outil d'évaluation, qui délimiterait tout ce qui est à identifier comme connu ou non connu, compris ou non compris, appris ou non appris. À partir du *Niveau A2*, on peut spécifier les compétences de sortie attendues de manière variable : les performances attendues peuvent correspondre entièrement au niveau A2, mais elles peuvent aussi n'en viser qu'une partie (par exemple : 70 % de A2 dans sa totalité ou 80 % de A2 uniquement pour l'expression orale et 50 % pour les autres compétences).

> Le statut que les Institutions donneront à ces descriptions relève de leur responsabilité. La présente description des formes caractérisant le niveau A2 du *Cadre* pour le français ne saurait être considérée comme définissant des contenus d'enseignement ayant une valeur universelle. Elle constitue un point d'ancrage à partir desquels des programmes différents mais comparables peuvent être établis.

Ces descriptions autorisent en effet des déclinaisons spécifiques. En particulier, les spécifications institutionnelles de A2 peuvent intervenir :
• au niveau des compétences à enseigner (on peut retenir comme objectif *écouter* mais non *écrire*, par exemple). En particulier, il convient de souligner qu'il n'existe peut-être pas d'utilisateur/apprenant A2, c'est-à-dire de locuteur dont toutes les compétences seraient uniformément de niveau A2, car un locuteur peut avoir une maîtrise différenciée de compétences diverses ;
• au niveau des contextes de communication et par domaine dans ces contextes ;
• au niveau des situations de communication entrant dans ces contextes et ces domaines ;
• au niveau des genres de discours utilisés dans ces situations de communication ;
• au niveau des textes concrets (oraux ou écrits) actualisant ces genres discursifs ;
• au niveau des formes à faire produire par rapport à celles à faire comprendre ou identifier ;
• au niveau des formes à reconnaître par rapport à celles appelant des activités d'enseignement systématisées (sous forme d'analyse/description des régularités visées et d'activités explicites d'appropriation), pour lesquelles la correction formelle pourra être désormais exigée ou attendue.

Des instruments comme le *Niveau A2* devraient être en mesure de fournir le matériel verbal nécessaire à la plupart des publics d'apprenants : ceux qui suivent des formations hors de France ou dans un pays francophone, dans un cadre scolaire, universitaire, associatif ou privé… Cependant, ils ont davantage de pertinence :
• pour les publics d'adolescents et d'adultes que pour les enfants ou les très jeunes, dans le cadre d'enseignements précoces ou préscolaires ;

• pour les publics ayant des besoins langagiers génériques que pour ceux ayant des objectifs spécialisés ou professionnels ;
• pour des situations d'enseignement du français comme langue étrangère que pour celles où il est langue d'enseignement d'autres disciplines.

Cela implique que les descriptions de référence de A2 doivent être à leur tour complétées ou modulées.

Ce *Niveau A2* se présente comme une succession de spécifications, dont certaines sont emboîtées. Les composantes de ces inventaires se situent à des niveaux de description différents, soit parce qu'on y répertorie des éléments du même matériau sous différents aspects (matière sonore, matière graphique...), soit parce qu'ils abordent le même matériau selon des catégorisations différentes (notions, structures, fonctions, genres discursifs...). On ne prétend pas ici se fonder sur une théorie unifiée des différents niveaux de descriptions, comme ce fut le cas, par exemple, de la perspective dite notionnelle-fonctionnelle retenue comme base pour les référentiels des années 70 et 80. On vise à fournir aux utilisateurs différentes formes de caractérisation de la matière à enseigner, qui ne sont pas nécessairement jointives entre elles mais dont on cherche à ce qu'elles correspondent aux besoins des programmations didactiques.

CHAPITRE 1
CONTENUS ET STRUCTURE
DU *NIVEAU A2 POUR LE FRANÇAIS*

Les descriptions des niveaux de référence par langue sont des inventaires de formes dont la maîtrise par les apprenants caractérise les niveaux de référence spécifiés par le *Cadre*. Ces descriptions dessinent six ensembles différents de formes (de A1 à C2) qui sont inclus les uns dans les autres : tout A1 se trouve dans A2 qui est lui-même présent, avec tous ses éléments, dans B2.

1.1. LES CONTENUS DU *NIVEAU A2 POUR LE FRANÇAIS*

Ces inventaires de formes, rendus nécessaires en Europe par la volonté de faire converger les systèmes éducatifs autour de valeurs partagées (l'éducation plurilingue), constituent un étalonnage de référence et nullement une liste de mots qui seraient obligatoires et identiques, en tous lieux et en tous temps, pour « définir » A2. Mais ils sont appelés *de facto* à jouer un rôle normatif, ne serait-ce que parce qu'ils peuvent servir de point de départ à l'élaboration de programmes et d'épreuves d'examens. Il importe donc que cette spécification pour le français du niveau A2 du *Cadre* demeure adaptable : comme cela a déjà été souligné dans la présentation, cette description est conçue pour permettre des déclinaisons spécifiques propres aux contextes éducatifs.

Ainsi, les contenus de A2 définis ici sont posés comme devant être maîtrisés dans les activités de réception/compréhension orale et/ou écrite. Il reviendra aux responsables de programmes et/ou aux enseignants de déterminer plus spécifiquement ce qui doit être maîtrisé dans les activités de production orale et écrite, en fonction des utilisateurs/apprenants et des situations éducatives.

Ce choix de ne pas spécifier les éléments de A2 considérés comme devant être « connus », c'est-à-dire employés correctement et de manière appropriée, et ceux devant être « simplement compris » tient d'abord au fait que la distinction entre maîtrise active – manifestée par des emplois – et maîtrise potentielle – manifestée par une interprétation appropriée – est délicate à établir. De plus, les connaissances attendues de la part d'apprenants de niveau A2 sont probablement à définir compétence par compétence et activité de communication par activité de communication, et non globalement. Enfin, en ce qui concerne les compétences linguistiques, le « niveau à atteindre » pourra être déterminé de manière d'autant plus précise que la matière verbale elle-même est aisée à définir. Il est, en effet, assez simple d'identifier les régularités morphologiques à maîtriser (par exemple : types de verbes, personnes, modes et temps). Cela est déjà moins possible pour les réalisations verbales attendues des fonctions et il est beaucoup plus aléatoire de le faire en ce qui concerne le lexique, car les mots « utiles » peuvent varier grandement d'une situation d'enseignement à l'autre.

Par ailleurs, il n'est pas possible de définir *a priori* la durée (en heures) des enseignements nécessaires pour atteindre le niveau A2. Celle-ci est variable en fonction de paramètres comme : enseignement extensif/intensif, apprentissage autonome/enseignement institutionnel, apprentissage se réalisant en milieu francophone/allophone, apprentissage répondant à des besoins identifiés/apprentissage d'une matière scolaire, langue première et langues déjà connues des apprenants… On peut imaginer cependant que l'expérience collective permettra d'identifier, par exemple, le volume horaire moyen nécessaire pour amener 75 % des apprenants à obtenir le DELF A2, dans des contextes d'enseignement différents.

1.2. LE MATÉRIEL VERBAL DU FRANÇAIS CORRESPONDANT AU NIVEAU A2 DU *CADRE*: SÉLECTION ET CATÉGORISATIONS DES ÉLÉMENTS, ARTICULATION DES INVENTAIRES

Le *Niveau A2* respecte la structure d'ensemble des *Niveau A1* et *Niveau B2* antérieurement réalisés. Ainsi A2 a-t-il été identifié à partir du matériel verbal retenu pour B2 et pour A1.

1.2.1. Critères de sélection des formes et nature des inventaires

Pour A2 comme pour A1, le problème majeur est celui du choix des éléments retenus puisque, en début d'apprentissage, leur volume est nécessairement limité. Pour essayer de fonder cette spécification de A2 sur des critères objectivés et pertinents, on a pris en compte :
* essentiellement, les descripteurs du *Cadre* ;
* les connaissances tenues pour établies sur des interlangues des apprenants à leurs stades initiaux et sur les séquences acquisitionnelles[1] du français ;
* les objectifs ordinaires des enseignements, en particulier le matériel morphosyntaxique proposé à l'apprentissage dans les manuels pour débutants ;
* l'expérience collective des enseignants et des évaluateurs ;
* les exemples de production d'apprenants réputés relever de tel ou tel niveau en fonction des critères du seul *Cadre* (en particulier, les échantillons de ce type produits pour le français)[2].

Les choix à effectuer pour construire ces inventaires impliquent de passer de la caractérisation de la communication verbale et des compétences qui y sont utilisées (comprendre un texte, interagir à l'oral…) aux « mots » du français qui permettent de les réaliser concrètement. Il faut donc :
* identifier la nature des compétences de communication, ainsi que la nature et le degré de maîtrise dans chacune d'elles, et les contextes dans lesquels la communication s'effectue. Cela a été réalisé à partir des descripteurs de compétence du *Cadre* ;
* identifier les discours utilisés, en français, dans ces situations de communication, cela sous forme de genres discursifs ;
* identifier les formes et les contenus possibles de ces échanges communicatifs.
Cette première spécification est décrite dans le chapitre 2, où l'on passe ainsi des compétences de communication en langue au répertoire de genres de discours caractérisant, pour le français, la compétence de niveau A2.

Après ce passage de descripteurs généraux à des discours en français, il devient possible d'identifier les formes linguistiques qui permettent de produire/comprendre ces genres de discours : les genres de discours sont caractérisables par des régularités ethnolinguistiques, c'est-à-dire par des « manières » de parler ou d'écrire reconnues comme appropriées dans

---

1. C'est-à-dire l'ordre de succession, plus ou moins stable, caractérisant l'appropriation progressive des régularités morphosyntaxiques.
2. Voir le DVD *Exemples de productions orales* illustrant, pour le français, les niveaux du *Cadre*, produit par le CIEP et Eurocentres ; voir *Le français dans le monde*, n° 339, p. 35.

les communautés de communication concernées (les communautés francophones, en l'occurrence). Ils sont descriptibles en termes d'organisation (voir la compétence pragmatique du *Cadre*) et de « mots » employés, en particulier au niveau de la réalisation verbale des fonctions discursives (conseiller, se plaindre…), des opérations discursives/cognitives (interpréter, déduire…), des modalités dominantes (appréciation…), des régimes discursifs (narration, description…), des formes de présence des énonciateurs, etc. et d'autres catégories sollicitées par l'analyse du discours pour décrire ces « familles » de textes. On peut alors passer aux contraintes internes à la langue qui sont indépendantes des situations de communication et des formes discursives.

1.2.2. Structure de A2

L'ordre de présentation des inventaires de descripteurs et de formes reproduit partiellement le cheminement théorique ci-dessus.

Par ailleurs, pour constituer les inventaires du matériel verbal proprement dit, il est indispensable de classifier les éléments retenus, faute de quoi on en est réduit à une présentation par ordre alphabétique, peu opérationnelle quand il s'agit de créer des programmes d'enseignement ou des séquences didactiques. Pour ces classifications, il est donc impossible de ne pas avoir recours à des catégories linguistiques : catégories sémantiques pour le lexique (chap. 4 et 6), catégories distributionnelles (chap. 5), catégories énonciatives (pour une partie du chap. 4), etc.

Ces inventaires successifs ne sont donc pas toujours en relation hiérarchique, c'est-à-dire dans des relations de spécification plus précises par rapport au niveau de spécification antérieur. Les spécifications
- par forme de la compétence à communiquer langagièrement (chap. 2.1.),
- par contexte d'utilisation de la langue (chap. 2.2.),
- par répertoire discursif et genre discursif (chap. 2.3.),
- par fonction discursive (chap. 3),
sont bien en relation hiérarchique, puisqu'elles conduisent des compétences de communication à des énoncés, par déterminations emboîtées : par exemple, les genres de discours sont constitués de fonctions qui reçoivent des formes verbales plus ou moins propres à un genre donné.

Genres et fonctions sont, à leur tour, analysables au moyen de catégories comme :
- notions générales, quand elles renvoient à des opérations énonciatives telles que : repérage dans le temps, dans l'espace, quantification… (chap. 4) ;
- structures d'énoncés (chap. 5) ;
- lexique (chap. 6), dans tous les genres de discours qui portent sur des domaines spécifiques et font intervenir une terminologie particulière (horoscope, textes scientifiques, cours de la bourse…).

Ces trois dernières catégories sont elles-mêmes susceptibles de se décrire entre elles :
- morphologie lexicale ;
- combinatoire des mots : locutions figées, sélections privilégiées (par exemple : *colère noire*, pour quantifier), classes d'objets (par exemple, les « buvables », c'est-à-dire les compléments d'objet admis par le verbe boire)[3] ;
- phénomènes grammaticaux et valeurs énonciatives : par exemple, valeur appréciative ou non des adjectifs selon leur position par rapport au nom : *un grand homme, un homme grand.*

---

3. Voir Vivès R. : « Constructions des principaux verbes, noms et adjectifs du niveau A1 », dans Beacco J.-C. (éd.) : *Textes et références. Niveau A1*, Didier, Paris, 2008.

Spécifications du niveau A2
par formes de la compétence
à communiquer langagièrement
(chapitre 2.1.)

Spécifications du niveau A2
par contextes d'utilisation de la langue
(chapitre 2.2.)

Spécifications de la matière verbale
correspondant au niveau A2 par les formes discursives
(chapitre 2.3.)

Spécifications de la matière verbale
par fonctions discursives
(chapitre 3)

Spécifications par notions générales (chapitre 4)	Spécifications morphosyntaxiques et par structures d'énoncés (chapitre 5)

Spécifications du lexique
(chapitre 6)

Spécifications de la matière sonore (chapitre 7)	Spécifications de la matière graphique (chapitre 8)

Description par compétences culturelles
(chapitre 9)

Description par stratégies d'apprentissage
(chapitre 10)

Les relevés concernant la matière sonore (chap. 7) et graphique (chap. 8) sont reliés entre eux, mais ils sont aussi transversaux par rapport à tous les autres, de même que les stratégies d'apprentissage (chap. 10), isolées, mais qui relèvent de l'inventaire de compétences (2.1.). Une grande partie des compétences culturelles (chap. 9) est isolée des autres catégories parce que la nature de celles-ci n'est pas fondamentalement linguistique, même si certaines sont susceptibles de se manifester très clairement dans la communication langagière, en particulier leurs composantes actionnelles et ethnolinguistiques.

1.3. LES INVENTAIRES SPÉCIFIANT LE NIVEAU DE RÉFÉRENCE A2 POUR LE FRANÇAIS

La diversité des inventaires cherche à prendre en compte la diversité des besoins pédagogiques et des traditions éducatives. Elle devrait autoriser l'élaboration de formes multiples de programmation des contenus d'enseignement, en fonction des choix didactiques considérés comme pertinents dans une situation éducative donnée : programme d'enseignement par genre de discours, par fonction/acte de langage, par stratégie d'apprentissage, par éléments du lexique, par catégorie formelle, par catégorie sémantique (notions générales)… Les catégories retenues pour réaliser les inventaires de la matière verbale correspondant au niveau A2 sont identiques à celles retenues pour les niveaux A1 et B2. Ces inventaires sont présentés globalement ci-après.

1.3.1. Inventaire par genres discursifs des répertoires individuels (chapitre 2)

Le locuteur n'est pas défini uniquement par sa compétence plurilingue (*Cadre* p. 129), mais aussi par son *répertoire discursif*, c'est-à-dire par la possibilité, variable suivant les locuteurs et suivant les moments de sa vie langagière, d'utiliser des genres de la communication verbale (chaque genre étant réalisé dans une ou plusieurs langues) et d'en jouer en fonction de ses besoins. « Les genres du discours organisent notre parole de la même façon que l'organisent les formes grammaticales (syntaxiques) » (Bakhtine, 1984). Ils peuvent être considérés comme des traits linguistiques caractérisant sociolinguistiquement des groupes. On peut les décrire au moyen de catégories linguistiques, puisqu'un genre discursif est un objet verbal particulier, distinct de l'énoncé, du texte, de l'acte de langage, du type de textes… Cependant, considérant la complexité d'une telle analyse, il n'est pas possible de donner une description, même partielle, des genres discursifs constitutifs du répertoire A2. On estime néanmoins que les catégorisations propres à chaque inventaire (en particulier les chapitres 4 et 5) et les formes qu'ils listent sont en mesure de caractériser ceux-ci, au moins à grands traits.

1.3.2. Inventaire par fonctions (chapitre 3)

La catégorie fonction (ou acte de langage) a été diffusée par les méthodologies d'enseignement qui se réclament de l'approche dite *communicative*. Elle est particulièrement rentable pour caractériser le niveau A de l'interaction orale, puisque les utilisateurs/apprenants disposent d'un matériel linguistique limité qui leur permet de construire des répliques dans des échanges simples, c'est-à-dire d'exprimer au moins une fonction par tour de parole.
On a conservé, pour A2, la même classification de ces fonctions en « familles » que dans les *Niveau A1* et *Niveau B2* et les mêmes dénominations des fonctions. Pour les réalisations verbales correspondant à ces intentions de communication, on a retenu uniquement celles qui sont interprétables hors de contextes spécifiques et qui renvoient de manière consensuelle à une intention de communication identifiable : *Tu peux me passer le sel ?* n'est pas une

demande d'information mais une demande de faire exprimée conventionnellement de manière indirecte et, en principe, reconnue comme telle.

Le souci de cette description de A2 a donc été de relever ces formulations conventionnelles utilisées dans les échanges oraux ou dans les échanges écrits relevant de la sphère personnelle ou privée. Il s'ensuit que cet inventaire privilégie les genres d'interactions orales, alors que, dans les genres écrits, les fonctions tendent à se réaliser par des formes moins conventionnelles qui sont souvent interprétables au sens littéral.

1.3.3. Inventaire par notions générales (chapitre 4)

On utilise la catégorie sémantique de notion générale, présente dans les *Niveaux seuils*, pour décrire des éléments de la langue constitutifs du niveau A2. Ce point de vue descriptif est sans doute proche des catégorisations des apprenants/utilisateurs, car ce qui est important pour eux est le sens qu'ils veulent exprimer ou comprendre. De plus, en A2, ils communiquent encore beaucoup au moyen du matériel lexical.

Ce niveau de spécification à base sémantique (notions) assure l'articulation avec les fonctions (chap. 3) et la partie sémantique de la grammaire. En effet, certaines notions recouvrent ou rejoignent des catégories énonciatives (temps, espace…) ou des opérations énonciatives (détermination, qualification, quantification…) qui dépassent le cadre strictement lexical.

1.3.4. Inventaire par catégories morphosyntaxiques et structures d'énoncés (chapitre 5)

Cet inventaire recense les moyens grammaticaux (structures syntaxiques et morphosyntaxiques) nécessaires à la communication de niveau A2. Il ne reprend pas les descriptions ou explications fournies par les grammaires de référence et les analyses linguistiques correspondantes, qui sont accessibles ailleurs.

Cet inventaire a opéré des choix quant aux catégories et à la terminologie adaptées à une présentation commode de structures listées et exemplifiées. Mais surtout, il sélectionne du matériel morphosyntaxique constitutif de la compétence linguistique caractérisant le niveau de référence A2 en français.

Pour inventorier le matériel morphosyntaxique considéré comme pertinent pour les activités communicatives en A2, on peut prendre appui sur la morphosyntaxe des énoncés qui réalisent les fonctions de niveau A2. Mais il convient d'être attentif au fait que certaines réalisations des fonctions (même si ce ne sont pas des collocations) sont utilisées sans être décomposées et il n'est pas nécessairement utile (d'un point de vue pédagogique) de les soumettre à un traitement analytique. Cela pourrait avoir des conséquences négatives pour leur efficacité communicationnelle et pour leur potentiel d'acquisition : utilisera-t-on mieux *Je ne comprends pas* après y avoir identifié la première personne du présent du verbe *comprendre* ?

1.3.5. Inventaire par notions spécifiques (lexique, chapitre 6)

Les moyens lexicaux peuvent être considérés comme le matériau auquel on peut avoir recours par défaut aux niveaux A. D'où la présence d'un inventaire de ce type, malgré le caractère particulièrement aléatoire de ses critères de sélection, puisqu'un « vocabulaire utile minimum et commun » semble difficile à établir tant est grande la diversité des situations d'emploi du français et donc des ressources lexicales nécessaires.

Comme pour les notions spécifiques, le vocabulaire retenu est présenté sur une base thématique identique à celle des niveaux A1 et B2. Ces « choix » thématiques (centres d'intérêt, domaines de référence, etc.) sont largement tributaires des spécifications possibles en domaines, situations, répertoires discursifs, genres, textes…

1.3.6. Inventaire des caractéristiques de la matière sonore et graphique (chapitres 7 et 8)

La compétence/performance en prononciation au niveau A2 est traitée de manière analytique dans un chapitre spécifique, transversal aux autres inventaires (chap. 7). On y propose une spécification générale de la matière phonique correspondant à ce niveau. Celle-ci est en mesure de prendre en charge l'essentiel de la réalisation sonore des énoncés retenus dans l'inventaire des fonctions (chap. 3).

En correspondance avec cet inventaire et comme dans les niveaux de référence pour le français déjà publiés, on a réalisé un inventaire relatif aux savoirs graphiques au niveau A2 (chap. 7). Celui-ci est aussi en relation avec d'autres chapitres, comme celui consacré à la grammaire (chap. 5) ou celui traitant du lexique (chap. 6). L'enseignement de cette matière graphique est distribué tout au long des points de référence en six niveaux : elle est élargie en A2 en fonction de l'ouverture des ressources lexicales et morphosyntaxiques : après la découverte du matériel (lettres, digrammes, accents, élision…) et des principes de l'orthographe en A1, on poursuit en A2 l'exploration de la graphie des mots monosyllabiques et des régularités générales de l'orthographe.

1.3.7. Description par compétence culturelle et interculturelle (chapitre 9)

Dans cette description de référence pour le niveau A2 figure aussi (chap. 9) une description de compétences, fondées sur des connaissances, caractérisant les dimensions culturelles de l'agir au contact d'une/de société(s) réputée(s) différente(s) de celle dont les utilisateurs/ apprenants estiment relever.

Il est important de ne pas perdre de vue que les enseignements de langues sont l'un des lieux de contact avec la différence ou l'altérité. Cela implique de gérer ce contact de manière raisonnée et dans une perspective éducative, souvent identifiée sous le terme d'interculturel. Pour ce faire, on a été conduit à élaborer un référentiel de ces compétences, qui permet la constitution de programmes d'enseignement dans ce domaine de l'enseignement des langues.

Ces compétences ne se réduisent pas à des compétences langagières, car elles comportent des dimensions cognitives, psychosociales, affectives et identitaires. Elles ne sont pas non plus nécessairement en relation avec des compétences langagières : la maîtrise d'une langue à un niveau donné n'a pas nécessairement de relation avec les attitudes du locuteur envers ceux qui utilisent cette langue ou avec leurs formes de vie sociale.

Mais l'enseignement des langues, tel qu'il est conçu actuellement de manière dominante, articule ou assimile les compétences langagières et les compétences culturelles et interculturelles. Tout en les distinguant, on a donc choisi de les décrire en fonction de leurs aspects linguistiques.

Elles seront ainsi spécifiées selon qu'elles relèvent :
- d'un savoir-agir dans une société non connue ou peu connue ;
- d'un savoir langagier relatif aux régulations qui organisent les comportements langagiers collectifs (et non à un savoir concernant la correction formelle des énoncés) ;
- d'un savoir langagier et psychosocial qui entre en jeu quand il s'agit de communiquer avec des membres d'un autre groupe que celui auquel on dit appartenir et qui concerne les attitudes et les moyens verbaux nécessaires à la communication verbale de type interculturel (médiation) ;

• d'un savoir de nature interprétative qui a pour objet de rendre compte des comportements observés et des caractéristiques d'une société autre ;
• des finalités éducatives auxquelles le développement de ces compétences est censé
répondre.

Ce référentiel culturel et interculturel, relativement nouveau dans la tradition des référentiels
du Conseil de l'Europe, est probablement à discuter. Il serait risqué de l'utiliser pour
d'autres fins que celles de déterminer des objectifs d'enseignement. En particulier, il ne saurait servir, tel quel, à l'évaluation de ces compétences dont on ignore si elles peuvent être
mesurées et certifiées et dont on peut surtout se demander si elles doivent l'être.

1.3.8. Inventaire de stratégies d'apprentissage (chapitre 10)

Ce dernier inventaire est constitué d'une typologie, d'origine empirique, des moyens et techniques utilisés ou utilisables par des apprenants, à un niveau A, pour construire, mettre en
œuvre, développer et exploiter leurs capacités d'appropriation (acquisition et apprentissage)
de la langue et leurs compétences de communication.
Les stratégies d'apprentissage et de communication, partiellement différentes, sont souvent
complémentaires. Elles comportent par ailleurs des dimensions individuelles (stratégies de
mémorisation, par exemple) mais aussi des dimensions sociales (stratégies d'interaction).
Ces stratégies (procédures, techniques, moyens) sont à la fois constructrices du développement de l'apprentissage et, à leur tour, développées et permises par celui-ci. Il n'est donc
pas possible ni pertinent de délimiter des stratégies qui seraient spécifiques à un niveau.
On a choisi de signaler des types de stratégies qui relèvent de l'initiative individuelle des
apprenants ou dépendent des contextes d'apprentissage dans lesquels ils se trouvent engagés.
Ces stratégies peuvent être prises en compte dans un programme d'enseignement (sous
forme d'apprendre à apprendre) et même donner lieu à des tâches spécifiques, à des gui-
dages ou à des incitations. Inversement, des pratiques originales d'apprenants (dont beaucoup échappent à l'inventaire indicatif proposé) peuvent être ajoutées et intégrées à ce que
propose ce chapitre.

Pour finir, on soulignera que, à des fins d'élaboration des programmes d'enseignement :
– il n'y a pas de relation directe à établir entre la taille d'un inventaire, de ses catégories
et de ses sous-catégories dans les descriptions des niveaux de référence et l'importance à
leur donner dans un programme d'enseignement ;
– les catégories adoptées pour la classification des formes dans ces descriptions de référence ne constituent pas nécessairement les catégories ou groupages de formes à utiliser
pour l'enseignement. Ces catégories regroupent des formes qui peuvent être proposées à
l'apprentissage séparément ou ensemble, en tout ou en partie, en plusieurs fois, etc.

CHAPITRE 2
SPÉCIFICATIONS GÉNÉRALES DU *NIVEAU A2 POUR LE FRANÇAIS* : DE LA COMPÉTENCE DE COMMUNICATION AU RÉPERTOIRE DE GENRES DISCURSIFS DE L'UTILISATEUR/APPRENANT

2.1. SPÉCIFICATION DU NIVEAU A2 PAR LES FORMES DE LA COMPÉTENCE À COMMUNIQUER LANGAGIÈREMENT

Pour caractériser le niveau A2 par des formes du français, on a conservé le principe fondateur de partir de sa description, en compétences/activités et en descripteurs de compétences/activités, telle qu'elle est présentée par le *Cadre européen commun de référence pour les langues*. C'est à partir de cette spécification qu'on a entrepris d'identifier le matériel verbal permettant la réalisation de la compétence à communiquer langagièrement au niveau correspondant. On gardera présent à l'esprit que le « passage » de descripteurs généraux comme ceux du *Cadre* à des inventaires de formes est une entreprise théorique et pratique délicate et donc que les inventaires proposés ne le sont qu'à titre de repères.

On rappelle que les niveaux de compétences sont des repères abstraits qui ne correspondent pas nécessairement à des locuteurs effectifs disposant d'un degré de maîtrise identique pour toutes les compétences langagières et culturelles concernées. Après A1 et même dès A1, les compétences des locuteurs réels sont diversifiées : quand on élabore un programme de formation, on a intérêt à identifier et à décrire les besoins langagiers des publics d'apprenants concernés, en termes de situations de communication, de genres de discours qui les caractérisent, de niveaux de compétence requis pour établir des profils de formation. Ces profils ne comprennent pas nécessairement toutes les activités et ces dernières ne se situent pas à un même niveau du *Cadre* par activité/compétence. On peut aboutir à des profils de compétences visés comme :

- interaction orale A2, production écrite A1, réception orale A2 ;
- interaction orale B1, production écrite A2, réception orale B2, réception écrite B2 ;
- réception orale A2, réception écrite B1 ; etc.

Les niveaux du *Cadre* ne constituent pas des programmes mais des points de référence qui permettent de définir clairement ces programmes : ils ne sont donc pas à utiliser *a priori* (d'autant que des niveaux intermédiaires sont possibles : voir *Cadre* 3.5., *Souplesse d'une approche arborescente*), mais pour repérer les besoins langagiers identifiés au moyen d'une grille commune. Une diversification des objectifs de formation devient possible à partir du niveau A2.

2.1.1. Caractérisation globale du niveau de maîtrise A2 en tant que compétence à communiquer langagièrement

On le sait, le *Cadre* propose trois niveaux généraux de connaissance d'une langue : le niveau A est celui de l'utilisateur/apprenant novice (niveau élémentaire), le niveau B celui de l'utilisateur/apprenant indépendant (niveau intermédiaire à avancé) et le niveau C celui de l'utilisateur/apprenant expérimenté. Le niveau A se subdivise en niveau A1 (introductif ou de découverte) et A2 (intermédiaire ou de survie) ; le niveau B en niveau B1 (niveau seuil) et B2, etc.

Au niveau A2, l'apprenant/utilisateur est dit *élémentaire* en termes de compétences de communication en ce que :

> • il peut comprendre et utiliser des phrases isolées et des expressions fréquemment utilisées en relation avec des domaines immédiats de priorité (par exemple : informations personnelles et familiales simples, achats, environnement proche, travail) ;
> • il peut communiquer lors de tâches simples et habituelles ne demandant qu'un échange d'informations simple et direct sur des sujets familiers et habituels ;
> • il peut décrire avec des moyens simples sa formation, son environnement immédiat et évoquer des sujets qui correspondent à des besoins immédiats.

Cadre européen commun de référence pour les langues, p. 25.

La différence par rapport à A1 est quantitative et non qualitative, au moins pour le premier élément de spécification de A2. En A1, « il peut comprendre et utiliser des expressions familières et quotidiennes ainsi que des énoncés très simples qui visent à satisfaire des besoins concrets » ; A2 se caractérise par la maîtrise de phrases (outre que d'expressions, figées ou perçues comme telles). Les besoins concrets (visés en A1) sont définis en A2 par l'énumération (fermée) d'une série de situations de communication plus large (par exemple : achats, travail). Cependant, cette compétence, impliquant toujours une faible improvisation (« communication habituelle »), semble plus développée qu'en A1 par une capacité à gérer des actions sociales coopératives (tâches simples) et non de simples échanges d'informations (en A1, on évoque simplement des interactions de type question/réponse).

Les « conditions » de réussite fixées en A1 ont disparu en A2 (A1 : il peut communiquer de façon simple si l'interlocuteur parle lentement et distinctivement…) et l'éventail des formes de communication y est plus caractérisé : comprendre, communiquer dans des interactions orales, produire oralement en décrivant.

L'expression de l'abstraction est, en principe, hors de portée, puisque les adjectifs les plus fréquents utilisés pour décrire la compétence de communication au niveau A2 sont *habituelle, familière, immédiate*, même si « évoquer des sujets qui correspondent à des besoins immédiats » n'exclut pas l'échange d'opinions, par exemple.

Les domaines de communication identifient le lexique (= notions spécifiques) considéré comme prioritaire à ce niveau : informations personnelles, famille, travail, environnement proche/immédiat, formation, achats.

À titre de comparaison, on mentionne ici les descripteurs globaux de compétences proposés pour décrire la compétence de niveau B1 :

> **L'apprenant/utilisateur :**
> • peut comprendre les points essentiels quand un langage clair et standard est utilisé et s'il s'agit de choses familières dans le travail, à l'école, dans les loisirs, etc. ;
> • peut se débrouiller dans la plupart des situations rencontrées en voyage dans une région où la langue cible est parlée ;
> • peut produire un discours simple et cohérent sur des sujets familiers et dans ses domaines d'intérêt ;
> • peut raconter un événement […] et exposer brièvement des raisons ou explications pour un projet ou une idée.

2.1.2. Spécifications de A2 par composantes de la compétence à communiquer langagièrement

Pour cette spécification plus précise, on suivra le modèle d'appropriation d'une langue retenu dans le *Cadre européen commun de référence pour les langues*. Celui-ci comporte trois composantes : linguistique, sociolinguistique et pragmatique, chacune mettant en œuvre des savoirs, des habiletés et des savoir-faire particuliers (*Cadre* pp. 17-18).

La **composante linguistique** a trait à l'étendue et à la qualité des connaissances en langue (distinctions phonétiques, étendue et précision du lexique, etc.) mais également à l'organisation cognitive, au mode de stockage mémoriel et à l'accessibilité de ces connaissances…

La **composante sociolinguistique** renvoie aux paramètres socioculturels et aux normes sociales de l'utilisation de la langue (règles d'adresse et de politesse, régulation des rapports entre groupes sociaux, rituels inhérents au fonctionnement d'une communauté…).

La **composante pragmatique** concerne la mobilisation fonctionnelle des ressources de la langue selon des scénarios (ou *scripts*) d'échanges interactionnels et la maîtrise du discours (cohérence, cohésion, repérage des types et genres textuels, effets d'ironie et de parodie…).

2.1.2.1. Éléments de la composante linguistique

L'utilisateur/apprenant au niveau A2 du *Cadre* est défini comme possédant un éventail de moyens qui ne se compose pas uniquement d'un ensemble élémentaire d'expressions simples, comme en A1. Il peut utiliser des expressions toutes faites mais il est aussi capable d'en créer[1] et, au-delà, il utilise non seulement des phrases mémorisées mais aussi des modèles de phrases élémentaires. En fait, ce descripteur de A2.1. signale bien la part croissante prise par la créativité syntaxique sur l'emploi d'expressions stockées. Un second descripteur, moins développé, situé en A2.2. définit celui-ci par « un répertoire de langue élémentaire », non analysé en tant que tel, permettant de se « débrouiller dans des situations courantes […] bien qu'il lui faille généralement chercher ses mots et trouver un compromis par rapport à ses intentions de communication ».

Cette description globale est précisée par la nature des savoirs et savoir-faire relatifs au lexique, à la grammaire, à la phonologie et à l'orthographe.

Étendue du vocabulaire	A2.1. Possède un vocabulaire suffisant pour satisfaire les besoins primordiaux et les besoins communicatifs élémentaires. A2.2. Possède un vocabulaire suffisant pour mener des transactions quotidiennes courantes dans des situations et sur des sujets familiers.
Maîtrise du vocabulaire	Possède un répertoire restreint ayant trait à des besoins quotidiens concrets.
Correction grammaticale	Peut utiliser des structures simples correctement mais commet encore systématiquement des erreurs élémentaires comme, par exemple, la confusion des temps et l'oubli de l'accord. Le sens général reste clair.

---

1. C'est du moins ainsi que nous interprétons le verbe « produire » utilisé par le *Cadre*, tableau *Étendue…*, p. 87.

Maîtrise du système phonologique	La prononciation est en général suffisamment claire pour être comprise malgré un net accent étranger mais l'interlocuteur devra parfois faire répéter.
Maîtrise de l'orthographe	Peut copier de courtes expressions sur des sujets courants. Peut écrire avec une relative exactitude phonétique des mots courts qui appartiennent à son vocabulaire oral.

Cadre européen commun de référence pour les langues, pp. 86-93.

En A2, l'utilisateur/apprenant possède un répertoire de mots et d'expressions simples qui lui permettent de donner des informations ordinaires sur lui-même et de gérer avec efficacité l'ensemble de ses relations sociales ordinaires (*besoins*), qu'elles soient interactives (*transactions*) ou non (compétences seulement en réception). L'espace social couvert va ainsi en s'élargissant : on passe de *primordiaux* à *élémentaires,* puis à *quotidiens.* L'inventaire des notions spécifiques présenté au chapitre 6 tient compte de cet élargissement quantitatif.

Le niveau A2 est celui où la maîtrise des phrases verbales simples émerge comme telle. Nous avons tenu compte de cette indication capitale pour l'établissement des objectifs morphologiques et structuraux du chapitre 5, bien que ce descripteur laisse une grande marge d'interprétation.

Les chapitres 7 et 8 proposent une interprétation concrète de ce que les descripteurs du *Cadre* impliquent pour la maîtrise du français en ce qui concerne la phonologie et l'orthographe. Pour l'orthographe, celui-ci articule clairement l'oral et l'écrit (*vocabulaire oral*) et donne encore une définition très étroite des compétences graphiques (*copier, orthographe de mots courts*), puisqu'on ne fait pas allusion à l'orthographe grammaticale. Considérant la complexité du système graphique du français, on a été amené à « revoir à la hausse » ce descripteur général.

2.1.2.2. La composante sociolinguistique

L'utilisateur/apprenant, au niveau A2, est en mesure de gérer convenablement les relations sociales, en manifestant qu'il a bien perçu certaines conventions de la communication et de la politesse verbale, même si leur maîtrise en reste limitée (*usages de base*). Ces formes de minimisation sont répertoriées dans les fonctions correspondantes du chapitre 3, en particulier dans la section 3.5. (*Interagir dans les rituels sociaux*). Cette maîtrise de la politesse verbale ne semble pas évoluer de manière significative de A2.1. à A2.2. Ce dernier stade se caractérise par une ouverture des formes de communication possible qui incluent désormais l'expression de contenus et d'intentions non liés à des besoins matériels.

Correction sociolinguistique	A2.1. Peut se débrouiller dans des échanges sociaux très courts en utilisant les formes quotidiennes polies d'accueil et de contact. Peut faire des invitations, des excuses et y répondre. A2.2. Peut s'exprimer et répondre aux fonctions langagières de base telles que l'échange d'information et la demande et exprimer simplement une idée et une opinion. Peut entrer dans des relations sociales simplement mais efficacement en utilisant les expressions courantes les plus simples et en suivant les usages de base.

Cadre européen commun de référence pour les langues, p. 95.

2.1.2.3. La composante pragmatique

Alors que, pour l'utilisateur/apprenant idéal de niveau A1, quatre descripteurs sur six n'étaient pas spécifiés, en A2 il est défini comme étant pourvu de tous les moyens, même élémentaires, relatifs à « l'organisation des messages ». En particulier, ses ressources pour la cohérence/cohésion s'accroissent : en A1 il utilise *et* ou *alors*, en A2 *et*, *mais*, *parce que* et des énumératifs (voir 5.3.2.).

Les moyens qui ont été considérés comme correspondants à ces descripteurs sont répertoriés en 3.6. et 3.7. Le descripteur de *souplesse* confirme le passage de la compétence syntaxique de l'emploi de formules fixes à la création d'énoncés par l'intermédiaire de la décomposition/recomposition de ces formules.

Souplesse	Peut développer des expressions apprises par la simple recombinaison de leurs éléments.
Tours de parole	A2.1. Peut attirer l'attention. A2.2. Peut utiliser des techniques simples pour lancer, poursuivre et clore une brève conversation. Peut commencer, poursuivre et clore une conversation simple en face à face.
Développement thématique	Peut raconter une histoire ou décrire quelque chose avec une simple liste de points successifs.
Cohérence et cohésion	A2.1. Peut relier des groupes de mots avec des connecteurs simples tels que *et*, *mais*, *parce que*. A2.2. Peut utiliser les articulations les plus fréquentes pour relier des énoncés afin de raconter une histoire ou décrire quelque chose sous forme d'une simple liste de points.
Aisance à l'oral	A2.1. Peut construire des phrases sur des sujets familiers avec une aisance suffisante pour gérer des échanges courts et malgré des hésitations et des faux démarrages évidents. A2.2. Peut se faire comprendre dans une brève intervention même si la reformulation, les pauses et les faux démarrages sont très évidents.
Précision	Peut communiquer ce qu'il/elle veut dire dans un échange d'information limité, simple et direct sur des sujets familiers et habituels, mais, dans d'autres situations, doit généralement transiger sur le sens.

Cadre européen commun de référence pour les langues, pp. 97-101.

Globalement, l'utilisateur/apprenant de niveau A2 dispose de moyens linguistiques efficaces pour des conversations prévisibles et qui entrent dans son expérience de la communication ordinaire, même si leur gestion est coûteuse en termes de mobilisation des ressources et qu'il ne parvient pas toujours à exprimer ce qu'il veut.

2.1.3. Spécifications de la compétence à communiquer par activités de communication langagière et par stratégies

Pour répondre aux exigences de la communication, l'usager d'une langue adopte des lignes de conduite particulières, que le *Cadre* désigne par stratégies. Les stratégies ainsi mises en jeu constituent le moyen qu'il utilise pour mobiliser ses ressources et en user de manière à ce qu'elles se compensent entre elles (ressources verbales *vs* non verbales, lexicales *vs* syntaxiques, langue cible *vs* autres langues du répertoire…).

Les activités de communication langagière et les stratégies correspondantes mobilisées par un utilisateur/apprenant sont analysées dans le *Cadre* selon quatre aspects de l'activité communicative : la production, la réception, l'interaction et la médiation. On a regroupé ci-après, sous forme de tableaux, les descripteurs correspondants du *Cadre* pour le niveau A2.

Profil général de la compétence à communiquer de l'utilisateur/apprenant au niveau A2

Production orale générale (s'exprimer oralement en continu)	Peut décrire ou présenter simplement des gens, des conditions de vie, des activités quotidiennes, ce qu'on aime ou pas par de courtes séries d'expressions ou de phrases non articulées.
Production écrite générale	Peut écrire une série d'expressions ou de phrases simples reliées par des connecteurs simples tels que *et*, *mais* et *parce que*.
Compréhension générale de l'oral	A2.1. Peut comprendre des expressions et des mots porteurs de sens relatifs à des domaines de priorité immédiate (par exemple information personnelle et familiale de base, achats, géographie locale, emploi). A2.2. Peut comprendre assez pour pouvoir répondre à des besoins concrets à condition que la diction soit claire et le débit lent.
Compréhension générale de l'écrit	A2.1. Peut comprendre des textes courts et simples contenant un vocabulaire extrêmement fréquent, y compris un vocabulaire internationalement partagé. A2.2. Peut comprendre de courts textes simples sur des sujets concrets courants avec une fréquence élevée de langue quotidienne ou relative au travail.
Interaction orale générale	A2.1. Peut communiquer dans le cadre d'une tâche simple et courante ne demandant qu'un échange d'information simple et direct sur des sujets familiers relatifs au travail et aux loisirs. Peut gérer des échanges de type social très courts mais est rarement capable de comprendre suffisamment pour alimenter volontairement la conversation. A2.2. Peut interagir avec une aisance raisonnable dans des situations bien structurées et de courtes conversations à condition que l'interlocuteur apporte de l'aide le cas échéant. Peut faire face à des échanges courants simples sans effort excessif.

Interaction orale générale	Peut poser des questions, répondre à des questions et échanger des idées et des renseignements sur des sujets familiers dans des situations familières prévisibles de la vie quotidienne.
Interaction écrite générale	Peut écrire de brèves notes simples en rapport avec des besoins immédiats.

Cadre européen commun de référence pour les langues, p. 48 et suivantes.

Comme on peut le constater, les descripteurs pour le niveau A2 deviennent plus complexes et comportent généralement des niveaux intermédiaires de spécification. On y renvoie, comme pour A1, à des contextes de communication ou à des contenus désignés par: *familier/immédiat* et *concret*. Les contenus mentionnés sont plus nombreux (ce qu'on aime, loisirs, idées, renseignements) et décrits de manière plus abstraite (activités quotidiennes, travail, loisirs… *vs* parler de son lieu d'habitation et des gens qu'on connaît… en A1). Les productions verbales ou les textes à comprendre sont dits systématiquement *simples* et *courts*.

2.1.3.1. Activités de production et stratégies correspondantes

Les activités de production concernent la production de discours oraux et écrits non directement élaborés dans le cadre d'un échange avec d'autres locuteurs/scripteurs. Dans le *Cadre*, elles sont distinguées des activités d'interaction proprement dites (2.1.3.3.), où les discours élaborés le sont comme conjointement par les participants à l'échange: dans ce cas, le locuteur/scripteur est considéré comme étant uniquement producteur et l'auditoire ou les destinataires ne peuvent institutionnellement ou matériellement avoir ce rôle. Ceux-ci peuvent réagir à ces discours, mais non interagir avec leur producteur en temps réel.

Production orale

Monologue suivi (décrire l'expérience)	A2.1. Peut décrire sa famille, ses conditions de vie, sa formation, son travail actuel ou le dernier en date. Peut décrire les gens, lieux et choses en termes simples. A2.2. Peut raconter une histoire ou décrire quelque chose par une simple liste de points. Peut décrire les aspects de son environnement quotidien tels que les gens, les lieux, l'expérience professionnelle ou scolaire. Peut faire une description brève et élémentaire d'un événement ou d'une activité. Peut décrire des projets et préparatifs, des habitudes et occupations journalières, des activités passées et des expériences personnelles. Peut décrire et comparer brièvement, dans une langue simple, des objets et choses lui appartenant. Peut expliquer en quoi une chose lui plaît ou lui déplaît.
Monologue suivi (argumenter, par exemple, lors d'un débat)	*Pas de descripteur disponible.*

Annonces publiques	Peut faire de très brèves annonces préparées avec un contenu prévisible et appris de telle sorte qu'elles soient intelligibles pour des auditeurs attentifs.
S'adresser à un auditoire	A2.1. Peut faire un bref exposé élémentaire, répété, sur un sujet familier. Peut répondre aux questions qui suivent si elles sont simples et directes et à condition de pouvoir faire répéter et se faire aider pour formuler une réponse. A2.2. Peut faire un bref exposé préparé sur un sujet relatif à sa vie quotidienne, donner brièvement des justifications et des explications pour ses opinions, ses projets et ses actes. Peut faire face à un nombre limité de questions simples et directes.

Cadre européen commun de référence pour les langues, chapitre 4, pp. 48-51.

Le monologue suivi (que l'on doit considérer comme un tour de parole long dans les interactions et non comme des exposés considérés comme impossibles en A2 – *pas de descripteur* – voit un développement net de A2.1. à A2.2. qui introduit la capacité à exprimer les temps et l'aspect, la possession, l'explication et la comparaison. Cela requiert du matériel lexical et morphosyntaxique qui a été répertorié dans les chapitres 4 et 5.

Pour les annonces publiques, le descripteur de A2 est le premier (aucun en A1) et il renvoie à des textes très largement préfabriqués, lus ou mémorisés, et non à des textes improvisés. En A2, on accorde une large place à l'exposé formel, sans doute parce qu'il constitue une forme de tâche scolaire traditionnelle et facile à organiser. Les acquis visés en A2 sont substantiels en ce qui concerne le texte produit lui-même (*exposer*, mais ensuite : *justifier*, *expliquer*) et les interactions avec les auditeurs en fin d'exposé (ou durant celui-ci). La compétence orale non interactive ainsi décrite acquiert le statut de véritable savoir-faire en A2.2.

Production écrite

Écriture créative	A2.1. Peut écrire une suite de phrases et d'expressions simples sur sa famille, ses conditions de vie, sa formation, son travail actuel ou le dernier en date. Peut écrire des biographies imaginaires ou des poèmes courts et simples sur les gens. A2.2. Peut écrire sur les aspects quotidiens de son environnement, par exemple les gens, les lieux, le travail ou les études, avec des phrases reliées entre elles. Peut faire une description brève et élémentaire d'un événement, d'activités passés et d'expériences personnelles.
Essais et rapports	*Pas de descripteur disponible.*

Cadre européen commun de référence pour les langues, chapitre 4, pp. 51-52.

A1 était caractérisé par la capacité à écrire des expressions et phrases simples isolées. A2 est doté d'une capacité textuelle, mobilisant un large spectre lexical. Les écrits produits restent indéterminés (*écrire*) à l'exception des biographies. On notera qu'une production dite *poétique* est posée comme possible en A2[2], ce qui peut aussi avoir des conséquences sur les activités de réception écrite et qui permet de sortir des utilisations utilitaires de la langue (*besoins*) et de l'environnement immédiat. Cette indication peut être de grande valeur pour la création d'activités ou de matériel d'enseignement destinés à des publics qui n'ont pas de tels besoins à satisfaire dans l'immédiat.

Stratégies de production

Planification	Peut tirer de son répertoire une série d'expressions appropriées et les préparer en se les répétant.
Compensation	A2.1. Peut identifier ce qu'il/elle veut en le désignant du doigt. A2.2. Peut utiliser un mot inadéquat de son répertoire et faire des gestes pour clarifier ce qu'il veut dire.
Contrôle et correction	*Pas de descripteur disponible.*

Cadre européen commun de référence pour les langues, chapitre 4, pp. 53-54.

Alors qu'aucune stratégie globale de production de textes suivis (oraux ou écrits) n'est en place en A1, en A2 apparaissent des stratégies élémentaires (gestuelle, mémorisation limitée) mais aussi un vrai début de stratégie de contournement des manques, même si elle est encore limitée et non systématique (utilisation de mots même inappropriés). On peut estimer que ces stratégies attendues sont mises en œuvre spontanément par les apprenants mais que d'autres, plus élaborées, sont développées de manière systématique dans l'enseignement.

2.1.3.2. Activités de réception et stratégies correspondantes

Les activités de réception (orale et écrite) renvoient aux activités dites généralement d'*écoute* et de *lecture*.

Compréhension/réception de l'oral (ou écoute)

Dans les activités de réception de l'oral, l'utilisateur de la langue, comme auditeur, reçoit et traite un message parlé produit par un ou plusieurs locuteurs.

Comprendre une interaction entre locuteurs natifs	Peut généralement identifier le sujet d'une discussion se déroulant en sa présence si l'échange est mené lentement et si l'on articule clairement.
Comprendre en tant qu'auditeur	*Pas de descripteur disponible.*
Comprendre des annonces et instructions orales	Peut saisir le point essentiel d'une annonce, d'un message, brefs, simples et clairs. Peut comprendre des indications simples relatives à la façon d'aller d'un point à un autre, à pied ou avec les transports en commun.

---

2. Voir *Cadre* 4.3.4. et 4.3.5.

Comprendre des émissions de radio et des enregistrements	Peut comprendre et extraire l'information essentielle de courts messages enregistrés ayant trait à un sujet courant prévisible, si le débit est lent et la langue clairement articulée.

Cadre européen commun de référence pour les langues, chapitre 4, pp. 54-56.

Ces activités n'étaient pas représentées dans les compétences de A1 et elles ne sont pas encore complètes en A2 (pas de descripteur pour les conférences et les exposés). Elles sont spécifiées ici sous forme de compréhension globale, de compréhension un peu plus précise pour les enregistrements. Elles apparaissent donc sous forme d'un profil non homogène et non d'un « niveau ». La compréhension n'est encore souvent possible que dans des conditions spécifiques, en particulier grâce à la bienveillance linguistique du locuteur qui produit les messages : celui-ci s'astreint à articuler distinctement, à marquer des pauses, à parler lentement…

Il est délicat de comparer entre elles les spécifications des compétences requises en A2, mais il semble bien qu'en réception orale, on soit en retrait par rapport à ce que l'on attend de l'utilisateur/apprenant en interaction orale, par exemple.

Lecture ou compréhension de l'écrit

Comprendre la correspondance	Peut comprendre une lettre personnelle simple et brève.
Lire pour s'orienter	Peut trouver un renseignement spécifique et prévisible dans des documents courants simples tels que prospectus, menus, annonces, inventaires et horaires. Peut localiser une information spécifique dans une liste et isoler l'information recherchée. Peut comprendre les signes et les panneaux courants dans les lieux publics tels que rues, restaurants, gares ; sur les lieux de travail pour l'orientation, les instructions, la sécurité et le danger.
Lire pour s'informer et discuter	Peut identifier l'information pertinente sur la plupart des écrits simples rencontrés tels que lettres, brochures et courts articles de journaux décrivant des faits.
Lire des instructions	A2.1. Peut suivre le mode d'emploi d'un appareil d'usage courant comme un téléphone public. A2.2. Peut comprendre un règlement concernant, par exemple, la sécurité, quand il est rédigé simplement.
Comprendre des émissions de télévision et des films	A2.1. Peut suivre les rubriques d'un journal télévisé ou de documentaires télévisés présentés assez lentement et clairement en langue standard, même si tous les détails ne sont pas compris. A2.2. Peut identifier l'élément principal des nouvelles télévisées sur un événement, un accident, etc., si le commentaire est accompagné d'un support visuel.

Cadre européen commun de référence pour les langues, chapitre 4, pp. 57-59.

La compréhension, comme en A1, concerne des textes courts, en relation avec l'expérience sociale de l'utilisateur/apprenant et prévisibles, parce qu'ils présentent peu de variations de forme et concernent des contenus attendus. Le *Cadre* mentionne ici un nombre important de genres de discours, en particulier ceux relevant du « dire de faire ». On relèvera l'apparition ici des médias (presse, télévision) dont l'enseignement fait grand usage et qui sont fondamentaux pour l'exposition à la langue dans des apprentissages autonomes. La compréhension envisagée demeure globale mais elle redescend, dans certains descripteurs, à des interprétations semi-globales et même littérales (encore partielles). Cette spécification est convergente avec le descripteur de stratégie (p. 60 : *Reconnaître des indices et faire des déductions, écrit et oral*) qui précise que le niveau A2 se définit comme la capacité à « utiliser le sens général d'un texte ou d'un énoncé courts sur des sujets quotidiens concrets pour déduire du contexte le sens probable de mots inconnus ». Les activités hypothético-déductives sont clairement signalées comme constituant les stratégies de compréhension à privilégier, même si l'on invite à les mettre en œuvre uniquement dans des contextes restreints (*sujets quotidiens et concrets*) qui leur assurent une certaine rentabilité.

2.1.3.3. Activités d'interaction et stratégies correspondantes

Dans les activités interactives, l'utilisateur de la langue joue alternativement le rôle du locuteur/scripteur et du destinataire, en relation avec un ou plusieurs interlocuteurs, dans le but de construire et de gérer conjointement un discours suivant un principe de coopération. Les activités d'interaction recouvrent les activités d'interaction orale (essentiellement sous forme de conversations, en face à face ou téléphoniques/à distance) et écrite en temps réel (Internet, messages téléphoniques écrits…) qui peuvent prendre des formes de dialogue.

Interaction orale

Comprendre un locuteur natif	**A2.1.** Peut comprendre ce qui lui est dit clairement, lentement et directement dans une conversation quotidienne simple à condition que l'interlocuteur prenne la peine de l'aider à comprendre. **A2.2.** Peut comprendre suffisamment pour gérer un échange simple et courant sans effort excessif. Peut généralement comprendre un discours qui lui est adressé dans une langue standard clairement articulée sur un sujet familier, à condition de pouvoir demander de répéter ou reformuler de temps à autre.
Conversation	**A2.1.** Peut gérer de très courts échanges sociaux mais peut rarement soutenir une conversation de son propre chef bien qu'on puisse l'aider à comprendre si l'interlocuteur en prend la peine. Peut utiliser des formules de politesse simples et courantes pour s'adresser à quelqu'un ou le saluer. Peut faire et accepter une offre, une invitation et des excuses. Peut dire ce qu'il/elle aime ou non. **A2.2.** Peut établir un contact social : salutations et congés, présentations, remerciements. Peut généralement comprendre un discours standard clair, qui lui est adressé, sur un sujet familier, à condition de pouvoir faire répéter ou reformuler de temps à autre.

Conversation	Peut participer à de courtes conversations dans des contextes habituels sur des sujets généraux. Peut dire en termes simples comment il/elle va et remercier.

Cadre européen commun de référence pour les langues, chapitre 4, pp. 60-68.

Comme nous l'avons déjà signalé dans le volume consacré à A1, cette compétence d'inter-action orale est plus développée par rapport aux autres. Il s'agit probablement de l'effet d'une conception courante de la connaissance d'une langue, qui fait de sa maîtrise orale dans les échanges la compétence par excellence (« savoir parler » une langue). Ce peut être aussi une conséquence de l'analyse des interactions en de plus nombreuses sous-catégories (*coopération à visée fonctionnelle, échanges d'informations, conversation, discussion infor-melle*) que pour les autres activités de communication.

Le premier descripteur de cette série concerne la compréhension dans le cadre de l'interac-tion: il n'est pas différent du descripteur de compréhension générale de l'oral[3], mais il est spécifié en fonction des conditions concrètes de l'interaction, de la nature du texte qui y est produit (discours ordinaire) et de la bienveillance de l'interlocuteur, généralement natif. Les descripteurs présentent ensuite l'inventaire des fonctions qui peuvent être mises en jeu dans ces conversations et ils signalent que, en A2.2., celles-ci peuvent devenir moins dépendantes de besoins immédiats ou de l'environnement, puisque l'on évoque des « sujets généraux » dans des contextes habituels cependant. On peut sans doute interpréter cette expression comme: « avec des interlocuteurs connus », ou comme: « dans des situations de communi-cation familières ».

Discussion informelle (entre amis)	A2.1. Peut discuter simplement de questions quotidiennes si l'on s'adresse directement à lui/elle, clairement et sim-plement. Peut discuter de l'organisation d'une rencontre et de ses préparatifs. A2.2. Peut généralement reconnaître le sujet d'une discus-sion extérieure si elle se déroule lentement et clairement. Peut discuter du programme de la soirée et du week-end. Peut faire des suggestions et réagir à des propositions. Peut exprimer son accord et son désaccord à autrui.
Discussions et réunions formelles	A2.1. Peut dire ce qu'il/elle pense des choses si on s'adresse directement à lui/elle dans une réunion formelle, à condition de pouvoir faire répéter le cas échéant. A2.2. Peut en général suivre les changements de sujets d'une discussion formelle relative à son domaine si elle est conduite clairement et lentement. Peut échanger des informations pertinentes et donner son opinion sur des problèmes pratiques si on le/la sollicite directement à condition d'être aidé(e) pour formuler et de pouvoir répéter les points importants le cas échéant.

---

3. *Cadre* 4.2.2.1., p. 55.

Les conversations informelles évoquées dans les descripteurs semblent assez proches de celles retenues dans *coopération à visée fonctionnelle* (organisation de rencontres…). Elles impliquent l'emploi de fonctions déjà identifiées dans les précédents inventaires : proposer, accepter, accord/désaccord. Le *Cadre* tient à introduire dès A2 la participation à des discussions formelles, mais de façon limitée : le second descripteur de A2.2. multiplie les circonstances qui la rendent possible et acceptable. Ce descripteur semble d'ailleurs en retrait par rapport à celui de A2.1. qui spécifie la possibilité d'exprimer une opinion en général et non uniquement sur « des problèmes pratiques » (comme A2.2.) et il est peu convergent avec celui spécifiant la compréhension, qui est définie à un niveau très global (comprendre les changements de sujet).

Coopération à visée fonctionnelle (par exemple, réparer une voiture, discuter un document, organiser quelque chose)	A2.1. Peut indiquer qu'il/elle suit et peut être aidé(e) à comprendre l'essentiel si le locuteur en prend la peine. Peut communiquer au cours de simples tâches courantes en utilisant des expressions simples pour avoir des objets et en donner, pour obtenir une information simple et discuter de la suite à donner. A2.2. Peut comprendre suffisamment pour gérer un échange courant et simple sans effort excessif, en demandant en termes très simples de répéter en cas d'incompréhension. Peut discuter de ce que l'on fera ensuite, répondre à des suggestions et en faire, demander des directives et en donner.
Obtenir des biens et services	A2.1. Peut obtenir et fournir des biens et services d'usage quotidien. Peut obtenir des renseignements simples sur un voyage, utiliser les transports publics (bus, trains et taxis), demander et expliquer un chemin à suivre, ainsi qu'acheter des billets. Peut poser des questions et effectuer des transactions simples dans un magasin, un bureau de poste, une banque. Peut demander et fournir des renseignements à propos d'une quantité, un nombre, un prix, etc. Peut faire un achat simple en indiquant ce qu'il/elle veut et en demandant le prix. Peut commander un repas. A2.2. Peut se débrouiller dans les situations courantes de la vie quotidienne telles que déplacements, logement, repas et achats. Peut obtenir tous les renseignements nécessaires d'un office de tourisme à condition qu'ils soient de nature simple et non spécialisée.

En A2, l'utilisateur/apprenant est défini comme étant capable de gérer certaines activités sociales, qui ne sont pas uniquement verbales, liées essentiellement aux achats, au transport… Il est aussi en mesure de prendre des initiatives, y compris verbales, et de prendre part à des discussions qui peuvent s'avérer complexes (peut discuter de ce qu'on fera ensuite). Le *Cadre* accorde une grande place, par ces inventaires, à des compétences qui sont surtout utiles en cas de résidence effective dans le pays dont on apprend la langue et qui ne correspondent pas nécessairement à des besoins immédiats, pour des adolescents en situation scolaire, hors d'Europe, par exemple. Mais comme le *Cadre* ne constitue pas un programme mais un instrument pour les construire, cet accent mis, dans sa typologie, sur cette famille de tâches ne devrait pas porter à conséquence.

Échange d'information	A2.1. Peut communiquer dans le cadre d'une tâche simple et routinière ne demandant qu'un échange d'information simple et direct. Peut échanger une information limitée sur des sujets familiers et des opérations courantes. Peut poser des questions et y répondre sur le travail et le temps libre. Peut demander et expliquer son chemin à l'aide d'une carte ou d'un plan. Peut demander et fournir des renseignements personnels. A2.2. Peut comprendre suffisamment pour communiquer sur des sujets familiers et simples sans effort excessif. Peut se débrouiller avec des demandes directes de la vie quotidienne : trouver une information factuelle et la transmettre. Peut répondre à des questions et en poser sur les habitudes et les activités journalières. Peut répondre à des questions sur les loisirs et les activités passées et en poser. Peut donner et suivre des directives et des instructions simples comme, par exemple, comment aller quelque part.

Cet ensemble de spécifications porte sur une finalité générale des interactions et non sur un genre d'interaction particulier. Les compétences requises sont surtout définies en termes de domaines, les capacités à communiquer verbalement étant désignées par question/réponse ou échange d'information. Ces descripteurs apportent peu d'éléments très nouveaux par rapport aux spécifications précédentes de A2, que parfois elles reprennent (suivre des directives, aller quelque part).

Interviewer et être interviewé (l'entretien)	A2.1. Peut répondre à des questions simples et réagir à des déclarations simples dans un entretien. A2.2. Peut se faire comprendre dans un entretien et communiquer des idées et de l'information sur des sujets familiers à condition de pouvoir faire clarifier à l'occasion et d'être aidé pour exprimer ce qu'il/elle veut.

Cadre européen commun de référence pour les langues, chapitre 4, pp. 60-68.

Cette compétence dans un genre de discours très particulier et qui présente un certain caractère d'officialité balise un itinéraire d'apprentissage (de A2.1. : question/réponse à A2.2. : communiquer des idées) assez caractéristique de l'ensemble de la compétence d'interaction orale de A2 : le locuteur de référence A2 est posé comme capable de gérer des interactions dans leur totalité et malgré leur complexité variable, si certaines conditions facilitatrices sont réunies.

Comme nous l'avons déjà souligné dans le volume consacré à A1, la prépondérance dans les descripteurs des échanges à finalité pratique invite à des choix programmatiques en fonction des situations éducatives : la maîtrise des aspects « fonctionnels » des conversations n'est pas nécessairement adaptée et motivante partout.

Interaction écrite

Correspondance	Peut écrire une lettre personnelle très simple pour exprimer remerciements ou excuses.
Notes, messages et formulaires	A2.1. Peut écrire une note ou un message simple et bref, concernant des nécessités immédiates. A2.2. Peut écrire un message bref et simple à condition de pouvoir faire répéter et reformuler.

Cadre européen commun de référence pour les langues, chapitre 4, p. 68-69.

Les activités d'écrit interactif concernent en A2 la production de textes, même peu définis, comme les messages écrits. On constate cependant que l'éventail des sujets abordés et des fonctions exprimées est beaucoup plus limité que dans la spécification d'autres compétences, comme la production orale ou l'interaction orale, puisqu'on ne retient que *remercier* et *s'excuser*[4] et non raconter, décrire, exprimer des idées ou des opinions. Cette dissymétrie entre la maîtrise des formes discursives écrites et orales renvoie à des cultures éducatives où c'est l'appropriation de l'oral qui commande celle de l'écrit. Cette caractéristique de l'enseignement/apprentissage des langues n'est pas universelle.

Les formes de la compétence à communiquer langagièrement constituant le niveau A2 sont caractérisées par la capacité à gérer des échanges simples mais complets (et non des fragments comme inachevés de ceux-ci) et par l'apparition de la créativité syntaxique, au-delà de l'emploi d'expressions qui sont figées ou qui semblent telles aux apprenants. L'éventail de l'action sociale possible au moyen de la langue cible ne s'élargit pas significativement, car son ampleur ne saurait être cernée *a priori* par un référentiel. Mais il gagne en variété de moyens, en particulier dans l'expression de fonctions plus nombreuses et plus complexifiées. Si les activités de communication décrites comme caractérisant A2 sont inclues dans des tâches sociales à visée fonctionnelle, on voit apparaître d'autres espaces de communication, comme les médias et la poésie, qui ne doivent pas être sous-estimés pour l'enseignement.

À côté de ce repère idéal abstrait qu'est le niveau A2 décrit par le *Cadre*, on ne perdra pas de vue que le niveau de compétences effectif d'un apprenant/utilisateur n'est pas nécessairement homogène :
• en termes de degré de maîtrise dans chaque compétence ;
• en termes de nature des compétences possédées ;
• en termes de chronologies d'acquisition : on peut acquérir une compétence après une autre et non nécessairement simultanément, etc.
Cette réalité acquisitionnelle et sociolinguistique invite à tirer parti de la souplesse de caractérisation des niveaux de compétence telle qu'elle est effectivement décrite dans le *Cadre* et rendue possible par lui. C'est cette diversité potentielle et rendue transparente par le *Cadre* des programmes d'enseignement des langues qui permet la diversification indispensable des offres en langues des systèmes éducatifs[5].

---

4. Mais voir le descripteur pour *Écriture créative, Cadre*, p. 52.
5. Voir Conseil de l'Europe : *Guide pour l'élaboration des politiques linguistiques éducatives. De la diversité linguistique à l'éducation plurilingue*, Éditions du Conseil de l'Europe, Strasbourg, 2007.

2.2. SPÉCIFICATION DU NIVEAU A2 PAR LES CONTEXTES ET LES SITUATIONS D'UTILISATION DE LA LANGUE

Dans des niveaux de référence antérieurs au *Cadre européen commun de référence pour les langues*, comme *Vantage* (chap. 3) ou *Un niveau-seuil* (section : *Publics et domaines*), on a utilisé comme descripteurs la capacité des apprenants/utilisateurs à gérer efficacement certaines situations de communication. Le *Cadre* ne fait plus qu'une mention rapide de cette spécification possible, en 4.1.1. *Domaines* et 4.1.2. *Situations*, alors que celle-ci est mise en avant dans ses descripteurs d'activités et de stratégies, dont elle est un élément définitionnel récurrent.

La caractérisation des formes d'utilisation des langues par les contextes de leur emploi permet de spécifier les contenus linguistiques des référentiels de niveaux et, surtout, de créer les programmes d'enseignement adaptés à la situation particulière des apprenants concernés (au terme d'une identification des besoins langagiers, qui se fonde sur le recensement des situations et contextes dans lesquels les apprenants utiliseront la langue cible). Des inventaires de situations considérées comme devant être totalement ou partiellement maîtrisées à un niveau de référence donné peuvent donc constituer un instrument de travail utile pour les concepteurs de programmes et de matériels d'enseignement.

2.2.1. Contextes de communication

Le *Cadre* classifie les contextes d'utilisation en domaines : personnel, public, professionnel et éducationnel. Il analyse les situations qui y figurent en paramètres comme : lieu et moment, institutions et organismes, acteurs et objets présents, événements[6]...

On complètera cette typologie en envisageant des contextes d'emploi plus diversifiés, selon qu'ils sont ceux de l'utilisateur ou ceux des locuteurs de la communauté d'accueil, donc selon qu'ils se situent hors de la communauté de l'apprenant/utilisateur ou au sein de celle-ci.

Cette liste est destinée à permettre de prendre encore mieux en compte (ou de concevoir) les formes distinctes d'enseignement/apprentissage et d'insertion culturelle et sociale qui peuvent avoir une incidence sur les contenus des programmes d'enseignement dès A :
- le contexte d'origine de l'apprenant/utilisateur ;
- des contextes de type touristique ou de voyage ;
- des contextes correspondant à une expatriation provisoire, de nature professionnelle (mission à l'étranger, déplacement d'affaires, stage…) ;
- des contextes correspondant à une expatriation de longue durée ou quasi définitive.

Cette spécification secondaire peut aider à définir la place à accorder à chaque compétence/activité et à mieux définir la nature des supports utilisables (par exemple, types de médias écrits…).

Les éléments retenus pour A2 ne sont pas foncièrement différents de ceux identifiés comme caractérisant A1, car ces paramètres sont très généraux.

Tableau 1

Dans son propre contexte, l'apprenant/utilisateur de niveau A2 est capable :
Domaine personnel
• de gérer de manière autonome son propre apprentissage, hors de toute institution éducative ; • d'autoévaluer ses acquis et de chercher à remédier aux difficultés identifiées ; • d'avoir accès à quelques informations en langue cible ; • de tirer parti de certaines productions culturelles de la langue cible (traduites, sous-titrées, adaptées…) disponibles dans cette langue.

---

6. *Cadre* p. 41.

Domaine public

• de commencer à fréquenter les médias, en particulier écrits et télévisuels, pour son information ou son plaisir ;
• d'établir et de maintenir des relations sociales avec des locuteurs natifs de cette langue, de manière indirecte (interaction écrite, via Internet), en utilisant à la fois sa langue première, une langue commune et parfois la seule langue cible ;
• de socialiser de manière minimale, avec des visiteurs locuteurs de cette langue, à condition qu'ils soient bienveillants ;
• d'être impliqué dans des activités de médiation brèves, occasionnelles, et ce dans des situations de communication peu spécifiques, relevant de l'expérience communicationnelle ordinaire.

Domaine éducationnel

• de participer avec profit à toute forme d'enseignement de la langue cible.

Domaine professionnel

• d'assurer des tâches de communication écrites et/ou orales dans des circonstances définies qui requièrent peu d'improvisation ou qui sont routinières ;
• d'interpréter correctement des consignes, instructions… relevant des aspects les plus courants de sa compétence professionnelle.

Tableau 2

Dans des contextes de type touristique ou de voyage, l'apprenant/utilisateur de niveau A2 est capable :

Domaine personnel

• de gérer de manière autonome son apprentissage, hors de toute institution éducative, en tirant parti tout particulièrement de son expérience directe de la communication dans la langue cible et de l'aide que peuvent constituer pour lui ses interlocuteurs ;
• d'autoévaluer ses acquis et de chercher à remédier aux difficultés identifiées ;
• de tirer parti de certaines productions culturelles, spécialement celles qui sont d'ordre visuel ;
• de gérer sa vie matérielle et sociale dans ce contexte, en ce qui concerne ses déplacements, son hébergement, sa santé, ses loisirs… en utilisant sa langue maternelle, une langue commune et, de manière de plus en plus consistante, uniquement la langue cible.

Domaine public

• de fréquenter les médias, de manière partielle (informations télévisées, quotidiens mais de manière limitée) ;
• d'établir de manière simple des relations sociales de coopération, d'échange d'informations, d'opinions avec des locuteurs natifs de cette langue (rencontres fortuites, interactions pour obtenir des biens et des services, relations de voisinage, de type amical…).

Tableau 3

> **Dans des contextes correspondant à une expatriation provisoire, de nature profes-sionnelle, l'utilisateur de niveau A2 est capable :**
> • de gérer les contextes spécifiques évoqués dans le tableau 2.
>
> ### Domaine professionnel
>
> • d'identifier certaines caractéristiques de la culture éducative ou d'entreprise dans laquelle il est impliqué ;
> • de gérer les rapports sociaux élémentaires avec les autres membres de ces commu-nautés ;
> • de gérer sa position administrative, professionnelle et juridique dans ce contexte, en uti-lisant la langue cible.

Tableau 4

> **Dans des contextes correspondant à une expatriation de longue durée, l'utilisateur de niveau A2 est capable :**
> • de gérer les contextes spécifiques évoqués dans les tableaux 2 et 3.
>
> ### Domaine personnel
>
> • de gérer les relations familiales, amicales et de voisinage, aussi au moyen de la langue cible, dans des contextes où celle-ci n'est pas utilisée ou l'est de manière non dominante ;
> • de commencer à accompagner d'autres locuteurs que lui, de même profil linguistique et culturel, dans leur apprentissage, en particulier ceux qui en ont une connaissance unique-ment orale acquise hors enseignement institutionnel ;
> • d'accompagner, grâce, en particulier, à la prise de conscience métalinguistique en voie d'acquisition dans la langue cible, la transmission de sa/ses langue(s) première(s) ou de celle(s) de sa communauté à ses enfants ou à d'autres proches, si tel est leur choix.

2.2.2. Situations de communication

Ces contextes de communication larges, caractérisant socialement les emplois de niveau A2, sont constitués de différentes situations de communication possibles. Celles-ci, définies par la « qualité » des participants, les rôles qu'ils y assument, le lieu social et les circonstances, les enjeux et finalités de l'échange, sont très diverses et, pour certaines, fort complexes. La spécification d'un niveau de référence A2 en langue par l'inventaire des situations de com-munication qui doivent être gérées avec efficacité par l'utilisateur est particulièrement perti-nente pour des niveaux de type A, qui concernent une matière verbale plus réduite. On ne perdra pas de vue que ces situations peuvent être gérées de manière plus ou moins partielle : leur présence dans l'inventaire qui suit ne signifie donc aucunement qu'on vise une maîtrise absolue de celles-ci, qui peuvent d'ailleurs présenter, pour les interactions orales par exem-ple, des scénarios très différents, dont certains sont peu prévisibles.

Les situations de communication dont la maîtrise peut être visée en A2, sous réserve que les conditions mentionnées par le *Cadre* soient satisfaites (bienveillance de l'interlocuteur, débit, clarté, langue standard…), sont les suivantes :

Acheter, faire des courses

same as A1

Dans ces situations, l'utilisateur/apprenant est capable de :
- demander un objet exposé, visible ;
- demander le prix, s'informer sur la nature (du produit), sur les quantités (poids, mesures…) ;
- comprendre un prix (interaction orale) ;
- comprendre des informations relatives à la localisation des rayons (dans un super-marché, un grand magasin) ;
- comprendre certaines informations figurant sur les étiquettes des produits ;
- comprendre certaines publicités récurrentes (*soldes, promotion, offre spéciale…*).

Se nourrir (self-service, restaurant…)

same

Dans ces situations, l'utilisateur/apprenant est capable de :
- commander un plat dans un établissement de type self-service (les plats proposés sont attendus (*hamburger, pizza, sandwich…*), visibles, représentés par des images et/ou décrits) ;
- demander des informations simples sur le menu du jour et comprendre les réponses ;
- se plaindre (par un énoncé assertif : *Excusez-moi, c'est froid*) ;
- attirer l'attention des serveurs (*S'il vous plaît !*) ;
- commander un plat à partir d'un menu standard dont il comprend l'organisation (grâce à la carte : *entrées, desserts, viandes, vins…* et le nom de certains plats : *poulet, salade…*) ;
- exprimer un jugement sur la nourriture servie.

Se loger (hôtel, chambre d'hôte, auberge de jeunesse, camping, famille d'accueil…)

same

Dans ces situations, l'utilisateur/apprenant est capable de :
- prendre une chambre (à la réception) ;
- poser des questions simples et comprendre les réponses (*– Le restaurant, s'il vous plaît ? – Au premier*) ;
- se plaindre (par un énoncé assertif : *L'eau est froide ; la lumière ne marche pas*) ;
- identifier la signalétique (*Entrée*) ;
- comprendre les règles internes (oral et écrit : *Le petit déjeuner est servi de 7 h à 9 h 30*) ;
- remplir une fiche d'hôtel ;
- participer à des échanges de base sur des sujets prévisibles (lieu d'habitation, famille, études…) ;
- laisser un message écrit (*Je rentre à 5 heures*) ;
- écrire une lettre pour se présenter ;
- écrire un mot de remerciement (au retour).

Utiliser les services postaux, téléphoniques et bancaires

same

Dans ces situations, l'utilisateur/apprenant est capable de :
- effectuer une opération simple (acheter des timbres, envoyer un colis, une lettre en tarif ordinaire, spécial : *Je veux envoyer ceci en Géorgie au tarif ordinaire*) ;
- demander un tarif ;
- changer de l'argent ;
- identifier la signalétique des agences ;
- remplir un formulaire simple (déclaration de douane, accusé de réception, virement), avec l'aide de l'employé ;
- utiliser les distributeurs automatiques de billets (ils fonctionnent souvent en plusieurs langues) ;
- acheter des cartes téléphoniques ;
- trouver un numéro dans un annuaire.

Utiliser les services de santé   ~~santé~~

Dans ces situations, l'utilisateur/apprenant est capable de :
- comprendre des instructions simples (*Restez au lit*) ;
- indiquer la nature du problème de santé à un professionnel (médecin, pharmacien), à l'aide de gestes, éventuellement ;
- répondre à des questions directes (*Ça fait mal, là ?*) ;
- comprendre des modes d'utilisation des médicaments (*Prendre trois fois par jour*).

Voyager et se déplacer   ~~sauf~~

Dans ces situations, l'utilisateur/apprenant est capable de :
- comprendre des indications sur le chemin à prendre ;
- donner des indications de ce type ;
- répondre à des questions (contrôle d'immigration, douane) sur la durée, le lieu du séjour… ;
- remplir les fiches correspondantes ;
- comprendre des instructions simples (*Ouvrez la valise, s'il vous plaît*) ;
- demander des informations sur les transports (horaires, prix…), la location d'une voiture (dans les offices du tourisme, les agences…) ;
- lire les horaires, tableaux de départ… ;
- comprendre des mots utilisés dans la signalétique routière ordinaire (*Stop !*) ;
- acheter des tickets, des billets… ;
- donner une destination à un taxi.

Visiter   ~~Sante~~

Dans ces situations, l'utilisateur/apprenant est capable de :
- participer à de brefs échanges sur des sujets prévisibles (lieu d'habitation, famille, études…) avec d'autres touristes ou des locuteurs natifs ;
- demander des informations standard à un office du tourisme (horaires d'ouverture, prix, réduction…) ;
- demander des informations touristiques (rédigées dans une langue connue) : plans, dépliants ;
- comprendre quelques informations générales d'un commentaire de guide relatives à des lieux où l'on se trouve ou à des objets visibles et de type connu (nom du site, fonction, date, tableau…) ;
- comprendre les informations de base de la description écrite d'une visite guidée (heure de départ, durée, prix) ;
- identifier les lieux à visiter à partir d'un dépliant, d'une brochure…

Socialiser

Dans ces situations, l'utilisateur/apprenant est capable de :
- s'identifier, parler de lui et de sa famille proche, de son métier, de son environnement, de ses habitudes ; comparer celles-ci entre elles et avec celles du pays où il se trouve, y compris sous forme de description ou de récit consistant ou plus bref dans la conversation ;
- évoquer sa vie, ses expériences, ses activités professionnelles passées ;
- participer à une conversation routinière, portant sur des sujets ordinaires mais aussi, parfois, sur des sujets généraux habituels ;
- demander et donner des informations, des renseignements ;
- exprimer des goûts, des opinions, des idées ;
- demander et donner des explications, des justifications ;
- participer à des conversations relatives au faire ensemble, à des décisions à prendre, à des projets…

Fréquenter les médias, se distraire

Dans ces situations, l'utilisateur/apprenant est capable de :
- lire un programme TV, de cinéma... ;
- identifier les contenus d'émissions TV (à l'aide des logos) ;
- identifier le sens général d'un article de presse court se rapportant à une situation ou à un événement déjà connu, s'il est illustré ;
- identifier les informations importantes des journaux télévisés ;
- suivre des émissions d'information (documentaires) ;
- repérer des informations sur les spectacles, concerts, manifestations sportives, bars et restaurants, cinémas... dans les médias.

Socialiser (à distance)

Dans ces situations, l'utilisateur/apprenant est capable de :
- comprendre des messages téléphoniques enregistrés sur un répondeur privé ;
- comprendre des informations personnelles données par son correspondant, en donner de semblables ;
- comprendre des opinions, des goûts et en exprimer soi-même ;
- comprendre la description de personnes ou le récit d'événements ;
- écrire des lettres de remerciement, d'excuse ;
- écrire de brefs messages informatifs ;
- écrire des lettres décrivant des événements de la vie ordinaire.

Communiquer au travail

Dans ces situations l'utilisateur/apprenant est capable de :
- poser des questions informatives et comprendre les réponses à celles-ci, si elles sont elles-mêmes simples ;
- en réunion, échanger des opinions sur des sujets connus et standard ;
- exprimer des besoins, y compris à l'écrit (message bref) ;
- comprendre des instructions, en particulier celles relatives à la sécurité ;
- prendre des messages et les communiquer à d'autres ;
- passer des messages de routine.

Gérer son apprentissage

Dans ces situations l'utilisateur/apprenant est capable de :
- comprendre des informations factuelles concernant les cours (oral et écrit) ;
- vérifier sa compréhension des instructions du formateur/professeur, en les répétant ;
- comprendre les activités à réaliser (travaux individuels...).

Spécifier le matériel verbal caractérisant une compétence de niveau A2 par situations de communication est une démarche tout à fait cohérente. Mais de la sorte, on court toujours le risque de privilégier les genres d'interactions verbales pour lesquelles on dispose de descriptions linguistiques ou sociolinguistiques, aux dépens de celles pour lesquelles on ne dispose pas de description ou qui ne se décrivent pas aisément (parce qu'elles sont peu ritualisées, par exemple, comme la conversation à bâtons rompus ou les reportages de la presse écrite hebdomadaire).

2.3. SPÉCIFICATION DU NIVEAU A2 PAR LES FORMES DISCURSIVES

Pour passer des formes de la communication et des situations de communication aux formes linguistiques qu'elles mettent en jeu, comme pour les autres *Niveaux de référence pour le français,* on passera par un niveau de spécification intermédiaire, celui des genres de discours.

2.3.1. Les genres de discours

Suivant la conception adoptée dans tous les *Niveaux de référence pour le français*, on entend par *genre de discours/genre discursif* les formes prises par la communication telle qu'elle s'effectue dans une situation-type donnée, dans une communauté de communication donnée : par exemple, une conférence, un faire-part, un fait-divers, une anecdote, une dispute... On considèrera ces formes discursives non comme des phénomènes d'énonciation uniques ou individuels, mais en tant qu'elles manifestent des régularités indépendantes des énonciateurs, qui ne sont pas celles de la « grammaire » de la langue. Ces régularités discursives sont partagées, à des degrés divers, par des ensembles de textes et elles peuvent être appréhendées en termes de « types » de textes relativement stables. Elles définissent la « propriété » des énoncés et des textes (et non leur correction ou leur grammaticalité), comme étant leur adéquation à des règles partagées de bonne formation des genres discursifs dans les situations-types identifiées dans cette communauté de communication donnée. Ces termes sont peu utilisés dans le *Cadre* qui leur préfère la notion de *texte* : la notion de genre est présente en 4.6.2.[7] mais sans que la distinction soit faite entre *type* de texte et *genre* de texte. Le terme de compétence dite *pragmatique* est utilisé pour caractériser la compétence communicationnelle de l'utilisateur. Celle-ci se rapporte « aux principes selon lesquels les messages sont organisés [...] utilisés [...] et segmentés[8] », principes qui concernent la cohérence textuelle (au sens morphosyntaxique), mais aussi les régularités des discours, telles qu'elles peuvent être appréhendées dans le cadre conceptuel des genres discursifs. C'est pour désigner cette capacité à créer des textes « bien construits » qu'est mentionnée une *compétence discursive*.

Au niveau A2, l'utilisateur/apprenant commence à disposer d'une compétence diversifiée qui lui permet, en interaction, de gérer certaines conversations et, en réception, d'accéder, au moins partiellement, à certains textes, dont ceux produits dans les médias. Il peut toujours se fonder sur son expérience de la communication dans son propre environnement pour comprendre des textes relevant de certains genres en langue cible qui lui sont familiers parce qu'ils ont des équivalents dans sa culture discursive. Ces textes se caractérisent par une structure générale très stable et prévisible et par un lexique relevant d'un domaine habituel relativement fermé.

> **Un ensemble d'informations plus développées relatives à l'analyse du discours est disponible dans les deux volumes relatifs au niveau B2, auxquels on se rapportera[9].**

2.3.2. Le répertoire discursif caractéristique de A2

On décrit ci-après la compétence à communiquer langagièrement de niveau A2 pour le français par l'inventaire des genres discursifs dont la maîtrise, partielle ou totale, peut être tenue pour caractéristique de ce niveau élémentaire.

---

7. *Cadre* pp. 76-77.
8. *Cadre* p. 96.
9. Beacco J.-C., Bouquet S. et Porquier R. : *Niveau B2 pour le français*, Didier, Paris, 2004, section 2.3.4., pp. 54-61 et les études de V. Traverso et G. Petiot dans Beacco J.-C. (éd.) : *Niveau B2 pour le français. Textes et références*, Didier, Paris, 2004, pp. 119-202.

Textes impliquant des locuteurs plurilingues ou comportant des versions (totalement ou partiellement) en plusieurs langues	Situations de communication dans lesquelles l'utilisateur se trouve en contact avec des locuteurs ou des formes discursives qui font intervenir, outre la langue cible, une ou plusieurs autres langues, dans le cadre d'alternances codiques réglées ou non, ou encore au moyen de versions successives ou parallèles du même texte. Ces langues autres que la langue cible peuvent être la langue première de l'utilisateur ou d'autres langues que celui-ci partage avec ses interlocuteurs (ou avec les formes discursives concernées) dans ces situations.

Textes monolingues (exclusivement en langue cible)	
Réception orale	
Réception orale d'interactions (il s'agit d'écoute de conversations auxquelles on ne participe pas soi même : ces situations sont souvent accidentelles ou concernent la réception télévisuelle ; voir ci-dessous)	• interactions familières (entre locuteurs natifs) de la sphère personnelle et sociale • discussions ou conversations comportant explications, justifications, expression d'idées, d'opinions, de goûts, de projets • brefs discours suivis relevant de la sphère familière, sociale, professionnelle
Réception orale de discours suivis (dans de bonnes conditions acoustiques, avec une bonne netteté articulatoire et à des débits contrôlés ; ce qui tend à privilégier les professionnels de la parole ou les locuteurs habitués à la prise de parole publique)	• annonces publiques standard : informations, indications, avertissements, consignes (dont consignes de sécurité), dont l'interprétation dépend largement du lieu où elles sont entendues • instructions orales : consignes de sécurité…
Réception des émissions de radio, d'enregistrements, réception audiovisuelle, spectacles	**radio** • journaux d'information brefs (1 à 2 minutes) • bulletins météo, routiers… **télévision** • très partiellement, commentaires en direct des événements sportifs (sports déjà connus, compréhension limitée et intermittente) • journaux télévisés (compréhension globale) • identifier les objets proposés à la vente dans des spots publicitaires • bulletins météo, routiers… accompagnés de cartes et de schémas • émissions de vulgarisation popular ?

	Réception écrite
Domaine privé *Same*	• correspondance familiale, amicale • mots, billets (avec graphie manuelle interprétable), messages (dont SMS)
Écrits publics	• panneaux indicateurs, signalétique routière et touristique • plans, noms de rues, de stations • noms de magasins, d'édifices publics • plaques commémoratives • petites annonces (immobilière location surtout)
Instructions *Same*	• méthodes (dont méthodes de langue…) • recettes (cuisine, pâtisserie, cocktails…), règles de jeux • modes d'emploi simples
Textes à valeur légale, formulaires administratifs, documents à caractère officiel *Same*	• étiquettes, emballages, date de péremption, composition, vignette de médicament • bail *= lease* • bulletin de salaire • diplômes, relevés de notes, de résultats • passeport, permis de conduire, carte de séjour, certificats (de naissance, d'assurance…) et autres documents personnels • textes et formulaires déjà connus dans la culture d'origine : déclaration de devises, invitation, faire-part… • billets de banque, timbres, timbres fiscaux • reçu, addition, ticket de caisse • titre de transport • *curriculum vitae* • *Portfolio européen des langues*
Presse quotidienne nationale, presse hebdomadaire d'information (textes relatifs à des situations ou des sujets entrant dans l'expérience du monde et faisant partie des connaissances encyclopédiques de l'utilisateur)	• sommaire • informations nationales et internationales (titres explicites) • titres intérieurs • faits divers • petites annonces (immobilières) • légendes de cartes, dessins, croquis, tableaux de données numériques… • nouvelles brèves, comprises globalement (relevant du domaine d'expérience des apprenants) • météo • programme de télévision • carnet • horoscope (surtout ceux des quotidiens, compris globalement et partiellement) • conseils, instructions (régime alimentaire, santé, recettes de cuisine…)

Réception écrite	
Autres types de presse : revues et magazines « féminins », presse pour adolescents, presse spécialisée, en général	• pour les autres genres, voir ci-dessus *Presse quotidienne nationale*
Textes relatifs à la transmission de connaissances	• instructions, consignes (voir plus haut) • manuels, cours • dictionnaires, dictionnaires de langue • grammaires • articles brefs dans des ouvrages ou publications de divulgation relevant de domaines familiers et habituels
Textes considérés comme littéraires	• textes poétiques
Interaction orale	
	• conversations et échanges familiers, amicaux, personnels : interactions familières (entre locuteurs natifs) de la sphère personnelle et sociale • discussions ou conversations comportant explications, justifications, expression d'idées, d'opinions, de goûts, de projets • brefs discours suivis relevant de la sphère familière, sociale, professionnelle • conversations de socialisation, de bon voisinage • conversations de service à finalité pratique, entretien (médical)
Production orale	
S'exprimer oralement en continu devant un auditoire	• brefs discours suivis relevant de la sphère familière, sociale, professionnelle, dans des interactions orales
Interaction écrite	
	• correspondance personnelle : informations, descriptions, récits, demandes d'information, réponses à des demandes • échanges de méls, par Internet (comme supra) • formulaires administratifs
Production écrite	
	• prise de notes sommaire (de cours, à partir de manuels...), en alternance avec l'emploi de la langue première ou d'autres langues du répertoire linguistique • écriture créative (textes très brefs)

Cette spécification est surtout destinée à servir d'aide-mémoire pour le choix de situations de communication et de supports d'enseignement diversifiés. Ce répertoire des genres discursifs visés en A2 ne dispense jamais de vérifier si un texte donné, relevant d'un genre répertorié ci-dessus, présente bien les caractéristiques linguistiques générales définissant la compétence de type A2. Tout texte relevant d'un genre non répertorié mais présentant les caractéristiques linguistiques attendues peut, bien entendu, être utilisé pour un enseignement de niveau A2.

Une telle caractérisation des genres de discours auxquels on peut accéder au niveau de référence A2 permet, en principe, de déterminer les éléments linguistiques à acquérir pour ce faire. Ce sont ces derniers qui sont inventoriés dans les chapitres qui suivent.

CHAPITRE 3
FONCTIONS

Cet inventaire de fonctions permet de passer des spécifications de A2 en termes généraux de communication (descripteurs du *Cadre*), domaines, situations et genres de discours aux spécifications par des formes du français. Il présente un premier inventaire de formes qui ne sont pas des éléments isolés (comme dans les chapitres suivants) mais des énoncés. Ces énoncés sont ceux considérés comme devant être acquis au niveau A2 pour réaliser les fonctions discursives et ce chapitre décrit la compétence visée sous l'aspect de l'action réalisée à travers la communication verbale[1].

On s'attachera ici, comme dans les descriptions des autres niveaux de référence :

• à dénommer strictement ces fonctions : on utilisera la même terminologie et la même classification pour ces fonctions que dans les autres niveaux ;

• à distinguer l'expression de ces intentions de communication de celle des notions générales (exprimer le temps, l'appréciation, par exemple) ou des scripts (téléphoner). Des classifications croisées demeurent inévitables (exprimer une opinion, exprimer une appréciation) et elles impliquent la mise en place de renvois entre les composantes du présent document.

Cet inventaire fait la part belle aux formes utilisées dans les interactions orales ordinaires en face à face[2], comme *Un niveau seuil*. Ce choix s'explique par le souci de mettre à la disposition des utilisateurs de A2 des expressions ou des « formules » employées de manière courante dans les conversations ordinaires ou dans les genres d'écrits relevant de la sphère privée ou personnelle et qui ne sont que rarement répertoriées dans les grammaires de référence du français. Cette attention portée aux conversations de la vie de tous les jours répond aussi à la spécification générale du niveau 2 (*Cadre* p. 25) qui ne semble pas concerner, de manière nette, des situations formelles de communication écrite.

Comme le niveau A1, A2 ne comporte pas d'inventaires correspondant à des opérations discursives/cognitives comme : *comparer, déduire, énumérer, classifier, illustrer par un exemple, interpréter*... qui sont à l'œuvre dans tous les genres de discours, surtout écrits, qui exposent des connaissances ou qui en traitent d'une manière ou d'une autre. Ces représentations discursives des activités intellectuelles ayant présidé à l'élaboration des connaissances sont plutôt présentes de manière significative dans des textes qui requièrent un niveau de maîtrise relevant davantage de B1. Ils seront présents dans ce dernier référentiel, comme ils le sont dans *Un niveau seuil* sous la dénomination d'*opérations discursives*.

> **Cet inventaire peut tendre à privilégier les situations de communication à visée pratique, du fait du caractère encore limité des moyens verbaux disponibles en A2. On veillera cependant à ce que, en fonction des publics, l'accent puisse être aussi mis sur l'expression personnelle (par exemple : sentiments, 3.3.2.).**

---

1. Pour la notion de fonction (ou acte de parole/de discours/de langage), on se reportera à la littérature linguistique existante, en particulier à la synthèse de C. Kerbrat-Orecchioni : *Les actes de langage dans le discours*, Édition Colin, Paris, 2001.
2. Pour le caractère oral de la description des fonctions, voir 1.3.2.

La typologie générale des fonctions demeure la suivante :

– 3.1. *Interagir à propos d'informations*. Le propos du locuteur concerne un fait, un contenu de connaissance, posés comme objectifs ;
– 3.2. *Interagir à propos d'opinions ou de positions*. Le propos du locuteur concerne un fait, un contenu de connaissance, au regard desquels il assume une position subjective ;
– 3.3. *Interagir à propos d'émotions ou de sentiments*. Le propos du locuteur n'est pas une opinion ou une position, mais une posture subjective prise comme contenu premier de la communication verbale ;
– 3.4. *Interagir à propos d'activités ou d'actions*. Le propos de la communication verbale ne concerne ni un contenu factuel ou de connaissance, ni une position subjective considérée par rapport à un tel contenu ou en elle-même, mais une visée pratique d'activité ou d'action ;
– 3.5. *Interagir dans des rituels sociaux*. Le propos de la communication verbale relève d'une norme de comportement social, fortement codée culturellement ;
– 3.6. *Structurer son propos*. Cette fonction générale consiste à organiser l'expression linguistique des fonctions précédentes, dans le cadre monologal de la parole d'un locuteur ;
– 3.7. *Structurer l'interaction verbale*. Cette fonction générale consiste à organiser l'échange dialogal dans lequel s'expriment ces fonctions précédentes.

Les catégories 3.1. à 3.4. prennent en charge les réalisations conventionnelles attendues de certaines fonctions (ou actes de langage) à ce niveau de maîtrise du français. Les catégories suivantes sont consacrées au matériel verbal nécessaire à la gestion des interactions ou des productions. Ce sont celles-ci qui se rapportent directement aux stratégies et en particulier aux stratégies conversationnelles (interaction orale).

Cet inventaire pour le niveau A2 a été établi à partir des mêmes principes que pour les niveaux A1 et B2. On trouvera en A2 un inventaire progressivement étendu de fonctions et de réalisations concernant certaines fonctions, mais on n'y a cependant pas encore retenu toutes les fonctions inventoriées en B2, puisque le répertoire, à ce niveau de référence, est encore considéré comme incomplet par le *Cadre*.

Les adjonctions par rapport à A1 sont relativement limitées en ce qui concerne 3.1. (*Interagir à propos d'informations* ; adjonctions de : *voilà, quel, si...*) et 3.4. (*Interagir à propos d'activités ou d'actions*), déjà largement couverts en A1 où les échanges présentent des formes réduites (du type demande d'information-information) et où les actions concrètes à gérer verbalement peuvent être prédominantes dans les besoins de communication. L'élargissement des ressources verbales est consistant pour 3.2. (*Interagir à propos d'opinions ou de positions*), en particulier pour l'expression des degrés de certitude, de l'oubli, du désir, de l'obligation, de l'intention, etc., toutes ressources communicatives qui permettent de modaliser les énoncés. Il en va de même pour 3.3. (*Interagir à propos d'émotions ou de sentiments*) où une ouverture systématique de l'éventail des fonctions et de leurs formes de réalisations a été pratiquée, de manière à permettre, là aussi, une expression plus souple et plus diversifiée de soi. Dans la mesure où les échanges communicatifs prennent de la consistance en A2, la nécessité de baliser ceux-ci se fait jour : les moyens disponibles pour 3.6. (*Structurer son propos*) et 3.7. (*Structurer l'interaction verbale*) s'en trouvent développés, à la fois en termes de répertoire de fonctions et de moyens linguistiques. Les inventaires de fonctions caractérisant le niveau de référence A2 se présentent comme plus équilibrés que pour A1 et couvrent, de manière homogène suivant les sous-sections, l'essentiel des fonctions répertoriées.

Conventions de présentation

L'inventaire s'organise visuellement et graphiquement en trois secteurs, matérialisés par des intertitres en gras (sous-sections) et deux colonnes.

1. La dénomination des fonctions ou groupes de fonctions et leur classification (en caractères gras, numéroté)

La classification des fonctions s'effectue :
- à un niveau général, concrétisé par sept « sous-chapitres » que désignent les deux premiers chiffres de la numérotation : de 3.1. à 3.7. ;
- à un niveau spécifique, celui de la fonction proprement dite, qui est une subdivision de ces « sous-chapitres ».

Cette typologie générale se subdivise à un niveau spécifique, celui des fonctions proprement dites (repérées par le troisième nombre de la numérotation : par exemple 3.5.3. *Saluer*). Il peut lui-même être sous catégorisé (par exemple : 3.4.7. *Répondre à une proposition* ; 3.4.7.3. *Répondre à une proposition en hésitant ou en éludant*).

Le détail de cette classification figure pp. 52-54.

2. Les réalisations (colonne de gauche)

La colonne de gauche (réalisations) correspond aux réalisations linguistiques d'une fonction qui sont retenues comme caractérisant le niveau A2. Ces réalisations peuvent prendre deux formes, éventuellement mixtes.

- ***Énoncés ou fragments d'énoncés*** (en caractères romains).

S'il s'agit d'un énoncé complet, la ligne commence par une majuscule et se termine par une ponctuation.

S'il s'agit d'un énoncé incomplet, cette ligne commence ou se termine par le signe « … ».

Les termes optionnels sont placés entre parenthèses : « Cela me va ((très) bien). »

Les termes alternatifs sont séparés par une barre oblique, sans espace : « Ceci/cela/*GN* me va. »

Les alternatives peuvent également renvoyer à une série non exhaustivement listée : le signe « … » figure alors après la dernière barre oblique, sans espace : « C'est moi/ toi/… ».

- ***Descripteurs grammaticaux*** (en caractères italiques), voir chapitre 5.

Principales abréviations de descripteurs grammaticaux (en italique)

/ : deux possibilités coexistantes

[…] : liste ouverte

Adj : adjectif

Adv : adverbe

GAdj : groupe adjectival

GAdv : groupe adverbial

GN : groupe nominal

GPrép : groupe prépositionnel

GV : groupe verbal

GVInf : groupe verbal infinitif

Imp : impératif

Inf : infinitif

InfPé : infinitif passé

Int : interrogation

Lieu : indicateur de lieu

N : nom

Nég : négation

Nxxx : indication de la catégorie sémantique du nom (mesure, vitesse, temps, nombre, matière, saison, etc.)
P : proposition
PAss : proposition assertive
PImp : proposition à l'impératif
PInd : proposition avec verbe à l'indicatif
PInf : proposition infinitive
PInt : proposition interrogative
PNég : proposition négative
PPé : participe passé
PPt : participe présent
PRel : proposition relative
Pro : pronom
Temps : indicateur de temps
V : verbe
VFut : verbe au futur de l'indicatif
VImp : verbe à l'impératif
VInd : verbe à l'indicatif
VInf : verbe à l'infinitif

NOTE SUR LES INVENTAIRES DU CHAPITRE 3

Les réalisations (colonne de gauche)
Par souci de simplification, ces réalisations ne listent pas toutes les variations morpho-syntaxiques possibles et acceptables au-delà de la réalisation retenue. Elles ne font pas figurer systématiquement :
• la variation : *tu/vous (excuse-moi* représente aussi *excusez-moi)* ;
• la variation masculin/féminin, singulier/pluriel (*il arrive* représente aussi *elles arrivent…*) ;
• les variations morphophonologiques entre les formes orales et écrites : *il ne faut pas* représente aussi [ifopa] ; *il y en a* représente aussi [jãna] ;
• la variation : question sans inversion/question avec inversion/autre forme de question : *Que dit-il ?* représente aussi *Il dit quoi ?/Qu'est-ce qu'il dit ?*
• la variation : énoncé produit en situation formelle/en situation plus informelle. Ainsi la réalisation *Tu viens quand ?* renvoie aussi à : *Vous venez quand ? Quand est-ce que tu viens ?*

Les utilisateurs de cette description de A2 pour le français veilleront à ce que les réalisations des fonctions retenues pour l'enseignement, à partir des inventaires de ce chapitre 3, soient aussi compatibles avec les spécifications du chapitre *Grammaire* et ceux des chapitres *Notions générales* et *Notions spécifiques*.

Les exemples (colonne de droite)

• Un (ou plusieurs) exemple(s) illustre(nt) la réalisation de la fonction. Les exemples figurent en caractères italiques. Ils n'incluent généralement pas de termes optionnels ou alternatifs, mais peuvent comporter une indication contextuelle entre parenthèses.

• La présence de ces exemples dépend souvent de l'hypothèse que les utilisateurs ne sont pas très familiers avec la tournure en question (relevant souvent de l'oral ordinaire). Ils servent aussi à illustrer des structures dont la représentation syntaxique est considérée comme trop abstraite.

• Les exemples figurent aussi dans la colonne de gauche quand il a paru éclairant de mettre en situation les réalisations de la colonne de droite, en particulier quand ces dernières sont constituées de catégories formelles ou sont utilisées pour de nombreuses fonctions. Ainsi, pour 3.4.1.4. (*Demander à quelqu'un qu'il fasse quelque chose en sollicitant son aide*), la réalisation : ***Tu pourrais GVInf?*** est actualisée par l'exemple : *Tu pourrais porter mon sac ?*

• Ces exemples sont des illustrations de la réalisation des fonctions. **Ce ne sont pas des indications sur les énoncés attendus de la part de l'apprenant/utilisateur.**

• Dans toute la mesure du possible, les exemples utilisent des éléments (notions spécifiques, en particulier) relevant de A2, mais il se peut que, pour certains, des éléments verbaux d'autres niveaux soient utilisés.

• Dans ces exemples, on a privilégié les situations d'interaction orale ordinaires (non formelles), parce que les énoncés qui y sont utilisés sont le moins décrits dans les ouvrages de référence classiques. **Il ne s'agit en aucune manière de privilégier ces formes du français comme objectif d'enseignement.** Donc, une réalisation retenue pour le niveau A2, comme : *une minute s'il vous plaît*, n'exclut pas la réalisation plus « surveillée » : *un instant s'il vous plaît*, et inversement.

Le signe * devant une fonction ou un élément de fonction indique qu'ils n'ont pas été retenus pour le niveau A2 alors qu'ils figurent dans les descriptions des niveaux « supérieurs ».

Inventaire des fonctions

3.1. Interagir à propos d'informations
3.1.1. Identifier
3.1.2. Affirmer
3.1.3. Décrire
3.1.4. Raconter
3.1.5. S'informer
3.1.6. Confirmer, démentir
3.1.7. Rectifier
3.1.8. Répondre à une demande d'information

3.2. Interagir à propos d'opinions ou de positions
3.2.1. Exprimer son point de vue
3.2.2. Exprimer son accord
3.2.3. Exprimer un désaccord
3.2.4. Exprimer son approbation
3.2.5. Exprimer sa désapprobation
3.2.6. Protester
3.2.7. Dire que l'on sait
3.2.8. Exprimer son ignorance
3.2.9. Exprimer le fait de se souvenir
3.2.10. Exprimer le fait d'avoir oublié
3.2.11. Rappeler quelque chose à quelqu'un
3.2.12. Exprimer des degrés de certitude
3.2.13. Exprimer sa capacité de faire quelque chose
3.2.14. Exprimer son désir de (faire) quelque chose
3.2.15. Exprimer son intention de faire quelque chose
3.2.16. Exprimer l'obligation, l'interdit
3.2.17. Exprimer une norme morale ou sociale
3.2.18. Accuser, s'accuser, avouer
3.2.19. Rejeter une accusation
3.2.20. S'excuser

3.3. Interagir à propos d'émotions ou de sentiments
3.3.1. Exprimer le plaisir, la joie, le bonheur
3.3.2. Exprimer la tristesse, l'abattement
3.3.3. Interroger sur la joie ou la tristesse
3.3.4. Consoler, encourager, réconforter
3.3.5. Exprimer sa sympathie
3.3.6. Exprimer son espoir
3.3.7. Exprimer sa déception
3.3.8. Exprimer sa peur, son inquiétude, son angoisse
3.3.9. Rassurer
3.3.10. Exprimer son soulagement
3.3.11. Exprimer la souffrance physique
3.3.12. Exprimer le fait d'aimer, d'apprécier quelque chose ou quelqu'un
3.3.13. Exprimer le fait de ne pas aimer
3.3.14. Exprimer la préférence
3.3.15. Exprimer sa satisfaction
3.3.16. Exprimer l'insatisfaction, se plaindre

3.3.17. Interroger sur la satisfaction ou l'insatisfaction
3.3.18. Exprimer sa colère, sa mauvaise humeur
3.3.19. Réagir à la colère ou à la mauvaise humeur d'autrui
3.3.20. Insulter
3.3.21. Proférer des jurons
3.3.22. Exprimer son intérêt pour quelque chose
3.3.23. Exprimer son intérêt pour ce que dit quelqu'un
3.3.24. Exprimer sa surprise
3.3.25. Exprimer le fait de ne pas être surpris
3.3.26. Exprimer son indifférence
3.3.27. Exprimer sa gratitude, sa reconnaissance

3.4. Interagir à propos d'activités ou d'actions
3.4.1. Demander à quelqu'un qu'il fasse quelque chose
3.4.2. Répondre à une demande
3.4.3. Proposer à quelqu'un qu'il fasse quelque chose
3.4.4. Proposer à quelqu'un de faire quelque chose ensemble
3.4.5. Proposer à quelqu'un de faire quelque chose à sa place ou pour lui, de l'aider
3.4.6. Proposer à quelqu'un de lui donner, offrir, prêter quelque chose
3.4.7. Répondre à une proposition
3.4.8. Conseiller
3.4.9. Mettre en garde
3.4.10. Encourager
3.4.11. Demander une autorisation, un accord
3.4.12. Donner une autorisation
3.4.13. Refuser
3.4.14. Interdire
3.4.15. Contester une interdiction
3.4.16. Menacer
3.4.17. Promettre
3.4.18. Reprocher

3.5. Interagir dans des rituels sociaux
3.5.1. S'excuser
3.5.2. Attirer l'attention
3.5.3. Saluer
3.5.4. Répondre à une salutation
3.5.5. Présenter quelqu'un
3.5.6. Se présenter
3.5.7. Répondre à une présentation
3.5.8. Accueillir quelqu'un
3.5.9. Porter un toast, trinquer
3.5.10. Féliciter
3.5.11. Présenter ses condoléances
3.5.12. Adresser un souhait à quelqu'un
3.5.13. Prendre congé
3.5.14. Interagir au téléphone
3.5.15. Interagir par courrier
3.5.16. Remercier
3.5.17. Réagir à un remerciement

3.6. Structurer son propos
3.6.1. Annoncer un plan, un développement
3.6.2. Introduire une histoire, un récit, une anecdote
3.6.3. Introduire une information
3.6.4. Introduire un thème, un sujet
3.6.5. Développer un thème, un sujet
3.6.6. Souligner, mettre en évidence
3.6.7. Faire une transition
3.6.8. Proposer un nouveau thème, un nouveau sujet
3.6.9. Rejeter un thème, un sujet
3.6.10. Ouvrir une digression
3.6.11. Fermer une digression
3.6.12. Revenir sur un thème, un sujet déjà abordé
3.6.13. Donner un exemple
3.6.14. Rapporter des propos
3.6.15. Citer
3.6.16. Résumer
3.6.17. Se corriger, se reprendre
3.6.18. Chercher un mot ou une phrase
3.6.19. Remplacer un mot oublié ou inconnu
3.6.20. Demander de l'aide à propos d'un mot, d'une expression
3.6.21. Conclure son propos
3.6.22. Commencer un courrier
3.6.23. Conclure un courrier

3.7. Structurer l'interaction verbale
3.7.1. Commencer une conversation
3.7.2. Prendre la parole au cours d'une conversation
3.7.3. Demander la parole
3.7.4. Reprendre la parole après avoir été interrompu
3.7.5. Empêcher quelqu'un de parler
3.7.6. S'assurer que son interlocuteur a bien compris
3.7.7. S'assurer de bien comprendre son interlocuteur

Rappel

Les contenus de A2 décrits ici sont supposés être maîtrisés dans les activités de réception/ compréhension orale et/ou écrite. Ils caractérisent donc ce à quoi l'on choisit d'exposer les apprenants. Il revient aux responsables de programmes et aux enseignants de déter- miner plus spécifiquement ce qui doit être maîtrisé dans les activités de production orale ou dans les activités de production écrite, en fonction des situations éducatives et des utilisateurs/apprenants : besoins langagiers, rythmes d'apprentissage, motivation à l'ap- prentissage...

Les éléments en gras dans la colonne de gauche signalent les adjonctions dans la rubrique même par rapport à A1, mais ils peuvent figurer ailleurs dans le *Niveau A1 pour le français*.

3.1. INTERAGIR À PROPOS D'INFORMATIONS

Same

3.1.1. Identifier

... cela/ça...	*Je veux ça.*
... ce *N*.	
Voilà (*GN*).	
C'est *GN*.	*C'est ma sœur !*
... le *N PRel*...	*C'est le bus qui va à Versailles.*
... le *N Adj*...	*Oui, la chemise bleue, là.*

3.1.2. Affirmer

P Ass [ou suite de *P Ass*]	*Il pleut.*

3.1.3. Décrire
(Voir 4.3. et 5.3.)

P Ass [ou suite de *P Ass*]	*Le ciel est gris.*
Il y a *GN*	*Il y a des tables et des chaises.*
C'est *Adj*	*C'est grand, ici !*

3.1.4. Raconter
(Voir 4.4.2.2., 4.4.3. et 5.3.)

P Ass [ou suite de *P Ass*]

3.1.5. S'informer

3.1.5.1. ... sur un objet/une personne quelconque
(Voir 5.2.5.)

Qu'est-ce que... ?	*Qu'est-ce que c'est ?*
Qui, **que**, quoi ?	*Qui est là ?*
	C'est quoi ?

3.1.5.2. ... sur le temps

Quand...?   *Tu viens quand?*

3.1.5.3. ... sur le lieu

Où...?   *Où sont mes lunettes?*
D'où...?   *D'où tu es?*

3.1.5.4. ... sur la manière

Comment...?   *On fait ça comment?*

un A1 Comment on fait ça?

3.1.5.5. ... sur le degré ou la quantité

Combien...?   *Combien ça coûte?*

3.1.5.6. ... sur la cause

Pourquoi...?   *Pourquoi c'est comme ça?*

3.1.5.7. ... en demandant d'identifier

Quel...?   *C'est à quelle adresse?*

3.1.5.8. ... en demandant une confirmation ou un démenti

Non?... non?   *Le cours, c'est là, non?*
... bien *GV*...?   *Elle arrive bien demain?*
Dis, *PInt*?   *Dis, tu aimes ça?*

... de manière informelle

P, hein?   *C'est intéressant, hein?*
PNégInt?   *Il est pas bon, mon gâteau?*

3.1.5.9. ... en exigeant une réponse

***PInt*, oui ou non?**   *Tu me réponds, oui ou non?*

3.1.5.10. ... quand on s'attend à une confirmation

P, non?   *C'est facile, non?*

3.1.5.11. ... en mettant en doute

PInt (vraiment?) **Vraiment?**   *Vous croyez vraiment?*

* 3.1.5.12. ... en exprimant sa curiosité

3.1.6. Confirmer, démentir

– Oui (c'est vrai).
– Non (ce n'est pas vrai).
– Si.

3.1.7. Rectifier

3.1.7.1. ... un énoncé positif

Non, *P.*	*Non, ce n'est pas ça.*
PNég, P.	*Il n'est pas médecin, il est pharmacien.*
C'est faux.	
C'est pas vrai.	

3.1.7.2. ... un énoncé négatif

(Mais) si.

3.1.8. Répondre à une demande d'information

3.1.8.1. ... par une confirmation ou un démenti
(Voir 3.1.6.)

3.1.8.2. ... en donnant des informations

3.1.8.2.1. ... sur le temps

(Voir 4.4.)	
(...) *Adv...*	*À bientôt.*
(...) *GPrép.*	*Après les vacances.*
	À 8 heures.
(...) *P.*	*Quand je peux.*

3.1.8.2.2. ... sur le lieu

(...) *Adv...*	*Là, près de la porte.*
(...) *GPrép.*	*À côté de la poste.*
(...) *P.*	*Elle est là.*

3.1.8.2.3. ... sur la manière

(...) *Adv...*	*(– Je le pose comment ?) – Lentement.*
(...) *GPrép.*	*Avec une clé.*
(...) *P.*	*(– Elle s'ouvre comment la porte ?)*
	– Poussez fort.

3.1.8.2.4. ... sur le degré ou la quantité

(...) *Adv.*	*(C'est) beaucoup.*
(...) *GAdj.*	*C'est grand !*

3.1.8.2.5. ... sur la cause

P.	*Parce que j'ai faim.*

3.1.8.3. ... en identifiant
(voir 3.1.1.)

C'est...	*C'est moi.*

* 3.1.8.4. ... par une question

3.1.8.5. ... en exprimant son ignorance

Je (ne) sais pas.

3.2. INTERAGIR À PROPOS D'OPINIONS OU DE POSITIONS

3.2.1. Exprimer son point de vue

Pour moi, *P*.
(Moi) je crois/pense/**trouve** que *P*.
À mon avis.

Pour moi, il va mieux.
Je crois que Julie est partie.

3.2.2. Exprimer son accord

3.2.2.1. ... suite à une formulation positive ou négative

Oui *(avec ou sans) reprise de l'énoncé.*

(Oui), c'est vrai.

(– Lyon est une grande ville.) – Oui.
– Oui! Une grande ville.
(– Il fait froid ce matin.) – Oui, c'est vrai.
Il ne fait pas chaud.

OK! D'accord.
Tout à fait.
Bien sûr!
(Je suis) d'accord.
Tu as raison.

3.2.2.2. ... avec des réserves

Peut-être (bien).
Sans doute.
C'est possible.
Si tu veux.

... de manière informelle
Ouais.
Bof!

* 3.2.2.3. ... en concédant

3.2.3. Exprimer un désaccord

3.2.3.1. ... suite à une formulation positive ou négative

Non.
Je ne trouve pas.

(– Il est trop tard pour y aller.)
– Non, je ne trouve pas.

Pas d'accord.
C'est **inexact**/faux/....
Ce n'est pas vrai.
Je ne pense pas.

3.2.3.2. … suite à une formulation négative

Si (…)

Mais si.
Si, si.

(– *Marcel ne vient plus aux cours.*)
– *Si!*
– *Mais, si! Il vient.*

3.2.3.3. … atténué

Je ne crois/pense pas.
Tu crois? **Vous croyez?**
Je ne sais pas.
Pas vraiment.

Écoutez, je ne sais pas.

3.2.3.4. … total

(Non/Mais) pas du tout!
Absolument pas!
C'est (**tout à fait/absolument**…) faux/**idiot**!
Quelle drôle d'idée!
Non, alors!

3.2.4. Exprimer son approbation

Je suis (**complètement**) d'accord.
Je suis pour (*GN*).
Oui, **bravo!**

Je suis pour la balade à vélo.

3.2.5. Exprimer sa désapprobation
[Voir précédent: forme négative]

Non!
Je suis contre *GN*.
Tu as tort de *GVInf.*
(Je ne suis) pas d'accord.
Ce n'est pas vrai.
C'est faux.

Je suis contre ça.
Tu as tort de partir.

3.2.6. Protester

Ah non!
Je dis non.
Je proteste (contre *GN*).

Je dis: non, non et non!
Je proteste.

3.2.7. Dire que l'on sait

Je sais.
Je sais que *P.*
Je connais *GN.*

Oui, je sais bien.
Je sais qu'il fait froid en hiver ici.
Merci, je connais la route.

3.2.8. Exprimer son ignorance

Je ne connais pas *GN*.　　　　　　　　　*Je ne connais pas ce quartier.*
Je ne sais pas.　　　　　　　　　　　　*(– C'est fermé ?) – Je ne sais pas.*

3.2.9. Exprimer le fait de se souvenir

Je me rappelle.　　　　　　　　　　　*Ça y est, je me rappelle, c'était à Madrid.*
Je me souviens (de *GN*).　　　　　　*Je me souviens de son nom.*

3.2.10. Exprimer le fait d'avoir oublié

Je ne me rappelle/souviens pas/plus.　*(– Qui ?) – Je ne me rappelle plus.*
J'ai oublié.　　　　　　　　　　　　*Excuse-moi, j'ai complètement oublié.*

3.2.11. Rappeler quelque chose à quelqu'un

(P,) tu te **souviens**/rappelles ?　　　*J'arrive mardi, tu te souviens ?*
Tu te souviens/tu n'as pas oublié que *P*.　*Tu te souviens que tu as rendez-vous à*
　　　　　　　　　　　　　　　　　18 heures ?
Rappelle-toi (*GN/P*).　　　　　　　*Rappelle-toi que tu as cours demain.*
N'oublie pas.　　　　　　　　　　　*On se voit demain, n'oublie pas.*
P, hein ?　　　　　　　　　　　　　*On part demain, hein ?*

3.2.12. Exprimer des degrés de certitude

3.2.12.1. Exprimer sa certitude

Je suis (**absolument/complètement**)　　*Je suis certain de l'heure.*
sûr/**certain** de *GN*.
Je suis (absolument/complètement)
sûr/certain que *P*.　　　　　　　　*Je suis certain qu'il va venir.*
Je sais (bien/très bien/parfaitement) que *P*.
C'est sûr.

3.2.12.2. Exprimer son incertitude ou sa perplexité

Je ne sais pas (**trop**).　　　　　　　*Quand je pars ? Je ne sais pas trop.*
Je ne suis pas sûr/certain.
Je ne suis pas sûr/certain que *P*.
Je me demande si *P*.　　　　　　　*Je me demande si Pierre va venir.*

3.2.12.3. Exprimer son incrédulité

C'est pas croyable !
Je ne (**le**) crois pas !

3.2.12.4. Exprimer l'évidence

Évidemment !
C'est évident.
C'est certain.

3.2.12.5. Exprimer la probabilité ou la possibilité

Peut-être.
C'est possible.

* 3.2.12.6. Exprimer l'improbabilité

3.2.13. Exprimer sa capacité de faire quelque chose

Je peux *PInf*.
Je suis capable de *PInf*.   *Je suis capable de me présenter en français.*
Je sais *PInf*.   *Je sais compter jusqu'à cent.*

3.2.14. Exprimer son désir de (faire) quelque chose

Je veux/voudrais (bien) *PInf*.   *Je voudrais bien partir à la montagne.*
J'ai envie de *GN/GVInf*.   *J'ai envie d'une glace au chocolat.*
J'espère *GVInf*.   *J'espère réussir mon examen.*

3.2.15. Exprimer son intention de faire quelque chose

Je pense (à) *PInf*.   *Je pense partir ce week-end.*
Je veux *GVInf*.
J'ai décidé de *GVInf/P*.   *J'ai décidé que nous partons demain matin.*
C'est décidé, *P*.   *C'est décidé, j'arrête de fumer.*

3.2.16. Exprimer l'obligation, l'interdit

Je dois (**absolument**) *PInf*.   *Je dois rentrer avant minuit.*
Il ne faut (**absolument**) (pas) *PInf*. *Il faut absolument répondre avant demain.*
***GN/PInf* est obligatoire/interdit.** *Le port du casque est obligatoire.*
***GN*.**   *Entrée interdite.*
***PInf*.**   *Sonner avant d'entrer.*
Avoir le droit   *On n'a pas le droit d'utiliser son téléphone portable ici.*

3.2.17. Exprimer une norme morale ou sociale

Il (ne) faut (pas) *PInf*.   *Il ne faut pas parler la bouche pleine.*
On (ne) doit (pas) *PInf*.   *On doit arriver à l'heure.*
Tu/**On** ne peux/**peut** pas *PInf*. *Tu ne peux pas dire ça.*
C'est mal.   *Mentir, c'est mal.*
Ce n'est pas bien.
Normalement, *P*.   *Normalement, on ne fume pas ici.*

3.2.18. Accuser, s'accuser, avouer

C'est (de) la faute de *GN*.   *C'est de ta faute ! C'est ta faute !*
C'est à cause de *GN*.   *C'est à cause de Jean-Claude.*
C'est *Pro/N*.   *C'est moi !*
C'est *GN* qui *GV*.   *C'est toi qui as cassé le vase.*

3.2.19. Rejeter une accusation

C'est/Ce n'est pas *Pro/N*.   *C'est pas moi !*
Ce n'est pas de ma faute.
Je n'ai rien fait.
C'est faux.
C'est pas vrai !

3.2.20. S'excuser

Excuse-moi.
Je m'excuse.   *Je m'excuse de ce retard.*
Je suis (vraiment) désolé de *GN/PInf*.
Pardon.
Désolé.
Toutes mes excuses.
Je regrette…

3.3. INTERAGIR À PROPOS D'ÉMOTIONS OU DE SENTIMENTS

3.3.1. Exprimer le plaisir, la joie, le bonheur

Je suis content/**heureux.**
C'est fantastique, extraordinaire, magnifique.

* **… de manière formelle**

… de manière informelle
(C'est) **extra/super/sympa/**génial.
C'est trop !

3.3.2. Exprimer la tristesse, l'abattement

Je suis triste/malheureux.
Ça va pas (bien)/ça va mal.
J'en ai assez.

* **… de manière informelle**

3.3.3. Interroger sur la joie ou la tristesse

Ça va ?
Ça ne va pas (bien) ?
Qu'est-ce qu'il y a ?
Qu'est-ce qui se passe ?
Tu as des problèmes ?
Tu as l'air triste.

3.3.4. Consoler, encourager, réconforter

Ça va aller !
C'est rien !
C'est pas grave !

Courage !
T'inquiète pas !

3.3.5. Exprimer sa sympathie

Je (te) comprends.
Pauvre… !   *Ah ! Mon pauvre petit !*
C'est vrai, ce n'est pas facile !
C'est dur !

3.3.6. Exprimer son espoir

J'espère (que *GV*).   *J'espère que tu vas bien.*

3.3.7. Exprimer sa déception

(Quel) dommage !   *(− Je pars.)*
                                              − Dommage !

… de manière informelle
(Voir 5.2.12.)

[…] zut, mince…

3.3.8. Exprimer sa peur, son inquiétude, son angoisse

Ça me fait peur.
J'ai (très/vraiment) peur de *GN*.   *J'ai peur du noir.*
Je suis inquiète.

3.3.9. Rassurer

Ce n'est rien.
Ça va aller !
C'est pas grave !

3.3.10. Exprimer son soulagement

Ouf !
Ça va mieux !
Ça y est, c'est fini !

3.3.11. Exprimer la souffrance physique

Aïe !
J'ai mal à *GN partie du corps.*   *J'ai mal au pied.*

* … de manière informelle

3.3.12. Exprimer le fait d'aimer, d'apprécier quelque chose ou quelqu'un

Ah! Oh!
Joli! Génial! Super! Bien!
C'est *Adj*.   *C'est extra!*
C'est *Adv*.   *C'est pas mal.*
J'aime (bien)/J'adore *GN/GVInf*.   *J'aime bien le bleu.*
Quel *GN* (*Adj*)!   *Quelle soirée!*
GN me plaît.   *Ça me plaît!*

3.3.13. Exprimer le fait de ne pas aimer

Je déteste *GN/GVInf*.   *Je déteste la campagne.*
Je n'aime pas (**beaucoup/du tout/…**).   *Je n'aime pas la salade.*
C'est/Ce n'est pas *Adj/Adv*.   *Ce n'est pas bien!*
Ça ne me plaît pas.
J'ai horreur de *GN/GNInf*.

* … de manière informelle

3.3.14. Exprimer la préférence

J'aime mieux *GN*.   *J'aime mieux le vin rouge.*
C'est mieux (que…).
Je préfère *GN*.
Je préfère *GN* (à *GN*).   *Je préfère la mer à la montagne.*
GN est plus *Adj* que *GN*.   *Le journal de 20 h est plus intéressant que le journal de 13 h.*

3.3.15. Exprimer sa satisfaction

(C'est) parfait!
(C'est) très bien!
(C'est) extra!
Je suis contente (de *GN*).

… de manière informelle
Super!
Extra!

3.3.16. Exprimer l'insatisfaction, se plaindre

Je n'aime pas…
Ça ne va pas.
C'est mauvais!   *Ce film, c'est mauvais!*
Je ne suis pas contente.

3.3.17. Interroger sur la satisfaction ou l'insatisfaction

Ça va?
Ça (ne) te plaît (pas)?

Qu'est-ce qui ne va pas ?
Il y a un problème ?
Où est/Quel est le problème ?
Tout va bien ?

3.3.18. Exprimer sa colère, sa mauvaise humeur

Alors là, non ! **Tu exagères !**
Mais c'est pas possible !
Je ne suis pas content du tout !
Assez !

... de manière informelle
Ça va pas, non ?

3.3.19. Réagir à la colère ou à la mauvaise humeur d'autrui

(Allez,) calme-toi !
Du calme !
Arrête !
Tu exagères.
Ça va ! Assez !

* 3.3.20. Insulter

* 3.3.21. Proférer des jurons

3.3.22. Exprimer son intérêt pour quelque chose
(Voir 3.3.12.)

C'est *Adj.*   *C'est intéressant !*
Je trouve *GN* intéressant.
Je m'intéresse à *GN*.
***GN* m'intéresse.**   *Ça m'intéresse.*
J'aime *GN/GVInf.*
J'adore *GN/GVInf.*

3.3.23. Exprimer son intérêt pour ce que dit quelqu'un

Ah (bon/oui) !
Vraiment !
C'est vrai ?
Intéressant !

... de manière informelle
C'est pas vrai ?
Ça alors !

3.3.24. Exprimer sa surprise

Ah !
Oh !
Oh non !
Quoi ?
Pardon ?
Comment ?
(Ce n'est) pas possible !

... de manière informelle
Ça alors !
C'est pas vrai !

3.3.25. Exprimer le fait de ne pas être surpris

(Oui) je sais.

* ... de manière informelle

3.3.26. Exprimer son indifférence

Et alors ?
Ah bon !
Comme tu veux.
Si tu veux.
Ça m'est égal.

... de manière informelle
Bof !

3.3.27. Exprimer sa gratitude, sa reconnaissance

Merci (bien/beaucoup).
Je vous remercie de *GN/GVInf*.

... de manière informelle
C'est sympa/gentil (de *GVInf*).

3.4. INTERAGIR À PROPOS D'ACTIVITÉS OU D'ACTIONS

3.4.1. Demander à quelqu'un qu'il fasse quelque chose

3.4.1.1. ... en donnant un ordre ou une instruction

PImp !	*Sortez !*
Tu dois *GVInf*.	*Vous devez tourner à droite au feu rouge.*
Il faut *GVInf*.	*Il faut arrêter maintenant !*
(Surtout) n'oublie pas *GN*/de *GVInf*.	*N'oublie pas de fermer la porte.*
GVInf.	*Ralentir.*
***GN*, s'il te plaît !**	*Vos papiers, s'il vous plaît !*

* 3.4.1.2. ... en suggérant

3.4.1.3. ... en suppliant

S'il vous plaît !

3.4.1.4. ... en sollicitant son aide

Aidez-moi !
Tu peux *GVInf* s'il te plaît ?   *Tu peux m'aider, s'il te plaît ?*
Tu pourrais *GVInf* ?   *Tu pourrais porter mon sac ?*
S'il vous plaît.

3.4.1.5. ... en passant une commande (au café, au restaurant)

GN, s'il vous plaît.   *Deux cafés, s'il vous plaît.*
Nous prenons/Je prends *GN*.   *Je prends un steak.*
Je vais prendre *GN*.   *Je vais prendre le menu.*
Je voudrais *GN*.   *Je voudrais un verre d'eau.*

* 3.4.1.6. ... poliment

3.4.2. Répondre à une demande
(Voir 3.4.7.)

3.4.2.1. ... en acceptant sans réserves

Oui.
D'accord.
Bien sûr.
Pas de problème !
Certainement !
Avec plaisir !

... de manière informelle
OK.

3.4.2.2. ... en acceptant avec des réserves

Pourquoi pas.
Si tu veux.
Oui, mais…
Bon.

3.4.2.3. ... en hésitant ou en éludant

Je (ne) sais pas.
J'aimerais bien, mais *P*.
Je vais voir.
Peut-être.

3.4.2.5. ... en refusant

Non.
Désolé.
Je regrette.
Je ne peux pas.
C'est impossible.
Ce n'est pas possible.
Une autre fois, peut-être.

3.4.3. Proposer à quelqu'un qu'il fasse quelque chose

PImp, (si tu veux).
Vous voulez *PInf*?
Vous ne voulez pas *PInf*?

Pars, si tu veux.
Vous voulez venir demain ?
Vous ne voulez pas revenir demain ?

3.4.4. Proposer à quelqu'un de faire quelque chose ensemble

PInt.
On peut/**Nous pourrions**/On pourrait *PInf*.
Tu veux *GN/PInf*?
Si tu veux, *P*.

On sort ?
Nous pourrions jouer au tennis.
Tu veux venir au cinéma ?
Si tu veux, on part lundi.

3.4.5. Proposer à quelqu'un de faire quelque chose à sa place ou pour lui, de l'aider

Est-ce ce que je peux *PInf*?
Est-ce que tu veux *GN/GVInf*?
Si tu veux, je peux *GVInf*.

Est-ce que je peux t'aider ?
Est-ce que tu veux venir avec moi ?
Si tu veux, je peux mettre la table.

3.4.6. Proposer à quelqu'un de lui donner, offrir, prêter quelque chose

GNInt.
Vous voulez *GN*?
Encore *GN*?

Un petit café ?
Vous voulez un peu d'eau ?
Encore du thé ?

3.4.7. Répondre à une proposition
(Voir 3.4.2.)

3.4.7.1. ... en acceptant

Oui.
(Oui) d'accord!
Avec plaisir.
Merci beaucoup!
Bien sûr!

... de manière informelle
Super!
OK!

3.4.7.2. ... en acceptant avec des réserves

Oui, mais…
Pourquoi pas.
Si tu veux…

3.4.7.3. ... en hésitant ou en éludant

Je (ne) sais pas.
Je vais voir.
Peut-être.

3.4.7.4. ... en refusant

Non (merci).
Désolé.
Je suis désolé, mais…
Je regrette.
Je ne peux pas.
(C'est) impossible !
Ce n'est pas possible.

* ... de manière formelle

* 3.4.7.5. ... par une autre proposition

3.4.8. Conseiller

VImp.   *Lis ça, c'est bien.*
Tu peux *VInf*, non ?   *Tu peux aller dormir, non ?*
Tu devrais *GVInf*.   *Tu devrais dormir un peu.*
Tu pourrais *GVInf*.

3.4.9. Mettre en garde

Attention (à *GN*) !   *Attention à la marche !*
Fais attention (à *GN*) !
Danger !

3.4.10. Encourager

Allez, (*P*) !   *Allez, saute !*
Vas-y (*P*) !
Courage !
Continue !   *C'est bien, continue !*

3.4.11. Demander une autorisation, un accord

Je peux/Est-ce que je peux *PInf*
(s'il te/vous plaît) ?   *Je peux sortir, s'il vous plaît ?*
Je voudrais bien *P* (, si c'est possible).
C'est possible de *GVinf* ?   *C'est possible de fumer ici ?*
Ça vous dérange si…?   *Ça vous dérange si je fume ?*

3.4.12. Donner une autorisation

3.4.12.1. ... sans réserves

Oui.
Oui, tu peux *GVinf.*
(Je suis) d'accord.
Bien sûr !
Vas-y/Allez-y !

... de manière informelle
OK !

3.4.12.2. ... avec réserves, de mauvais gré

Bon.   *Bon, d'accord alors !*
Si tu veux.

3.4.13. Refuser

Non.
(C'est) impossible.
(Désolé,) ce n'est pas possible.
Pas question !

3.4.14. Interdire
(Voir 3.2.16.)

Non.
(GN) interdit.   *Entrée interdite.*
C'est interdit.
On ne doit pas *GVInf.*
Il ne faut pas *GVInf.*
PInf Nég.   *Ne pas ouvrir.*
PImp Nég.   *N'entrez pas là !*

* 3.4.15. Contester une interdiction

3.4.16. Menacer

Si *P*, je *P*.   *Si ça continue, j'appelle la police !*
PImp ou *P* !   *Sortez ou je crie !*
                                                Arrêtez ou j'appelle !

Attention (à toi) !

3.4.17. Promettre

Je promets (de *VInf*).   *Je te promets de venir.*
C'est promis, *P*.   *C'est promis, je vous téléphone demain.*

3.4.18. Reprocher

Il ne faut pas *VInf.*
Ce n'est pas bien/**gentil** (de *GVInf*).

Il ne faut pas dire ça.
C'est pas bien de parler comme ça.

3.5. INTERAGIR DANS DES RITUELS SOCIAUX
(Voir 3.2.20.)

3.5.1. S'excuser

Excusez-moi (pour *N*).
Pardon/Désolé… (de/pour *GN/PInf*)
Je regrette.
Je suis désolé.

3.5.2. Attirer l'attention
(Voir 3.6.3.)

S'il te/vous plaît !
Pardon !
Excuse-moi/Excusez-moi !
Monsieur/Madame/Mademoiselle… (s'il vous plaît) !
Papa/Maman/[*Prénom*]/… !

3.5.3. Saluer

Bonjour/Bonsoir, monsieur, madame… !
Salut !
(Comment) ça va ?

3.5.4. Répondre à une salutation

Bonjour/Bonsoir !
Salut !
Ça va, et vous ?
Bonjour/Bonsoir, Monsieur, Madame… !
(Très) bien (merci). Et vous (-même) ?

3.5.5. Présenter quelqu'un

[*Prénom*].

(Monsieur/Madame/…) [*Prénom*]
[*Nom de famille*].
GN, (Monsieur/Madame/…) [*Prénom*]
[*Nom de famille*].
C'est…
Tu connais *GN ?*

Nicolas.
Adrien, Lucie.

Adrien Sarett, Lucie Pochard.

Mon frère, Jacques Pivelin.
C'est Caroline, ma fille.
Tu connais ma sœur ?

3.5.6. Se présenter

[*Prénom*][*Nom de famille*].
Moi, c'est…
Je m'appelle [*Prénom*][*Nom de famille*].
Je suis *GN*.

Bonjour! Nadine Malot.
Moi, c'est Amélie!
Je m'appelle Bérard, André Bérard.
Je suis votre nouveau voisin.

3.5.7. Répondre à une présentation

Bonjour/Bonsoir (Monsieur/Madame/…).
Très heureuse.
Enchanté!
Salut!

3.5.8. Accueillir quelqu'un

Bienvenue!
Entre!
Entrez!

Entrez, je vous prie!

3.5.9. Porter un toast, trinquer

À votre santé!

3.5.10. Féliciter
(Voir 3.3.12. et 3.3.15.)

Bravo!
Très bien!
Félicitations!
Compliments!

3.5.11. Présenter ses condoléances

(Mes) condoléances.

3.5.12. Adresser un souhait à quelqu'un

Bon appétit!
Bon anniversaire!
Bonne fête!
Bonne année!
Bonne journée!
Bonnes vacances!
Bon week-end!
Bon voyage!
Bonne chance!
Bon courage!
Joyeux Noël!
Joyeux anniversaire!
Meilleurs vœux!

3.5.13. Prendre congé

Au revoir !
À bientôt !
À demain !
À lundi/mardi… !
À plus tard !
À la semaine prochaine !
À tout à l'heure !
Salut !

3.5.14. Interagir au téléphone

3.5.14.1. … en répondant

Allô.
Allô, ici *GN*/prénom.   *Allô, ici l'hôpital Saint-Antoine.*
(Allô) oui.

3.5.14.2. … en demandant à parler à quelqu'un

Je voudrais parler à *N* (s'il vous plaît).
Est-ce que *N* est là (s'il vous plaît) ?

3.5.14.3. … en s'informant sur l'identité de l'interlocuteur

C'est de la part de… ?/de qui ?
Vous êtes Monsieur… ?

3.5.14.4. … en faisant patienter

Ne quittez pas.
Un instant, s'il vous plaît.
Un moment, s'il vous plaît.
Une minute, s'il vous plaît, je l'appelle.

3.5.14.5. … en concluant la conversation
(Voir 3.5.13.)

Merci de/pour ton appel.

3.5.15. Interagir par courrier

3.5.15.1. … en commençant une lettre ou un message

Cher [*Prénom*],   *Cher ami,*
Mon cher [*Prénom*],

3.5.15.2. … en terminant une lettre ou un message

Je t'embrasse.
Bises.
À bientôt !

Cordialement.
Avec mes amitiés.
Bien à vous.
Sincères salutations.

3.5.16. Remercier

Merci (beaucoup).

3.5.17. Réagir à un remerciement

Je vous en prie.
De rien.
(Il n'y a) pas de quoi.

3.6. STRUCTURER SON PROPOS

3.6.1. Annoncer un plan, un développement

D'abord
Après
Ensuite
Enfin
Pour finir
Je vais parler de...

3.6.2. Introduire une histoire, un récit, une anecdote

Écoute...
Dis donc, tu sais que...
Tu sais pas...
C'est l'histoire de GN.   *C'est l'histoire d'un mec...*
Alors, voilà...

3.6.3. Introduire une information

Tu sais que P ?
Est-ce que tu sais que P ?
Tu as vu ... ?   *Tu as vu ce qui est arrivé à Mons ?*
Tu (ne) connais (pas) la nouvelle ?

3.6.4. Introduire un thème, un sujet

(Bon) alors...
Et...   *Et pour cette histoire de cadeau, qu'est-ce*
                                     qu'on fait ?

PInt ?   *Qu'est-ce que vous faites pour les vacances ?*
Alors, quoi de neuf ?
Alors, qu'est-ce que tu racontes ?
Alors, ce GN ?   *Alors ce voyage ?*
Je vais vous parler de GN.   *Aujourd'hui, je vais vous parler de Victor*
                                     Hugo.

* ... de manière formelle

3.6.5. Développer un thème, un sujet

* **3.6.5.1. ... en énumérant**

3.6.5.2. en classant

GN, ça va avec *GN*.

3.6.5.3. ... en comparant

GN, c'est comme...
GN et *GN*, c'est pareil.
(*GN*), c'est la même chose (que *GN*).

Tiens, cette ville c'est comme le paradis.
Mentir et ne rien dire, c'est pareil, non ?

3.6.5.4. ... en décrivant
(Voir 3.1.3.)

3.6.5.5. ... en racontant
(Voir 3.1.4.)

3.6.6. Souligner, mettre en évidence

Remarque !
Remarque que *P*.
Vous pouvez remarquer *GN*/que...
C'est important.
Attention, ...

Il a raison, remarque !

* 3.6.7. Faire une transition

* 3.6.8. Proposer un nouveau thème, un nouveau sujet

3.6.9. Rejeter un thème, un sujet

Parlons d'autre chose.
C'est pas le problème/la question...
Ne parlons pas de ça.

* 3.6.10. Ouvrir une digression

* 3.6.11. Fermer une digression

3.6.12. Revenir sur un thème, un sujet déjà abordé

Revenons à *GN*.

3.6.13. Donner un exemple

Par exemple, *P*.
Voilà un exemple.

Tu vois, Matthieu, par exemple, il est sympa.

3.6.14. Rapporter des propos

GN dit/ a dit/**pense/**… que *P*.

3.6.15. Citer

N **a dit :** « … »
Comme on/*N* **dit :** « … »
Comme dit *N :* « … »

3.6.16. Résumer
(Voir 3.6.21.)

Enfin, voilà…
Donc…

3.6.17. Se corriger, se reprendre

…, non, …	*Fraise, euh non, framboise.*
pardon, excusez-moi…	*Fraise…, pardon, framboise.*
…, non (pardon) pas…, (mais) …	*Fraise, euh non, pardon, pas fraise, framboise.*
…, je veux dire…	*Je l'ai vu avec Pierre… Je veux dire avec Paul.*
… c'est-à-dire…	*Fraise… euh, c'est-à-dire, framboise.*
… (ou) plutôt…	*On se retrouve à 4 heures… ou plutôt à 5 heures.*

3.6.18. Chercher un mot ou une phrase

… euh…	*J'ai rendez-vous euh… vendredi.*
… tu sais (bien)…	*Tu sais bien, ce truc pour ouvrir les bouteilles.*

Comment on dit (déjà)… ?

3.6.19. Remplacer un mot oublié ou inconnu

3.6.19.1. … par un nom ou un mot « passe-partout »

… chose/personne/truc…	*J'ai vu ce matin la personne qui habite au 4e.*
	Il est à Jacques ce machin ?
dame, monsieur	*C'est la dame qui vient souvent, tu sais…!*
… quelque chose…	*Je cherche quelque chose pour ouvrir cette boîte.*

3.6.19.2. … par une paraphrase
(Voir 3.7.6.3)

3.6.20. Demander de l'aide à propos d'un mot, d'une expression

Ça se dit comment ?
Comment on dit… en français ?   *Comment on dit* See you *en français ?*
Ça veut dire quoi… ?   *Ça veut dire quoi,* ingredient ?
C'est quoi ?   *Un PV, c'est quoi ?*
Qu'est-ce que c'est (que)… ? *Qu'est-ce que c'est, un « chambard » ?*
Je ne sais pas comment on dit…
Je ne connais pas le mot.
Comment ça se prononce ?

3.6.21. Conclure son propos

Finalement, …
P, voilà (c'est tout).   *C'est mon histoire, voilà.*
Bref, P.   *Bref, tout est bien qui finit bien.*
(Bon, ben,) voilà quoi.
Donc
Pour finir

* … de manière formelle

3.6.22. Commencer un courrier
(Voir 3.5.15.1.)

3.6.23. Conclure un courrier
(Voir 3.5.15.2.)

3.7. STRUCTURER L'INTERACTION VERBALE

3.7.1. Commencer une conversation
(Voir 3.5.2., 3.5.3. et 3.5.14.)

Dis(-moi), *PInt ?*
Voilà, *P.*
Alors ? *GN ?*   *Alors ? Ta nouvelle voiture ?*
Tu as deux minutes ?
Je voudrais te parler (de *GN*).
Je peux te parler ?

3.7.2. Prendre la parole au cours d'une conversation

Moi, …
Écoutez, …
Oui, mais…
À mon avis,…

3.7.3. Demander la parole

Écoutez-moi !
S'il vous plaît…
Pardon…
Je voudrais (te) dire que *P*.
J'ai quelque chose à (te) dire.

3.7.4. Reprendre la parole après avoir été interrompu

Attends !
S'il te plaît.
Je n'ai pas fini.
Laisse-moi parler.

3.7.5. Empêcher quelqu'un de parler
(Voir 3.6.9.)

Chut !
Tais-toi !
Silence !
S'il te plaît !
Arrête !

3.7.6. S'assurer que son interlocuteur a bien compris

3.7.6.1. … en lui demandant s'il comprend, s'il suit

C'est clair ?
Tu comprends ?
Tu as compris ?
Ça va ?
Tu vois (ce que je veux dire) ?

3.7.6.2. … en définissant un mot, une expression

…, (ça) veut dire…	*« Immuable », ça veut dire « pour toujours ».*
GN, c'est…	*Un Kir, c'est du vin blanc avec du cassis.*
…, c'est quand *P*.	*Humide, c'est quand c'est mouillé.*
…, c'est pour *PInf*.	*Un vaccin, c'est pour empêcher une maladie.*
…, c'est comme *GN*.	*Un lynx, c'est comme un chat sauvage.*
une sorte de…/une espèce de…	

3.7.6.3. … par une paraphrase

…, c'est-à-dire *GN*/que *P*.	
(…,) ça veut dire (que) *P*.	*«J'y arrive pas», ça veut dire : c'est trop difficile.*

3.7.6.4. … en précisant, en expliquant

Je veux dire que *P*.
GN/P, c'est-à-dire *GN*/que *P*.

L'avion part dans une heure, c'est-à-dire que nous avons le temps de prendre un café.

3.7.6.5. … en traduisant un mot, une expression

… veut dire…
C'est *N* en français.
En [*langue*], … se dit/ça se dit/on dit…

Gelato veut dire glace.
Gelato, c'est glace en français.
En italien, on dit gelato.

3.7.6.6. … en épelant, en syllabant

[*épeler*]

M, I, R, plus loin S, A, M, I.
A de Abeille, B de Bruno.

[*syllaber*]
… (, ça) se prononce…
… (, ça) s'écrit…
Tiret, point (pour adresse Internet)

MAR-TIN.

« Pomme », ça s'écrit P, O, deux M, E.
Trois W point RFI point FR.

3.7.7. S'assurer de bien comprendre son interlocuteur

3.7.7.1 … en lui signalant qu'on n'a pas (bien) compris

Comment ?
Pardon ?
Excusez-moi.
Je ne comprends pas (…).
Je n'ai pas compris.
Qu'est-ce que tu as dit ?
Doucement.

Je ne comprends pas « godasse ».

… de manière informelle
Quoi ?
Hein ?

3.7.7.2. … en lui demandant de répéter

Comment ?
Pardon ?
Qu'est-ce que tu as dit ?
Comment dis-tu ?
Tu dis ?
Tu peux répéter, s'il te plaît ?

PInt.

Vous pouvez répéter le dernier mot, s'il vous plaît ?
Quand est-ce qu'ils arrivent finalement ?

3.7.7.3. … en lui demandant d'épeler

Ça s'écrit comment ?
Tu écris ça comment ?

3.7.7.4. ... en lui demandant de parler plus lentement

Peux-tu parler moins vite/..., s'il te plaît?
Moins vite/..., s'il te plaît.
Doucement! Lentement!
Pas si vite, s'il te plaît.
Attends, tu vas trop vite!

3.7.7.5. ... en lui demandant une définition, une paraphrase

Que veut dire... ?

Qu'est-ce que c'est... ?
(GN,) ça veut dire quoi (*, GN*)?
C'est quoi, ...?
Qu'est-ce que ça veut dire... ?

Que veut dire « Qui va à la chasse perd sa place » ?
Qu'est-ce que c'est, un « méchoui » ?

C'est quoi, un « balltrap » ?

3.7.7.6. ... en lui demandant une confirmation

Tu as dit... ?

P/GN, c'est ça?

Tu as dit demain ?
Vous avez dit « roue » ou « rue » ?
Il vient, c'est ça ?

3.7.7.7. ... en vérifiant ce qu'on a compris

C'est-à-dire/Ça veut dire/... que... ?
Donc... ?
C'est ça?
Si je comprends bien, ...
Si j'ai bien compris, ...

C'est-à-dire qu'ils ne viennent pas ?
Donc ils ne veulent pas payer ?

CHAPITRE 4
NOTIONS GÉNÉRALES

Ce chapitre présente un inventaire de formes linguistiques considérées comme réalisant les notions générales au niveau A2. Le principe d'organisation de cet inventaire est onomasiologique : il part de catégories sémantiques relatives à l'existence, à l'espace, au temps, à la quantité, etc., pour répertorier et classer les unités lexicales correspondantes. Ces catégories, utilisées dans les *Niveaux seuil*, recoupent certaines des opérations énonciatives utilisées en linguistique de l'énonciation (par exemple, 4.4. = *localisation dans le temps…*) mais ce sont aussi de simples catégories sémantiques de classification (par exemple, 4.5.1.4. : *humidité, sécheresse…*).

Cette classification en notions peut être particulièrement utile pour organiser des programmes à l'intention d'apprenants élémentaires, puisque ces catégories sont largement indépendantes des langues et ne sont pas de nature morphosyntaxique, ce qui leur assure une certaine lisibilité.

Ces notions sont analysées en sous-catégories. Par exemple, pour la notion *quantité* (4.2.), on utilise des sous-catégories comme : *nombre, mesure, taille, vitesse*, etc. À l'intérieur des catégories et sous-catégories notionnelles, on a adopté une répartition de type formel en : *noms, adjectifs, verbes, adverbes*, etc. Cela permet une consultation commode ainsi qu'une articulation avec la partie grammaticale (chap. 5).

> Ce chapitre n'est pas un dictionnaire mais un inventaire d'éléments proposés à l'enseignement/apprentissage. L'utilisateur devra donc se reporter, au besoin, à des dictionnaires monolingues et/ou bilingues pour des informations sur les significations et les constructions des mots retenus.

Conventions de présentation

Outre les précisions déjà données pour les inventaires de fonctions (chap. 3), on ajoutera que, pour les notions générales, la forme adoptée par les descriptions des niveaux de référence impose de ne mentionner que le signe linguistique au singulier et au masculin. Cela ne permet pas de distinguer ses différentes constructions ni ses significations multiples. Il revient aux enseignants et aux concepteurs de programmes de sélectionner celles qu'ils souhaitent retenir pour l'enseignement : pour ce faire, ils devront tenir compte des spécifications générales de la compétence à communiquer langagièrement du *Cadre* mais aussi de la catégorie ou sous-catégorie dans laquelle figure un élément donné.

Par exemple, dans la réalisation : *ça arrive* en 4.1.4. (*Occurrence, non occurrence*), *arriver* est à prendre au sens de *se produire* et non à celui de *atteindre* (comme dans : *le train arrive à la gare*) ni de *approcher* (comme dans : *les vacances arrivent*). Les utilisateurs décideront si, au-delà de cette signification de *arriver*, il est opportun de mettre les apprenants en contact avec d'autres.

La présentation de ce chapitre 4 est comparable à celle des chapitres 3 et 6 :
- catégories et sous-catégories notionnelles numérotées (colonne de gauche) ;
- sous-catégories en noms, verbes, adverbes (colonne de gauche) ;
- réalisations linguistiques correspondant aux catégories de la colonne de gauche (colonne centrale) ;
- exemples contextualisés (colonne de droite, en italique).

Principales abréviations de descripteurs grammaticaux (en italique)

/ : deux possibilités coexistantes

[…] : liste ouverte

Adj : adjectif

Adv : adverbe

GAdj : groupe adjectival

GAdv : groupe adverbial

GN : groupe nominal

GPrép : groupe prépositionnel

GV : groupe verbal

GVInf : groupe verbal infinitif

Imp : impératif

Inf : infinitif

InfPé : infinitif passé

Int : interrogation

Lieu : indicateur de lieu

N : nom

Nég : négation

Nxxx : indication de la catégorie sémantique du nom (mesure, vitesse, temps, nombre, matière, saison, etc.)

P : proposition

PAss : proposition assertive

PImp : proposition à l'impératif

PInd : proposition avec verbe à l'indicatif

PInf : proposition infinitive

PInt : proposition interrogative

PNég : proposition négative

PPé : participe passé

PPt : participe présent

PRel : proposition relative

Pro : pronom

Temps : indicateur de temps

V : verbe

VFut : verbe au futur de l'indicatif

VImp : verbe à l'impératif

VInd : verbe à l'indicatif

VInf : verbe à l'infinitif

Sommaire

4.5. Qualité des êtres et des choses
4.5.1. Qualités physiques
      4.5.1.1. Formes et figures
      4.5.1.2. Dimensions
      4.5.1.3. Consistance, résistance
      4.5.1.4. Humidité, sécheresse
      4.5.1.5. Matière
      4.5.1.6. Visibilité, vue
      4.5.1.7. Audibilité, audition
      4.5.1.8. Goût
      4.5.1.9. Odeur
      4.5.1.10. Couleur
      4.5.1.11. Âge, ancienneté
4.5.2. Appréciation qualitative
      4.5.2.1. Appréciation globale
      4.5.2.2. Acceptabilité, adéquation
      4.5.2.3. Conformité
      4.5.2.4. Réussite, succès
      4.5.2.5. Utilité, usage
      4.5.2.6. Capacité, compétence
      4.5.2.7. Importance
      4.5.2.8. Normalité
      4.5.2.9. Éventualité

4.6. Relations logiques
4.6.1. Conjonction
4.6.2. Disjonction
4.6.3. Opposition, concession
4.6.4. Comparaison
      4.6.4.1. Similitude, différence
      4.6.4.2. Égalité, infériorité, supériorité
4.6.5. Inclusion, exclusion
4.6.6. Cause, conséquence
4.6.7. Finalité
4.6.8. Condition

Rappel

Les contenus de A2 décrits ici sont supposés être maîtrisés dans les activités de réception/compréhension orale et/ou écrite. Ils caractérisent donc ce à quoi l'on choisit d'exposer les apprenants. Il revient aux responsables de programmes et aux enseignants de déterminer plus spécifiquement ce qui doit être maîtrisé dans les activités de production orale ou dans les activités de production écrite, en fonction des situations éducatives et des utilisateurs/apprenants : besoins langagiers, rythmes d'apprentissage, motivation à l'apprentissage…

Les éléments en gras dans la colonne de gauche signalent les adjonctions dans la rubrique même par rapport à A1, mais ils peuvent figurer ailleurs dans le *Niveau A1 pour le français*.

4.1. EXISTENCE

4.1.1. Présence, absence
(Voir 4.3.1.)

Verbes	être	
	c'est…	*Tiens ! C'est Mathilde.*
	il y a…	*Il n'y a personne.*
	manquer	*Il manque encore quelque chose.*
	mourir	
	naître	
	vivre	
	voilà…/voici…	
Adjectifs	présent, absent	*(– Dupont ?) – Présent !*
	vide, plein	
Adverbes	là, ici	

4.1.2. Disponibilité

Verbes	**il y a** *GN*	*Il y a du jus de fruit sur la table.*
	avoir	
	chercher	
	manquer	
	perdre	
	rester	*Il reste du café ?*
	trouver, retrouver	

4.1.3. Qualité générale
(Voir 4.5.)

Verbes	**ressembler**	
	être	
Adjectifs	**différent**	
	même	
	pareil	*Lundi ou mardi, c'est pareil pour moi.*

4.1.4. Occurrence, non-occurrence

Verbes	Il y a *GN*	*Il y a un match ce soir.*
	arriver	*Ça arrive souvent ?*
	se passer	*Qu'est-ce qui se passe ici ?*

4.1.5. Certitude, probabilité, possibilité
(Voir 4.5.2.9.)

Noms	**possibilité**	
Adjectifs	certain	
	possible, **impossible**	
	sûr	
Adverbes	**certainement**	
	peut-être	
	probablement	

4.2. QUANTITÉ
(Voir 4.3.4., 4.4.1., 4.4.3.9., 4.4.3.10., 4.5.1.2. et 4.6.4.)

4.2.1. Nombres

Noms	**chiffre**	
	nombre	
	numéro	
	[…] un, deux, trois…	
	dix…, cent…, mille…, million…	
Adjectifs	premier, second, deuxième,	
	troisième (jusqu'à : centième)	

4.2.2. Quantité relative
(Voir 4.2.3.)

Noms	moitié, demi, quart	
	mètre, centimètre, kilomètre	
	partie, morceau	
	total	
	dizaine, douzaine	
	kilo, litre	
	verre, **tasse, cuillère**	*Ajoutez un verre de lait.*
	bouteille	
	boîte, paquet	*Prends aussi deux paquets de riz.*
Verbes	**ajouter**	
	compter	
	enlever	
	rester	*Il reste deux bouteilles d'eau.*
	retirer	
Adjectifs	plein, vide, **complet**	*Nous n'avons plus de place, l'hôtel est*
et pronoms	**entier**	*complet.*
	quelques	
	quelques-uns	

	rien	
	tout, tous	*Demain, je travaille toute la journée !*
Adverbes	moins, plus	
	beaucoup, un peu, très	
	trop, assez	
	presque	
	encore	*Il y a encore du café ?*

4.2.3. Mesures
(Voir 4.3.4.)

4.2.3.1. Mesures générales

Noms	poids	
	taille	
	température	
	vitesse	
Verbes	**calculer**	
	faire	*Deux et deux font quatre.*
	mesurer, peser	

4.2.3.2. Taille

Noms	hauteur, largeur, longueur	*Quelle taille fait-il ?*
	taille	
	mètre, centimètre	*Un mètre soixante-quinze.*
	38, 40, 42…	*Il fait du 42.*
Verbes	mesurer	
	faire	*Elle fait un mètre soixante-quinze.*
Adjectifs	grand, petit	
	large, long	
	moyen	

4.2.3.3. Dimension

Noms	longueur, largeur, hauteur	
	millimètre, mètre, centimètre	
	kilomètre	
Verbes	avoir	
	faire	*La pièce fait trois mètres sur quatre.*
	mesurer	
Adjectifs	haut, bas	
	gros	*J'ai un gros paquet pour vous.*
	large	
	long, court	
	petit, grand	
	profond	

4.2.3.4. Distance

Noms	**distance**	
Verbes	**faire**	*D'Aix à Saint-Raphaël, ça fait 130 kilomètres.*
	il y a	
Adverbes	près, loin	
Prépositions	de… à	*De la porte au mur, il y a un mètre.*

4.2.3.5. Vitesse
(Voir 4.3.5.)

Noms	kilomètre-heure	*On roule à 90 km à l'heure!*
	vitesse	
Adjectifs	rapide, lent	
Adverbes	**doucement**	
	lentement	
	rapidement	
	vite	*Marchez plus vite!*

4.2.3.6. Poids

Noms	gramme, kilo	*Tomates, 2 € le kg.*
	poids	
Verbes	peser	*Votre valise pèse 22 kilos.*
	faire	
Adjectifs	lourd, léger	

4.2.3.7. Surface

Noms	mètre carré, centimètre carré	
Verbes	mesurer	
	faire	*L'appartement fait 60 m².*
Adjectifs	grand, petit	
	large	

4.2.3.8. Volume, capacité

Noms	litre	
Verbes	faire	*Cette bouteille fait un litre.*
Adjectifs	**grand**, **petit**	
	gros	
	plein, vide	

4.2.3.9. Température

Noms	température
	chaleur, **froid**
	degré (centigrade)
Verbes	**baisser**
	faire
	monter

| **Adjectifs** | chaud, froid |
| | **frais**, **brûlant** |

4.3. ESPACE
(Voir 4.2.3.)

4.3.1. Localisation

Noms	endroit	*C'est à quel endroit ?*
	place	*Là, c'est ma place.*
Verbes	être *GPrép*	*Ils sont à Marseille aujourd'hui.*
Adverbes	ici, là, là-bas	
Pronom	**où ?**	*Où habites-tu ?*

4.3.2. Position absolue
(Voir 6.1.6.)

Verbes	**être assis/couché/levé**	
	être debout	
	rester	*Restez assis !*
Adjectifs	assis, couché, levé	
Adverbes	debout	

4.3.3. Position relative
(Voir 4.3.4. et 4.3.6.)

Noms	centre	
	extérieur, intérieur	*C'est à l'extérieur.*
	gauche, droite	*La sortie est à votre gauche.*
	haut, bas	
Adjectifs	gauche, droit	*C'est sur le côté gauche.*
Adverbes	à gauche, à droite	
	au-dessus, au-dessous	
	au milieu	
	dedans, dehors	
	devant, derrière	
	en haut, en bas	
Prépositions	à	*Je vais au cinéma ce soir.*
	à côté de	
	après	*C'est après le feu rouge.*
	en, dans	*Bergame ? C'est en Italie, dans les Alpes.*
	devant, derrière	
	sur, sous	
	en face de	
	au bout de	*La pharmacie ? C'est au bout de la rue.*

4.3.4. Distance

Adverbes	loin, près	*La gare est tout près.*
	à côté	
Prépositions	loin de, près de	

4.3.5. Mouvement

(Voir 6.1.6.)

Noms	aller, retour
	arrivée, départ
	entrée, sortie
Verbes	aller, venir, **revenir**
	arriver, partir
	s'arrêter
	entrer, sortir
	rentrer
	monter, descendre
	passer
	rester
	tomber

Il est rentré de voyage hier. (à côté de rentrer)

4.3.6. Orientation, direction

(Voir 4.3.3.)

Noms	direction
	nord, est, sud, ouest
Verbes	aller, **revenir**
Adverbes	ici, là, là-bas
	en face
	tout droit
Prépositions	à
	en face de
	de… à
	par
	vers

C'est par là. (à côté de par)

4.4. TEMPS

4.4.1. Divisions du temps

Noms	temps, moment
	horaire
	seconde, minute
	heure, **quart d'heure, demi-heure**
	semaine, week-end,
	mois, année, **saison**
	jour, nuit
	lundi, mardi, mercredi, jeudi,
	vendredi, samedi, dimanche
	janvier, février, mars, avril, mai,
	juin, juillet, août, septembre,
	octobre, novembre, décembre
	printemps, été, automne, hiver
	matin, après-midi, soir
	midi, minuit
Verbes	être

Nous sommes le 10 mars.
Il est déjà onze heures.

Prépositions	à	Viens à six heures.
	avant	Je pars avant midi.
	après	Après le dîner ? J'ai regardé la télé.
	pendant	On a dormi pendant deux heures.
	de … à	Ouvert de 9 h à 12 h.
	en	C'était en novembre 1948.

4.4.2. Localisation dans le temps : présent, passé et avenir
(Voir 4.4.1.)

4.4.2.1. Présent

| Adverbes | maintenant |
| | aujourd'hui |

4.4.2.2. Passé

Verbes	**il y a GN**	Elle est arrivée il y a trois jours.
Adjectifs	dernier	Il a fait très froid la semaine dernière.
Adverbes	hier	
	avant	

4.4.2.3. Avenir

Verbes	aller *VInf*	Je vais partir en Alaska, tu sais.
Adjectifs	prochain	La semaine prochaine, c'est les vacances.
Adverbes	après	
	bientôt	
	demain	
	plus tard	
	tout de suite	Il faut partir tout de suite.
	tout à l'heure	
Prépositions	dans *GN*	Je reviens dans cinq minutes.

4.4.3. Aspects du déroulement
(Voir 4.4.1. et 4.4.2.)

4.4.3.1. Simultanéité

| Adverbes | en même temps |

4.4.3.2. Antériorité

| Prépositions | avant *GN* | Venez avant samedi. |
| Adverbes | avant | Avant, j'étais en Chine. |

4.4.3.3. Postériorité

Adverbes	plus tard	Un mois plus tard…
	après	
Prépositions	après *GN*	Après le déjeuner, une petite promenade ?

4.4.3.4. Commencement

Noms	**début**	
Verbes	commencer	
Adjectifs	**premier**	
Adverbes	d'abord	*Commence d'abord par faire tes devoirs !*
Prépositions	depuis	*Il pleut depuis ce matin.*

4.4.3.5. Achèvement

Noms	fin	
Verbes	finir	*C'est fini.*
	arrêter	
Adjectifs	dernier	

*4.4.3.6. Accompli récent

4.4.3.7. Continuation

Verbes	continuer	
Adverbes	encore, toujours	*Tu dors encore ?*
Prépositions	depuis	*J'apprends le français, depuis deux ans.*

4.4.3.8. Répétition

Noms	fois	*Encore une fois !*
Adverbes	encore	*Répète encore !*
	souvent	
	tout le temps	*Tu dis tout le temps la même chose.*

4.4.3.9. Durée
(Voir 4.4.1.)

Noms	moment	*Un moment, s'il vous plaît !*
	journée, année	
	seconde, minute	*Attendez cinq minutes.*
Verbes	**durer**	*Ça dure combien de temps ?*
Adjectifs	long, court	*Ça ne sera pas long.*
Adverbes	longtemps	*On ne reste pas longtemps.*
Prépositions	pendant	

4.4.3.10. Fréquence
(Voir 4.4.3.7. et 4.4.3.8.)

Noms	tous les *GN*	*Ouvert tous les jours.*
	fois	*Un comprimé deux fois par jour.*
Adverbes	jamais	
	quelquefois	
	souvent	
	tout le temps	
	toujours	

4.4.3.11. Permanence et changement
(Voir 4.1.1.)

Verbes	être
	changer
	rester
Adjectifs	**autre**
	différent
	nouveau
	même, pareil

4.5. QUALITÉS DES ÊTRES ET DES CHOSES

4.5.1. Qualités physiques

4.5.1.1. Formes et figures

Noms	forme
	carré, rond
	ligne
Verbes	**avoir la forme de**
Adjectifs	carré, rond
	droit
	plat

4.5.1.2. Dimensions
(Voir 4.2.3.3.)

4.5.1.3. Consistance, résistance

Adjectifs	**fragile, solide**
	doux, dur

4.5.1.4. Humidité, sécheresse

Adjectifs	humide, mouillé
	sec

4.5.1.5. Matière

Noms	**matière**	*Qu'est-ce que c'est comme matière ?*
	[...] bois, verre, fer, papier,	*C'est du bois.*
	tissu, carton, cuir...	

4.5.1.6. Visibilité, vue
(Voir 4.5.1.10.)

Noms	**jour**
	lumière
Verbes	voir
	regarder

Adjectifs	clair
	noir
	sombre

4.5.1.7. Audibilité, audition

Noms	bruit	
	silence	
	son	
	voix	
Verbes	écouter	
	entendre	*Allo! J'entends mal.*
	baisser, monter	*Baisse un peu la radio.*
Adjectifs	**bruyant, calme**	
	faible, fort	*Plus fort!*

4.5.1.8. Goût

Noms	goût	*Ta soupe n'a pas de goût.*
Verbes	**goûter**	*Tu as goûté la sauce?*
Adjectifs	bon, mauvais	
	délicieux	
	fort, doux	
	sucré, salé	

4.5.1.9. Odeur

Noms	odeur	
	parfum	
Verbes	sentir *Adj*	*Ça sent bon!*
	sentir *GN*	*Ça sent le gaz, non?*
Adjectifs	**bon, mauvais**	
	fort	

4.5.1.10. Couleur

Noms	couleur	
	[…] blanc, noir, bleu, rouge, jaune, vert, **gris, orange, marron, rose, violet**…	
	blond, brun, roux	
Adjectifs	clair, **foncé, sombre**	*J'aime bien ce manteau bleu clair.*
	[…] blanc, noir, bleu, rouge, jaune, vert, gris, orange, **marron,** rose, **violet**…	
	blond, brun, roux	

4.5.1.11. Âge, ancienneté
(Voir 4.4.)

Noms	âge	*Quel âge avez-vous ?*
	bébé, enfant, **adolescent,** adulte	
	jeune, vieux	*Il y a beaucoup de jeunes dans ce quartier.*
	nombre + an, **semaine**, mois, jour	*Nous avons un enfant de dix ans.*
Verbes	avoir + *nombre* + ans	*J'ai seize ans cette année.*
Adjectifs	jeune, âgé, vieux	
	grand, petit	*Tu es grand maintenant.*
	neuf	
	ancien, **nouveau**	

4.5.2. Appréciation qualitative
(Voir de 3.2.1. à 3.2.5.)

4.5.2.1. Appréciation globale

Noms	qualité	
Verbes	**valoir**	*Ça ne vaut rien.*
Adjectifs	bon, mauvais	
	bien, mal, pas mal	
	[…] excellent, formidable, génial, nul…	

4.5.2.2. Acceptabilité, adéquation
(Voir 4.5.2.3.)

Verbes	aller	*Ça va comme ça ?*
Adjectifs	**bon**	*Comme ça, c'est bon ?*
	parfait	
Adverbes	bien	
	d'accord	

4.5.2.3. Conformité
(Voir 4.5.2.2.)

Noms	**faute**	*C'est pas grave, c'est une faute d'orthographe.*
	correction	*La correction des devoirs est longue.*
Verbes	**corriger**	
Adjectifs	vrai, faux	
	exact, juste, **correct**	

4.5.2.4. Réussite, succès

Verbes	**réussir, rater**	*Il a passé le Bac cette année mais il n'a pas réussi.*
	gagner, perdre	*On a gagné deux à zéro !*
Adjectifs	réussi, raté	

4.5.2.5. Utilité, usage

Noms	**emploi**	*Où est le mode d'emploi de la télé ?*
Verbes	servir à	*Ça sert à lire les DVD.*
	avoir besoin de *GN*	
	employer, utiliser	
	rendre service	
Adjectifs	utile, **inutile**	
	nécessaire	
Prépositions	pour	*C'est pour ouvrir les bouteilles.*

4.5.2.6. Capacité, compétence

Verbes	pouvoir *VInf*	*Il peut nager pendant des heures.*
	savoir *VInf*	*Il sait écrire.*

4.5.2.7. Importance

Verbes	**compter**	*Ça compte beaucoup pour moi, la musique.*
	il faut *VInf/GN*	
Adjectifs	important	
	grave	
	principal	*C'est la rue principale.*

4.5.2.8. Normalité

Adjectifs	**bizarre**	
	normal	
	ordinaire	
	spécial	*Ce film, c'est vraiment assez spécial.*

4.5.2.9. Éventualité
(Voir 4.1.5.)

Noms	**possibilité**	
Verbe	**pouvoir** *VInf*	*Ça peut arriver à tout le monde.*
	possible	
Adverbes	**par hasard**	*Tu aurais un ticket de métro, par hasard ?*
	peut-être	

4.6. RELATIONS LOGIQUES
(Voir 5.3.4.)

4.6.1. Conjonction

Adverbes	**ensemble**	*Ça va bien ensemble.*
Conjonctions	et	

4.6.2. Disjonction

Conjonctions	ou
	ou bien

4.6.3. Opposition, concession

Conjonctions   mais

4.6.4. Comparaison
4.6.4.1. Similitude, différence

Noms	différence	
Adjectifs	**autre**	
	différent	
	même, pareil	
Adverbes	**aussi**	*Lui aussi, il aime Debussy.*
	comme	

4.6.4.2. Égalité, infériorité, supériorité
(Voir 4.2.2.)

Noms	**égalité**	
Adjectifs	**égal**	*Tous différents, tous égaux.*
Adverbes	plus, moins	
	aussi	

4.6.5. Inclusion, exclusion

Noms	**partie**	*Une partie de la ville est sans électricité.*
Prépositions	avec, sans	
	sauf	*Tout le monde est d'accord, sauf toi.*

4.6.6. Cause, conséquence
(Voir 5.3.4.)

Adverbes	alors	
	pourquoi	
Préposition	**à cause de**	
Conjonctions	parce que	*Pourquoi ? Mais parce qu'il fait trop froid pour sortir.*

4.6.7. Finalité
(Voir 5.3.1.)

Noms	**projet**	
Prépositions	pour	*Ça, c'est pour faire du café.*
Verbes	**vouloir**	

4.6.8. Condition

Conjonctions	**si**	*Si tu m'invites, je viens.*
	sinon	*Vite, sinon on va rater le train.*

CHAPITRE 5

GRAMMAIRE : MORPHOLOGIE ET STRUCTURES DES ÉNONCÉS ET DES PHRASES

Ce chapitre présente les moyens grammaticaux du français nécessaires pour gérer les compétences de communication spécifiées au niveau A2 dans les termes définis par le *Cadre* (pp. 89-90) : éléments (morphèmes, affixes...), catégories (genre, nombre...), classes (conjugaisons), structures (mots composés, syntagmes, propositions), processus (nominalisation, affixation...), relations (accord, valence...). On aborde ici la spécification de la correction grammaticale uniquement sous les aspects de la compétence morphologique et syntaxique. Cet inventaire est à mettre en relation avec celui consacré aux fonctions (chap. 3) qui recense des énoncés et avec ceux concernant les notions générales (chap. 4), la matière sonore (chap. 7) et la matière graphique (chap. 8). Ces relations sont indiquées par des renvois (par exemple, 5.3.4 renvoie à 4.6.).

1. UN INVENTAIRE ET NON UNE GRAMMAIRE

Cet inventaire n'est pas une description grammaticale du français et il n'a pas de fonction explicative. Mais il utilise inévitablement des catégories pour ses classifications, ce qui ne veut pas dire pour autant qu'il est dépendant d'un modèle descriptif ou d'une théorie grammaticale particuliers.

Par ailleurs, le regroupement des formes en catégories (fonctions, notions générales...) et sous-catégories ne signifie aucunement qu'il faille systématiquement les enseigner ensemble, en une seule séquence didactique. Les catégories descriptives ou classificatoires, quelles qu'elles soient, ne sont pas nécessairement des catégories didactiques, prêtes à un emploi « telles quelles » dans le cadre des méthodologies d'enseignement.

> Cet inventaire ne préjuge d'aucune application didactique particulière, d'aucune méthodologie spécifique d'enseignement de la grammaire (approche explicite, implicite...) ni de l'emploi d'un métalangage déterminé. Le métalangage utilisé dans ce chapitre a, en effet, été retenu dans un but utilitaire : classer commodément et le plus simplement possible les informations, en vue de leur consultation et de leur exploitation par les utilisateurs.

Tout comme les inventaires lexicaux de A2 ne remplacent pas les dictionnaires, cet inventaire morphosyntaxique ne remplace pas les grammaires de référence, auxquelles on se reportera en cas de besoin[1].

---

1. Parmi lesquelles, Charaudeau, P. : *Grammaire du sens et de l'expression*, Hachette, Paris, 1992 ; De Salins, G. D. : *Grammaire pour l'enseignement/apprentissage du français langue étrangère*, Hatier-Didier, Paris, 1996 ; Riegel, M., Pellat, J.-Ch., Rioul, R. : *Grammaire méthodique du français*, PUF, Paris, 1994 ; Le Goffic, P. : *Grammaire de la phrase française*, Hachette, Paris, 1993, et, bien entendu, les grammaires « locales », souvent contrastives, utilisées pour des apprenants de langues maternelles spécifiques.

2. DU FORMULAIRE (A1) AU SOCLE MORPHOSYNTAXIQUE (A2)

En A1 (*Cadre* p. 90), en ce qui concerne la correction grammaticale, il est dit de l'apprenant qu'il « [a] un contrôle limité des structures et des formes grammaticales simples appartenant à un répertoire mémorisé ». En A2, son étendue linguistique générale (*Cadre* 5.2.1., p. 87) est telle qu'il « peut utiliser des modèles de phrases élémentaires et communiquer à l'aide de phrases mémorisées, de groupes de quelques mots et d'expressions toutes faites, sur soi, les gens, ce qu'ils font, leurs biens, etc. ». Il se trouve donc encore à un « stade formulaire » (« expressions toutes faites ») où, pour communiquer, il utilise :
- les autres langues de son répertoire linguistique (dont la langue 1) ;
- des mots isolés, soit du type locutions-énoncés ou expressions toutes faites (*est-ce que tu pourrais, je ne sais pas*) non analysées, soit de mots pleins (c'est-à-dire non grammaticaux), éventuellement utilisés dans des séquences paratactiques, qui peuvent recevoir des significations multiples en fonction des circonstances de la communication.

Ces ressources limitées sont elles-mêmes maîtrisées de manière inégale : l'utilisateur/apprenant « peut utiliser des structures simples mais commet encore systématiquement des erreurs élémentaires comme, par exemple, la confusion des temps ou l'oubli de l'accord. Cependant le sens général reste clair » (*Cadre* 5.2.1.2., *Correction grammaticale*, p. 90).

Le caractère réduit de ces moyens est comme compensé par une forte rentabilité de ceux-ci, assurée par des emplois polyvalents. Mais ils continuent à produire une limitation de l'expression que le *Cadre* définit comme un « compromis par rapport à ses intentions de communication ». Celle-ci est efficace dans des situations sociales ordinaires et peu impliquantes dans lesquelles l'expression personnelle et les réactions particulières à des circonstances est canalisée et produit des résultats peu variés. Cela signifie que l'utilisateur/apprenant ne dispose pas de souplesse énonciative qui lui permettrait des positionnements diversifiés par rapport au contenu de ses énoncés.

À côté de ce matériel non analysé et mémorisé apparaît bien cependant une compétence combinatoire (« utiliser des modèles de phrase élémentaires ») fondée sur des éléments morphosyntaxiques. Avec ces ressources, l'apprenant est en mesure de raconter, décrire, expliquer, comparer (*Cadre* 4.4.1.1., A2 *Monologue suivi*, p. 49) et il peut « écrire une série d'expressions et de phrases simples reliées par des connecteurs simples tels que *et*, *mais* et *parce que* » (*Cadre* 4.4.1.2., *Production écrite générale,* p. 51), etc. On suppose donc qu'en A2 se met en place un « premier socle » morphosyntaxique, au-delà de la maîtrise d'un répertoire des ensembles d'expressions réellement figées ou perçues comme telles, qui ferait ainsi passer d'une conscience de type épilinguistique des fonctionnements du français à une perception plus métalinguistique.

3. FONDER LES SPÉCIFICATIONS MORPHOSYNTAXIQUES

Caractériser cette compétence « formelle » dans le détail est une entreprise délicate et elle invite à la modestie, comme le soulignait déjà D. Coste dans la préface de *Un niveau seuil* (1975) : « La définition d'un niveau seuil ne saurait relever que d'un arbitraire bien compris » (Préface, p. 2). En effet, cette spécification est à la croisée de toutes les autres (fonctions, notions, phonétique, graphie) et cela suppose de gérer toutes ces cohérences croisées.

Plusieurs « sources » sont disponibles pour spécifier les compétences linguistiques au niveau A2, essentiellement :
- les formes des énoncés retenus pour la réalisation des fonctions. En effet, dans ce référentiel, c'est le seul inventaire qui spécifie une compétence au moyen d'énoncés, souvent centrés sur une forme verbale. Ce chapitre fournit donc potentiellement l'échantillonnage minimal des formes d'énoncés à maîtriser et donc, le savoir morphosyntaxique nécessaire

pour les réaliser. C'est ce que souligne le *Cadre* quand il met en relief l'importance de la « productivité communicative des catégories grammaticales […], c'est-à-dire leur rôle pour l'expression de notions générales. Par exemple, est-il judicieux de faire suivre aux apprenants une progression qui les laisse incapables, après deux ans d'études, de raconter un événement au passé ? » (*Cadre* 6.4.7.5., p. 116).

• les connaissances générales disponibles sur les processus d'acquisition et les premières formes des interlangues, en particulier pour le français. Les recherches sur les étapes et les itinéraires de l'acquisition des langues n'ont pas pour but de produire des programmes d'enseignement. Mais certaines, qui concernent l'appropriation d'une langue par différentes catégories d'apprenants dans différents contextes, apportent de précieux éclairages pour répartir dans le temps, c'est-à-dire en étapes et niveaux successifs, la matière morphosyntaxique, en rapport avec le sens des mots et des énoncés, et avec les besoins et visées prioritaires de communication. Le *Cadre* mentionne « l'ordre naturel de l'acquisition de la langue maternelle par l'enfant » (*Cadre* 6.4.7.5., p. 116), comme facteur de constitution des progressions d'enseignement, mais il ne semble pas mentionner les recherches auxquelles nous faisons référence. En tout état de cause, les recherches en acquisition du français ne permettent pas de distinctions assez fines pour savoir, par exemple, si toutes les formes et certaines des valeurs de l'article dit *partitif* sont « acquises » en A1 plutôt qu'en A2.

• l'expérience collective des enseignants au contact avec des apprenants. Ils sont individuellement et collectivement à même de mesurer les besoins formels qui permettent d'assurer l'expression personnelle des apprenants et donc leur implication dans l'apprentissage. Par ailleurs, s'ils enseignent à des apprenants de même langue(s) première(s) qu'eux, ils se sont construit une « expérience contrastive » qui leur permet d'identifier des zones de fossilisation potentielle des interlangues et donc de dégager des priorités en termes morphosyntaxiques, ou du moins d'identifier des secteurs sensibles (*Cadre* 6.4.7.5., *Données contrastives*, p. 116) qui requièrent un investissement éducatif particulier.

Il serait hasardeux de soutenir que la présente sélection répond à cet ensemble de critères. Au moins pouvons-nous donner acte de ce que ces exigences ne nous sont pas étrangères. On ne vise donc pas à fournir une « progression stricte », que le *Cadre* lui aussi considère hors de sa portée (*ibidem* 6.4.7.5., après le point 4, p. 116).

En résumé, on pourra admettre que ce choix des formes du français caractérisant un niveau de compétence A2 a été réalisé en tenant compte de critères assez proches de ceux identifiés par le *Cadre* (6.4.7.5., p. 116) :

- – la productivité communicative des catégories grammaticales ;
- – les données contrastives[2] ;
- – le discours authentique oral et écrit ;
- – « l'ordre naturel » d'acquisition de la langue maternelle par l'enfant[3].

On considérera donc :

• que les inventaires de ce chapitre sont des points d'ancrage et non des progressions à valeur universelle ;

• **qu'ils peuvent appeler des rééquilibrages, en fonction des apprenants, vers A1 ou vers B1 ;**

• que la connaissance de ces formes est elle-même variable, puisque ces éléments morphosyntaxiques du français sont susceptibles de « degrés » d'appropriation variables, étant donné qu'ils peuvent être :

---

2. Impossibles à prendre en considération dans un document général comme celui-ci.
3. On trouvera des éléments de discussion de cette question dans Beacco J.-C. (dir.) : *Niveau A1 pour le français. Textes et références*, Didier, Paris, 2008.

– identifiés (en tant que classes de mots) et combinés de manière autonome (c'est-à-dire non figés) par le locuteur ;
– utilisés de manière sémantiquement adéquate à ses intentions de communication, en correspondance avec les valeurs appropriées des morphèmes grammaticaux ;
– utilisés (c'est-à-dire reconnus et employés en production) de manière efficace, appropriée et partiellement/progressivement correcte pour constituer des syntagmes et des énoncés/phrases.

Davantage encore que dans les autres chapitres de cet instrument de référence, il convient de considérer ces inventaires comme des points de repères partagés, à partir desquels chacun a la faculté de se situer, et en aucune manière comme une progression standard universelle.

Principales abréviations de descripteurs grammaticaux (en italique)

/ : deux possibilités coexistantes
[…] : liste ouverte
Adj : adjectif
Adv : adverbe
GAdj : groupe adjectival
GAdv : groupe adverbial
GN : groupe nominal
GPrép : groupe prépositionnel
GV : groupe verbal
GVInf : groupe verbal infinitif
Imp : impératif
Inf : infinitif
InfPé : infinitif passé
Int : interrogation
Lieu : indicateur de lieu
N : nom
Nég : négation
Nxxx : indication de la catégorie sémantique du nom (mesure, vitesse, temps, nombre, matière, saison, etc.)
P : proposition
PAss : proposition assertive
PImp : proposition à l'impératif
PInd : proposition avec verbe à l'indicatif
PInf : proposition infinitive
PInt : proposition interrogative
PNég : proposition négative
PPé : participe passé
PPt : participe présent
PRel : proposition relative
Pro : pronom
Temps : indicateur de temps
V : verbe
VFut : verbe au futur de l'indicatif
VImp : verbe à l'impératif
VInd : verbe à l'indicatif
VInf : verbe à l'infinitif

Le signe * devant une section (par exemple 5.2.7.) indique qu'elle n'a pas été retenue pour le niveau A2 alors qu'elle figure dans les descriptions des niveaux « supérieurs ».

Sommaire

5.1 MORPHOLOGIE

Dans la grammaire du français, il existe un lien étroit entre morphologie, syntaxe et sémantique. Ce lien commence normalement à être mis en place au niveau A2, avec le développement des structures syntaxiques et des structures morphologiques qui y sont associées, par exemple, la diversification des formes verbales porteuses de valeurs de temps, d'aspect et de modalité. De plus, la morphologie du genre et du nombre dans les groupes nominaux et verbaux sollicite une première assimilation des relations et des différences entre code oral et code écrit (voir chap. 7 et 8).

5.1.1. Morphologie des verbes
5.1.1.1. Flexion : nombres et personnes

Au niveau A2, l'apprenant/utilisateur est capable :
• d'identifier et d'utiliser les formes flexionnelles de nombre et de personne[4] (personnes 1, 2, 5 puis 3, 4 et 6), essentiellement au présent de l'indicatif pour les verbes *être, avoir, aller, vouloir, pouvoir, devoir, savoir, venir, dire, faire, comprendre, connaître*, les verbes en *-er* et d'autres verbes très courants ;
• d'identifier et d'utiliser les formes usuelles et utiles de l'impératif présent (en priorité 2 et 5) ;
• de distinguer, pour les principales formes usuelles, les marques de l'oral et de l'écrit (par exemple : elle part/elles partent paʁ]/[paʁt], il arrive/ils arrivent [ilaʁiv]/[ilzaʁiv] (voir 5.1.2.2. et chap. 7).

5.1.1.2. Flexion : modes et temps

Au niveau A2, l'apprenant/utilisateur est capable :
• d'identifier et d'utiliser les marques flexionnelles (des principaux temps) pour certains verbes ;
• de distinguer les valeurs et les emplois principaux du présent de l'indicatif, de l'impératif, du passé composé (temps et aspect), du futur proche (*aller VInf*) et de l'infinitif ;
• d'identifier et d'utiliser certaines valeurs modales du conditionnel présent (*je voudrais..., vous pourriez... ?, tu aurais... ?*) et de les employer en situation ;
• d'identifier certaines formes et certaines valeurs de l'imparfait et du futur et de les utiliser pour certains verbes (*avoir, aller, être, faire*) ;
• d'identifier les correspondances entre les formes des verbes *avoir* et *aller* au présent et les formes du futur pour l'ensemble des verbes (*-ai, -as, -a, -ons, -ez, -ont*).

5.1.2. Morphologie des noms, adjectifs, déterminants et pronoms
5.1.2.1. Noms et adjectifs

Au niveau A2, l'apprenant/utilisateur est capable :
• de connaître le genre des substantifs les plus usuels ;
• de distinguer et d'utiliser, à l'oral et à l'écrit, des marques de genre et de nombre pour les adjectifs et les noms.

---

4. Ici, 1, 2 et 3 désignent les 1re, 2e et 3e personnes du singulier, 4, 5 et 6 les 1re, 2e et 3e personnes du pluriel.

5.1.2.2. Déterminants et pronoms

Au niveau A2, l'apprenant/utilisateur est capable :
- de reconnaître (à l'oral et à l'écrit) et d'utiliser les déterminants :
  - *le, la, les, l'*
  - *ce, cet, ces, cette*
  - *un, une, des*
  - *du, de la, de l', des* ;
- de reconnaître et d'utiliser certaines formes usuelles de possessif (voir 5.2.4.1.) ;
- de reconnaître la plupart des formes de pronoms personnels (voir 5.2.4.5.) ;
- d'utiliser leurs formes sujet et objet direct à toutes les personnes et de reconnaître leurs formes d'objet indirect aux personnes 1, 2, 4, 5 ;
- de reconnaître et d'utiliser les valeurs de *on* ;
- de reconnaître et d'utiliser les déictiques (ou démonstratifs) *ça, celui-ci, celle-là* dans leurs principales formes orales et écrites.

Outre les déterminants et pronoms, l'apprenant, au niveau A2, connaît un certain nombre de « mots grammaticaux » (prépositions, adverbes, conjonctions…) qui entrent dans les constructions syntaxiques ou qui possèdent un sens spécifique, et qui figurent dans les inventaires des chapitres 3, 4 et 6 :
- prépositions : *à, avec, dans, de, en, par, pour…* ;
- adverbes : *ici, là, bien…* ;
- adverbes interrogatifs : *combien, quand, pourquoi, comment, qui que/quoi, où* ;
- conjonctions : *ou, et, alors…* ;
- pronoms : *tout, rien, qui, que, où…*

5.1.3. Préfixation et suffixation

Au niveau A2, l'apprenant est capable d'identifier des mots formés avec des préfixes (*re-, dé-, in-, micro-*) et de reconnaître leur sens à partir d'un mot de base connu.
L'apprenant est capable d'identifier des mots formés avec certains suffixes (*-age, -tion, -ment, -ité*), non nécessairement répertoriés en A2, et leur relation avec les mots du niveau A2 qui leur servent de base (ex. *passage* ⇔ *passer, changement* ⇔ *changer*).

5.2. STRUCTURES DE PHRASE SIMPLE

L'inventaire qui suit recense les structures syntaxiques de la phrase simple. La description en est donnée dans la colonne de gauche, les exemples dans la colonne de droite.
Au niveau A2, l'utilisateur/apprenant est capable d'utiliser, selon les modalités d'appropriation spécifiées plus haut, des énoncés ou des phrases structurés de la manière proposée ci-dessous.

Les éléments en gras dans la colonne de gauche signalent les adjonctions dans la rubrique même par rapport à A1, mais ils peuvent figurer ailleurs dans le *Niveau A1 pour le français*.

5.2.1. Il + *VImp*

Il *V*	*Il pleut.*
Il *V GN*	*Il faut du temps.*
Il ***VInf***	*Il faut partir.*
Il ***V Adj***	*Il fait beau.*

5.2.2. C'est…, Il y a…, Voilà…

C'est *Pro*	*Oui, c'est ça.*
	Sur la photo, c'est moi, là.
C'est *GN*	*Là, c'est la cuisine.*
C'est *Adv*	*C'est ici.*
C'est *Adj*	*C'est gentil.*
Voilà *GN*	*Voilà le bus.*
Il y a *GN*	*Il y a un problème.*

5.2.3. *GN GV…* (constructions verbales)[5]

5.2.3.1. *V GN/Adj*

GN V	*Le printemps arrive.*
GN V GN	*J'attends le train.*
GN V être *Adj*	*Tu es content ?*
GN V avoir l'air *Adj*	*Il a l'air malade.*
GN V à *GN*	*Tu as téléphoné*
	aux voisins ?
GN V de *GN*	*On a parlé de sa fille.*

5.2.3.2. *V* que *P* (complétives)

V que *P (VInd)*	*Marc dit qu'il est*
	d'accord.

5.2.3.3. *V VInf* (infinitives)

GN V VInf	*Tu peux entrer.*
	Tu sais nager ?
GN V de *VInf*	*Tu arrêtes de fumer ?*
GN V à *VInf*	*On pense à partir.*

5.2.4. Groupe nominal et constructions nominales

5.2.4.1. Déterminants

définis	le/la, les	*Le rugby, j'aime bien ça !*
	au, aux, du, des	*Elle vient du Canada.*
partitifs	**du, de la, de l'**	*Vous voulez du thé ?*
		de l'eau ?
indéfinis	un/une, des	*Donnez un exemple !*
	quelques, plusieurs	
	chaque	
	tout, toute, tous, toutes	*Elle me téléphone toutes*
		les semaines.

---

5. Le classement et les exemples proposés concernent non les verbes comme entités lexicales, mais les constructions, et donc telle occurrence de tel type de verbe dans telle construction. Pour le détail des constructions pour chaque verbe, l'utilisateur peut se reporter à un dictionnaire monolingue (français) ou bilingue, et/ou à des inventaires spécialisés de constructions verbales tels que ceux du LADL de l'Université Paris-VII.

numériques	[...] un, cinq, dix, 10 000...	*J'ai cinq enfants.*
interrogatifs ou exclamatifs	quel, quelle, quels, quelles	*Quel beau temps !*
possessifs	[...] mon, ton, votre, ...	*Prends ton manteau.*
démonstratifs	ce, cette, ces, **cet**	*Elle arrive ce matin.*

5.2.4.2. Adjectifs et noms

Adj N	*La grande porte.*
N Adj	*Un ballon rouge.*
Adj N Adj	*Un petit livre intéressant.*

5.2.4.3. Constructions nominales

N	*Sortie.*
N N	*Formule déjeuner.*
N de *N*	*Sortie de voitures.*

5.2.4.4. Constructions adjectivales

Adj de N	*Camille est différente de Mathilde.*
Adj de VInf	*Ils sont contents de venir.*
Adj à VInf	*Vous êtes prêt à répondre ?*
Adj en N	*Fort en mathématiques.*

5.2.4.5. Constructions pronominales
(Voir 5.1.2.2.)

VImp Pro	*Écoutez-moi.*
Pro, GN Pro V	*Lui, tout le monde le connaît.*
Pro, Pro V	*Elles, elles sont venues.*
Prép Pro	*Avec lui, ça va plus vite.*
C'est Pro	*C'est moi.*

5.2.5. Structures interrogatives

Int.	qui, quoi, quand, où, comment, pourquoi, combien	
GN V [...]/intonation/		*Tu viens ?*
Int GN V		*Où tu vas ?*
Int V GN		*Où va ce bus ?*
		Qui est-ce ?
V GN [...] *Int*		*Vous allez où ?*
GPrép V GN		*À quelle heure commence le film ?*
GN V GPrép		*Le film commence à quelle heure ?*
Est-ce que *GN V* [...]		*Est-ce que tu viens ?*
Int est-ce que **GN V**		*Quand est-ce qu'on peut entrer ?*

5.2.6. Négation

Non.
Pas…
GN (ne) *V* pas […]

GN (ne) **V rien**
GN (ne) **V personne**
GN (ne) **V jamais**

GN (ne) **V plus**
Ne VImp pas

(– *C'est fini ?*) – *Non.*
Pas moi !
C'est pas facile.
Ce n'est pas facile.
Je ne comprends rien.
Je ne vois personne ici.
Je ne bois jamais de café
le soir.
Je ne fume plus, tu sais.
Ne partez pas !

* 5.2.7. Passif

5.2.8. Impératif

VImp

VImp Pro

Venez !
(Ne) reste (pas) là !
Écoute-moi donc !

5.2.9. Structures pronominales
(Voir 5.2.4.5.)

Pro
VImp Pro
VImp Prép Pro

(– *Qui a dit ça ?*) – *Lui.*
Écoute-moi donc.
Pense à nous.

5.2.10. Phrases clivées et détachées

Pro, c'est […]

C'est […], *Pro*
GN, c'est […]
C'est […], *GN*
C'est Pro, GN

Ça, c'est à moi.
Elle, c'est ma voisine.
C'est à toi, ça ?
La poste, c'est plus loin.
C'est demain, le match.
C'est lui, le gardien.

5.2.11. Phrases tronquées
(Voir 5.2.4.3.)

Les énoncés tronqués sont des formes de phrases réduites par rapport aux structures de base. Ces formes tronquées d'énoncés sont fréquentes dans les interactions ordinaires. On les rencontre également dans les titres, dans la publicité, dans les annonces et les affichages…
Les formes listées ci-dessous sont à maîtriser par l'apprenant/utilisateur essentiellement en reconnaissance.

GN

Danger.
Centre d'information.
Arrivée des trains.
Soldes.
1802 : naissance de
Victor Hugo.

GV	*Sonner avant d'entrer.*
	Ne pas stationner.
	En cas d'urgence,
	appeler le 15.
GAdj	*Fragile.*
	Fermé.
	Entrée interdite.
	Nouveau : le sac recyclable.
GPrép	*À louer, appartement*
	34 m².
GAdv	*Demain.*
	Naturellement.

5.2.12. Locutions-énoncés, mots-phrases

Cet inventaire regroupe des expressions usuelles, souvent appelées « mots-phrases ». Il s'agit d'énoncés courts, ne comportant pas une structure de phrase complète mais fonctionnant comme des énoncés complets. Ils ont les caractéristiques suivantes :
– ils contiennent des unités habituellement classées comme verbes, adjectifs, noms, etc. mais sont utilisés de façon spécifique comme locutions-énoncés ;
– ils peuvent comporter des constructions syntaxiques (*merci à…*, *bravo pour…*) [signalées par •] ;
– une partie d'entre eux peut comporter diverses variations lexicales (*bonne année*, *bonne journée*, etc.) [signalées par •] ;
– ils sont largement utilisés dans la langue parlée, mais également à l'écrit (surtout dans des affiches, des panneaux, des publicités) ;
– dans la langue parlée, l'intonation y joue un rôle distinctif important ;
– ils servent à exprimer des fonctions diverses : salutations, vœux, jurons, protestation, etc.

Les formes listées ci-dessous sont à maîtriser par l'apprenant/utilisateur essentiellement en reconnaissance.

À + indication de temps	•*À lundi, à demain, à bientôt.*
Ah	
Ah bon	1. Acquiescement ; 2. Surprise.
Allez	1. Encouragement, incitation (*Allez, vas-y!*) ;
	2. Incrédulité.
Allô	
Assez	*Assez! Tu fais trop de bruit!*
Attention	• *Attention à la peinture.*
Au revoir	
Au secours	
Bien	Approbation.
Bien sûr	*Bien sûr que c'est fini!*
Bof	Signifie qu'on a bien pris note.
Bon *N*, bonne *N*	*Bon appétit, bon voyage, bon anniversaire,*
	bonne journée, bonne nuit, bonnes
	vacances! Bon courage!
C'est bon	1. Accord ; 2. Protestation.
Bonjour	• *Bonjour à vos parents!*
Bonsoir	

Bravo	• *Bravo à Jacques, bravo pour ton succès !*
Ça alors	Surprise.
Ça va	1. Salutation ; 2. Protestation.
Ça y est	*Ça y est. On arrive.*
Chut	
Comment ?	1. Pour faire répéter ; 2. Pour exprimer la surprise.
Condoléances	
Coucou	*Coucou, me voilà !*
Courage	
D'accord	
Debout	*Debout ! Il est 7 heures.*
Dehors	*Dehors ! Sortez !*
De rien	Réponse à *merci*.
Entendu	Approbation, accord.
Exactement	Approbation.
Je pense bien	Approbation, confirmation.
Mais non	
Mais oui	
Merci	Remerciements (*Merci à vous ! Merci pour les fleurs ! Merci de votre aide ! Merci beaucoup*).
Non	1. Désaccord ou refus ; 2. Protestation (*Non aux 40 heures !*) ; 3. Incrédulité (*Non !… C'est vrai ?*) ; 4. Déception (*Oh non alors !*).
Oh là là	
OK	
Ouf	
Oui	Réponse à un appel. Accord, approbation.
Pardon	1. S'excuser ; 2. Faire répéter ; 3. Désaccord, protestation.
Parfaitement	
Peut-être	
Quoi ?	1. Demande de répétition ; 2 Surprise.
S'il vous plaît, s'il te plaît	1. Demande ; 2. Reproche, protestation.
Salut	
Si	*(– Tu n'as pas entendu ?) – Si, j'ai entendu !*
Silence	
Stop	
Super	Appréciation positive.
Tant mieux	
Tant pis	
Tiens	1. *Prends* ; 2. Surprise.
Tout à fait	
Vite	
Vive GN	*Vive la liberté !*
Voilà	1. Pour montrer quelqu'un ou quelque chose ; 2. Pour exprimer la fin d'une action ou d'un discours ; 3. Pour annoncer ou introduire une action ou un discours.
Zut	

5.2.13. Expressions toutes faites et locutions figées

Au niveau A2 l'apprenant commence à percevoir que certaines suites de mots sont des expressions toutes faites, c'est-à-dire dont la combinaison est fixe ou préférentielle et dont le sens n'est pas déductible directement des mots qui composent ces expressions (par exemple : *ça y est !*).

5.3. STRUCTURE DE LA PHRASE COMPLEXE ET DU TEXTE

Au niveau A2, l'apprenant atteint un premier stade dans la capacité à gérer le développement thématique (*Cadre* p. 97 : histoire, récit, développement avec simple liste de points successifs) et la cohérence/cohésion (*Cadre* p. 98 : utilisation des articulations les plus fréquentes). La gestion des macrofonctions (*Cadre* p. 98) n'est pas décrite par une échelle de descripteurs spécifiques, ce qui ne permet donc pas de spécifier davantage cette compétence. Considérant les compétences de ce type décrites en B1, les inventaires proposés ci-après dépassent quelque peu les moyens nécessaires à cette compétence en A2, de manière à réduire le « saut » qui existe entre A2 et B1.

5.3.1. Les connecteurs temporels
(Voir 4.4.)

alors
après
d'abord
ensuite
enfin
et

5.3.2. Les connecteurs énumératifs

5.3.2.1. Suite d'éléments

aussi
et
ou

5.3.2.2. Progression

encore
en plus

5.3.2.3. Énumération

alors
après
ensuite
et, **et puis**
d'abord
enfin
voilà
pour finir

113

* 5.3.2.4. Introduire un argument

5.3.3. Les connecteurs de reformulation

5.3.3.1. Marquer la reprise de ce qui précède

c'est-à-dire

* 5.3.3.2. Marquer une conclusion

5.3.4. Les connecteurs « logiques » ou argumentatifs
(Voir 4.6.)

5.3.4.1. La cause

à cause de
avec
parce que

5.3.4.2 La conséquence

alors
c'est pour cela/ça (que)
donc
et

5.3.4.3. Le but

pour

5.3.4.4. L'opposition

mais

5.3.4.5. La concession

mais   *Il est malade mais il peut sortir.*

5.3.4.6. L'hypothèse (supposition, condition)

si   *Si tu viens, on part ensemble.*

5.3.5. Relations anaphoriques

Pronoms   pronoms personnels : voir 5.1.2.2.
                 qui, que, où   *C'est le magasin qui est en face de la poste.*
                 c(e), ça, cela
                 tout
                 un autre, le même
                 un, deux…

Adverbe   **autrement**
là

Anaphores nominales
chose
personne   *Jean, c'est la personne qui s'occupe de l'informatique.*
problème   *La vie chère, c'est ça le problème.*

CHAPITRE 6
NOTIONS SPÉCIFIQUES

Ce chapitre présente un inventaire des notions spécifiques et des formes linguistiques correspondantes caractérisant le niveau A2 de compétence. Dans le *Cadre*, l'étendue du vocabulaire en A2 est décrite comme « suffisante pour satisfaire des besoins primordiaux, des besoins communicatifs élémentaires » (A2.1.) ou permettant de « mener des transactions quotidiennes courantes dans des situations et sur des sujets familiers » (p. 88). Quant à sa maîtrise, elle est décrite comme un « répertoire restreint ayant trait à des besoins quotidiens concrets » (p. 89), formulation peu distincte de l'étendue. En A1, l'étendue est définie comme « un répertoire élémentaire de mots isolés et d'expressions relatifs à des situations concrètes particulières » (p. 88). La différence entre A1 et A2 est donc de nature quantitative ; c'est ce qui a conduit ce *Niveau A2* à proposer un inventaire lexical d'une taille à peu près double de celui du *Niveau A1*. Mais les équilibres internes n'en sont pas modifiés (importance donnée au lexique de la vie quotidienne/matérielle et des relations sociales), sans cependant ignorer l'accès aux médias et aux moyens d'expression de significations abstraites. **Davantage encore que pour celui du chapitre 4, cet inventaire constitue une spécification « moyenne » du lexique attendu en A2 et doit être modulé en fonction des contextes d'enseignement du français et de ses contextes d'utilisation par les apprenants.**

Ces notions spécifiques sont classées et hiérarchisées en catégories et sous-catégories, à l'intérieur desquelles et à travers lesquelles est distribué le lexique. À l'intérieur des catégories et sous-catégories notionnelles, on a adopté, comme au chapitre 4, une répartition en noms, adjectifs, verbes, adverbes, etc., permettant à la fois une consultation facilité et une articulation avec la partie grammaticale (chap. 5). Cette classification, déjà utilisée dans les autres *Niveaux pour le français,* est très proche de celles utilisées pour les référentiels d'autres langues.

L'organisation de ce chapitre se fonde sur un classement sémantico-référentiel à plusieurs étages, qui permet de regrouper « thématiquement » les notions et les unités lexicales. D'autres formes de regroupements sont évidemment possibles et utilisables pédagogiquement : regroupement de type distributionnel, de type actionnel...

Cet inventaire ne tient pas compte des différences sémantiques possibles. Il revient aux enseignants et aux concepteurs de programmes de sélectionner celles qu'ils souhaitent retenir pour l'enseignement. Ils devront tenir compte des spécifications générales de la compétence à communiquer langagièrement du *Cadre* mais aussi de la catégorie ou sous-catégorie dans laquelle figure un élément donné. Par exemple, en 6.6., *jeu* est retenu dans le sens que lui donne la sous-catégorie *Loisirs, distractions, sports* et non dans les sens de *jeu de jambes* ou de *jeu d'un acteur*. De même, *nom* est retenu dans la catégorie *État civil* et apparaît donc en cet endroit uniquement au sens de *nom propre*. Ou encore, *sortir* (au sens de *une sortie*) est classé dans *Distractions*, avec *lire* et *voyager*, et il n'est donc pas présenté dans son sens de *mouvement*, qui se trouve dans une autre sous-catégorie. Mais tous les différents sens possibles d'un même mot (retenu pour une ou plusieurs de ses acceptions) ne figurent pas nécessairement en A2. En effet, cet inventaire n'est pas un dictionnaire : il ne définit pas les « mots » retenus, il ne classifie pas leurs significations, il ne donne pas d'indications de « registre de langue »... Il implique donc le recours à des dictionnaires monolingues ou plurilingues si l'on souhaite disposer de telles informations.

Les réalisations (colonne 2) ne listent pas toutes les variations morphosyntaxiques possibles et acceptables au-delà de la réalisation retenue. Elles ne font pas figurer systématiquement la variation : *tu/vous* (*excuse-moi* représente aussi *excusez-moi*), les variations masculin/ féminin, singulier/pluriel, les variations morphophonologiques (entre les formes orales et écrites)... En ce qui concerne les verbes, figure donc uniquement l'infinitif, ce qui ne signifie aucunement qu'il faille proposer à l'apprentissage et systématiser toutes les formes (personnes, temps, modes...) d'un verbe et toutes les constructions d'un verbe. Pour cela, il faut tenir compte des spécifications de la morphosyntaxe telles qu'elles sont décrites dans le chapitre 5. Ainsi *s'appeler* figure en 6.3.1. (*État civil, verbe*), mais on n'enseignera peut-être que *je m'appelle*..., puisqu'à ce niveau, les formes pronominales et les conjugaisons à deux bases au présent (*appeler, jeter*...) ne sont pas abordées.

Les éléments lexicaux de ce chapitre sont disposés en trois colonnes :
- catégories et sous-catégories notionnelles, sous-catégories (noms, verbes, adverbes) : colonne de gauche ;
- formes et expressions linguistiques : colonne centrale ;
- exemples de réalisations : colonne de droite, en italique.

Les exemples présentés dans la colonne de droite servent :
- à préciser ou distinguer certains emplois des éléments lexicaux ;
- à illustrer des emplois éventuellement moins connus des utilisateurs, en particulier des emplois oraux ordinaires.

Principales abréviations de descripteurs grammaticaux (en italique)

/ : deux possibilités coexistantes
[...] : liste ouverte
Adj : adjectif
Adv : adverbe
GAdj : groupe adjectival
GAdv : groupe adverbial
GN : groupe nominal
GPrép : groupe prépositionnel
GV : groupe verbal
GVInf : groupe verbal infinitif
Imp : impératif
Inf : infinitif
InfPé : infinitif passé
Int : interrogation
Lieu : indicateur de lieu
N : nom
Nég : négation
Nxxx : indication de la catégorie sémantique du nom (mesure, vitesse, temps, nombre, matière, saison, etc.)
P : proposition
PAss : proposition assertive
PImp : proposition à l'impératif
PInd : proposition avec verbe à l'indicatif
PInf : proposition infinitive
PInt : proposition interrogative
PNég : proposition négative
PPé : participe passé
PPt : participe présent
PRel : proposition relative
Pro : pronom

Temps : indicateur de temps
V : verbe
VFut : verbe au futur de l'indicatif
VImp : verbe à l'impératif
VInd : verbe à l'indicatif
VInf : verbe à l'infinitif

Sommaire

6.9.2. Moyens de transport publics
6.9.3. Transports privés
6.9.4. Voies de communication
6.9.5. Station service, réparation automobile
6.9.6. Voyages
6.9.7. D'un pays à un autre

6.10. Gîte et couvert : hôtel, restaurant
6.10.1. Hôtel, gîte
6.10.2. Camping
6.10.3. Restaurant

6.11. Nourriture et boissons
6.11.1. Généralités
6.11.2. Pain et viennoiseries
6.11.3. Viande
6.11.4. Charcuterie
6.11.5. Poissons et fruits de mer
6.11.6. Légumes
6.11.7. Céréales et pâtes
6.11.8. Épices et condiments
6.11.9. Laitages et produits laitiers
6.11.10. Fruits
6.11.11. Desserts
6.11.12. Boissons
6.11.13. Matériel et ustensiles
6.11.14. Plats

6.12. Commerces et courses
6.12.1. Généralités
6.12.2. Alimentation
6.12.3. Vêtements
6.12.4. Tabac et fumeurs
6.12.5. Hygiène et entretien
6.12.6. Pharmacie, médicaments

6.13. Services publics et privés
6.13.1. Postes et télécommunications
       6.13.1.1. La poste
       6.13.1.2. Télécommunications
6.13.2. Banque
6.13.3. Police
6.13.4. Urgences, secours
6.13.5. Administration

6.14. Santé
6.14.1. Hygiène, soins du corps
6.14.2. Maladies, accidents
6.14.3. Protection sociale
6.14.4. Hôpital, clinique
6.14.5. Professions médicales et actes médicaux

6.15. Relations familiales, sociales et associatives
6.15.1. Famille
6.15.2. Autres relations
6.15.3. Termes d'adresse

6.16. Langage
6.16.1. Langues
6.16.2. Activités langagières

6.17. Environnement géographique, faune, flore, climat
6.17.1. Géographie
6.17.2. Climat
6.17.3. Urbanisme, ville, campagne
6.17.4. Animaux
6.17.5. Flore

6.18. Vie sociale et actualité
6.18.1. Généralités
6.18.2. Vie politique et citoyenneté
6.18.3. Vie économique et sociale

6.19. Notions, idées, cognition

6.20. Sciences et techniques

Rappel

Les contenus de A2 décrits ici sont supposés être maîtrisés dans les activités de réception/compréhension orale et/ou écrite. Ils caractérisent donc ce à quoi l'on choisit d'exposer les apprenants. Il revient aux responsables de programmes et aux enseignants de déterminer plus spécifiquement ce qui doit être pratiqué et maîtrisé dans les activités de production orale ou dans les activités de production écrite, en fonction des situations éducatives et des utilisateurs/apprenants : besoins langagiers, rythmes d'apprentissage, motivation à l'apprentissage…

Les éléments en gras dans la colonne de gauche signalent les adjonctions dans la rubrique même par rapport à A1, mais ils peuvent figurer ailleurs dans le *Niveau A1 pour le français*.

6.1. L'ÊTRE HUMAIN

6.1.1. L'humain et les humains

Noms	**être**, personne, homme	*Les hommes naissent égaux en droits.*
	femme, homme	*Une femme dirige le pays.*
	gens	*Les gens sont gentils ici.*
	bébé	*Notre bébé naît en avril.*
	enfant	*J'ai deux filles et un garçon.*
	garçon/fille	
	jeune fille	
	vie	
Adjectifs	né, vivant, mort	
	humain	*Le corps humain.*
Verbes	être	
	vivre	*Je suis français, je vis en Italie.*
	mourir	
	naître	*Je suis né en France.*

6.1.2. Le corps humain

Généralités

Noms	corps	
	vie, mort	
	maladie, santé	*Marie est en bonne santé.*
Adjectifs	**malade**	*Il est malade.*

Anatomie

Noms	[…] tête, **visage, œil**/yeux, bouche, **lèvre**, **joue**, oreille, dent, nez
	cou
	cheveux
	langue
	bras, main, doigt
	jambe, **genou**, pied
	dos

	cœur, **ventre**	
	sang	
	muscle	
Verbes	**respirer**	*Respirez profondément!*
	manger	
	boire	

6.1.3. Sexe
(Voir 6.3.2.)

Noms	sexe	
	homme, femme	
	garçon, fille	
Adjectifs	**masculin, féminin**	*Sexe: masculin féminin*

6.1.4. Caractéristiques physiques
(Voir 4.2.3., 4.2.3.2.)

Noms	taille, poids	*Taille: 1 m 76.*
	barbe, moustache	*Ils ont tous une barbe.*
Adjectifs	grand, petit	
	maigre, **mince**, gros	*Il est très gros, non?*
	blond, brun, roux (cheveux)	*Un grand blond, une rousse, un petit aux cheveux noirs.*
	[...] blanc, noir, **clair, foncé, bronzé**	*Il a des yeux clairs.*
Verbes	mesurer, peser	
	faire *GN*	*Il fait 1,58 m.*
	porter	*Elle porte une veste bleue.*
	grossir, maigrir	*Il a grossi et il veut maigrir.*

6.1.5. Âge
(Voir 4.5.1.11.)

6.1.6. Positions et mouvements du corps
(Voir 4.3.2.)

Mouvements et positions

Noms	**mouvement, geste**
Verbes	**bouger**
	se lever, s'asseoir, se coucher
	tomber
Adjectifs	debout, assis, couché, **allongé**

Déplacements
(Voir 4.3.5.)

Verbes	aller, marcher, courir, **s'arrêter, sauter, avancer**
Adverbes	**rapidement, vite**
	doucement, lentement

6.1.7. Opérations manuelles

Noms	**main**	
	coup	
	ouverture, fermeture	
	force	
Verbes	prendre, mettre	*Mettez ça là !*
	tenir, **tirer**, **pousser**	*Tu peux tenir mon sac ?*
	ouvrir, fermer	*Fermez cette porte !*
	poser, enlever	*Enlève ton pull, il fait chaud !*
	porter, tourner	
	vider	
	brancher, débrancher	
	installer	
	taper	
	couper, coller	
	jeter	*Jette ça à la poubelle.*
	lever, soulever	
	déplacer	
	attacher	*Attachez vos ceintures !*
	mélanger	
	allumer, éteindre	
Adverbes	**doucement, fort**	*Poussez fort !*

6.2. PERCEPTIONS ET SENTIMENTS

6.2.1. Sensations, perceptions

(Voir 4.5.1.6 à 4.5.1.10.)

Vue

Noms	**vue**, œil	
	lunettes	
Verbes	voir, regarder	
Adjectifs	**clair, sombre**	

Ouïe

Noms	**oreille**	
	[…] bruit, **son, air, note**	*Je n'aime pas le bruit.*
Verbes	écouter, entendre	*Je n'entends rien.*
	faire attention	
Adverbes	**bas, doucement**	*Parle plus bas !*
	fort	*Moins fort !*

Toucher

Noms	main	
	doigt, peau	
Verbes	toucher	
Adjectifs	**[…] chaud, froid**	
	dur, mou	*Le lit est trop dur.*
	doux	

Goût

Noms	**bouche**	
	goût	*Beurk ! Quel sale goût !*

Verbes	goûter	
	sentir	
	aimer	*Je n'aime pas les épices.*
	avoir bon/mauvais goût	
Adjectifs	bon, **délicieux**	*C'est délicieux, vraiment !*
	mauvais	
	fort	
	sucré, salé	

Odorat

Noms	odeur, parfum	
Verbes	sentir	
	sentir bon/mauvais	*Hmm, tu sens bon !*
	parfumer	
Adjectifs	bon, mauvais	
	agréable	
	parfumé	

6.2.2. Caractères et sentiments
(Voir 3.3.)

Noms	**caractère, sentiment**	
	[...] amour, courage, **colère**, **joie**,	
	tristesse, **passion**, **peur**, **surprise**	
Verbes	**être en/dans** *GN sentiment*	*Tu es en colère ?*
	être *Adj*	*Bravo ! Nous sommes très contents !*
	avoir *GN sentiment*	*J'ai peur du noir.*
	aimer	
	pleurer, rire	
Adjectifs	[...] **agréable**, bête, **calme**,	*C'est une femme très sympathique.*
	content, **courageux**, **doux**,	
	drôle, **gai**, gentil, **heureux**,	
	joyeux, **malheureux**, **sérieux**,	
	simple, sympathique, **sympa**,	
	timide, triste	

6.2.3. Goûts, centres d'intérêt
(Voir 6.6.)

6.3. IDENTITÉ ET ÉTAT CIVIL
(Voir 3.5.5. et 3.5.6.)

6.3.1. Nom

Noms	nom, prénom	*Quel est votre nom ?*
	nom de famille/**de jeune fille/**	
	de femme mariée	
	nom du père/de la mère	
	identité	
	carte d'identité, pièce d'identité	
Verbes	**appeler**, s'appeler	

présenter, se présenter	*Je me présente, je suis Lucienne.*
donner, demander	*Je vous donne mon nom ?*
contrôler	

6.3.2. Titres et appellations

Noms	Monsieur/Madame/	
	Mademoiselle + *nom propre*	
	Monsieur/Messieurs	*Monsieur le Directeur*
	Madame/Mesdames	*Madame la Présidente*
	+ *fonction ou titre*	

6.3.3 Adresse
(Voir 6.8. et 6.17.3.)

Noms	adresse, numéro	*(− Quel numéro ?) − C'est le 8 bis, rue de Ménilmontant.*
	maison, immeuble, hôtel	
	appartement, bâtiment, porte,	
	entrée, escalier, étage	
	[…] rue, avenue, boulevard,	
	place, **route, chemin**	
	[…] **arrondissement, quartier,**	
	ville, (F) département, région,	
	(CH) canton, (Q) état, province[1]	
	code postal	*Pour Tours, le code postal, c'est 37000.*
	[…] *noms de pays*	
	(CH) numéro postal	
	déménagement	
	changement d'adresse	
Verbes	vivre, habiter	*J'habite (à) Paris.*
	déménager, changer d'adresse	
	s'installer	
	envoyer	
Adjectifs	**personnel, professionnel**	*J'ai ton adresse postale personnelle*
	postal	*mais pas ton adresse électronique.*
	électronique	

6.3.4. Date et lieu de naissance

Noms	date de naissance, lieu de naissance,	
	(CH) lieu d'origine	
	jour, mois, année	
	an, âge	
	anniversaire	
Verbes	naître	*Je suis né à Monastir.*

---

1. CH = Suisse, F = France, Q = Québec.

6.3.5. Situation de famille
(Voir 6.15.1.)

Noms	situation de famille, état civil	
	mari, femme	
	enfant, fils, fille, **garçon**	
	frère, sœur	
	père, mère	
	ami, copain	*Je vis avec mon ami, avec mon copain, quoi !*
	célibataire, divorcé, veuf	
	couple	
	mariage, divorce	
	naissance, mort	
Verbes	**naître, mourir**	
	(se) marier, vivre avec	
	(se) séparer, divorcer	
	avoir des enfants	*Ils ont deux enfants.*
Adjectifs	célibataire, marié, veuf	
	divorcé, **séparé**	
	mort	

6.3.6. Nationalité

Noms	nationalité, **double nationalité,**	
	étranger	
	origine	
	[...] *noms de nationalité*	*Elle est anglaise ou irlandaise ?*
	[...] **Africain, Européen,**	
	Latino-Américain, Américain,	
	Asiatique	
Verbes	**avoir/demander la nationalité** *Adj*	
Adjectifs	**national, international, étranger**	
	[...] **français, suisse, irakien, polonais**	
	[...] **africain, asiatique, américain,**	
	latino-américain, européen	

6.3.7. Administration et documents
(Voir 6.13.5.)

Noms	papiers, pièce d'identité	
	carte d'identité	*J'ai perdu ma carte d'identité !*
	permis de conduire	
	passeport	
	visa	
	diplôme	
	[...] *noms de diplômes*	*Il a son baccalauréat.*
	demande, signature	
	validité	
Verbes	**perdre**	
	remplir, compléter	
	signer	

| Adjectifs | vrai, faux | |
| | valable du… au | *Billet valable du 10/12/2008 au 09/02/2009.* |

6.3.8. Religion

Noms	religion	*Je n'ai pas de religion.*
	[...] cathédrale, église, mosquée, synagogue	
	[...] Noël, Pâques, Ramadan, Yom Kippour	
Verbes	croire en/à N	*Tu crois en Dieu ?*
		Vous croyez au paradis ?
Adjectifs	religieux	*C'est une fête religieuse ?*

6.4. ÉDUCATION

6.4.1. La petite enfance

Noms	bébé, **enfant**	
	lait	
	crèche, baby-sitter	
	jouet	
Verbes	jouer	
	garder, s'occuper de	

6.4.2. L'école

Institutions et établissements

Noms	école, université, centre	*L'école maternelle est bien ?*
	lycée, collège	*Bruno a 16 ans ; il va au lycée maintenant.*
	inscription	
Verbes	(s')inscrire	*Inscrivez-vous avant le 15 !*

Lieux

Noms	classe, bâtiment	
	salle (**de cours**)	
	[...] **cour, bibliothèque,**	*C'est la récréation ; allez jouer dans la cour.*
	cantine, infirmerie	
	CDI	

Matériel

Noms	papier, feuille,	
	crayon, stylo	
	[...] **cahier, agenda, table,**	
	chaise, bureau, tableau	

Personnes

Noms	[...] élève, étudiant	
	[...] professeur, **maître, directeur**	
	parent	
Adjectifs	**dur, sévère**	
	gentil	

	Verbes	**bon, mauvais**	
		facile, difficile	
		aller à l'école	
		avoir cours	*J'ai anglais.*
		lire, écrire, compter	
		apprendre, comprendre	
		étudier, regarder, écouter, répéter	
		enseigner, travailler	
		jouer	
		[…] cocher, souligner,	
		entourer, décrire, raconter	*Entourez la bonne réponse.*
Matières			
	Noms	cours, **matière**, leçon	
		[…] mathématiques, histoire	
		langues	*On apprend trois langues*
		langue vivante	*étrangères.*
		[…] allemand, anglais,	*J'apprends l'allemand.*
		espagnol, français, italien	
Évaluation, contrôle			
	Noms	leçon, devoir, exercice, travail	
		contrôle, test, **examen**	*J'ai passé un examen hier.*
		note, point	*La question est sur 3 points.*
		faute, erreur	*J'ai fait trois fautes.*
	Verbes	**apprendre**	
		faire *GN*	*J'ai fait mon travail.*
		réviser	
		passer	
		rater/avoir *GN*	*Il a raté son examen.*
			J'ai eu mon dernier examen.

6.5. PROFESSION ET MÉTIER

6.5.1. Activité professionnelle

Noms	profession, travail, métier, emploi	
	chef, directeur, patron, employé	
	[…] médecin, professeur, **boucher,**	
	boulanger, docteur, policier,	
	vendeur, mécanicien,	
	plombier, secrétaire	
Verbes	travailler	
	étudier	
	être + *nom de métier*	*(– Quel est votre métier ?)*
		– Je suis plombier.
Adjectifs	**professionnel**	
	public, privé	

6.5.2. Lieu de travail

Noms	entreprise, société
	[…] *noms de sociétés,*
	d'administrations

| | bureau, usine, maison, magasin | *Mon bureau est à côté de l'usine.* |

6.5.3. Conditions de travail

Noms	travail, job, stage horaires vacances	
Verbes	payer travailler signer	*Je suis payé à l'heure.*
Adjectifs	[...] difficile, dur, fatigant, agréable bien/mal payé	*J'ai un travail fatigant.*

6.5.4. Recherche d'emploi, chômage

| Noms | CV chômage, chômeur contrat (petite) annonce | *Faites votre CV en une page.* |
| Verbes | être sans travail signer un contrat chercher du/un travail trouver du travail | |

6.5.5. Rémunération, salaire

| Noms | salaire | |
| Verbes | payer gagner | *T'es payé combien ?* *Combien tu gagnes ?* |

6.5.6. Organisations et actions professionnelles, revendications

| Noms | grève syndicat | |
| Verbes | faire grève être en grève | *Les bus sont en grève demain.* |

6.5.7. Formation, carrière

| Noms | études diplôme stage retraite | *Il vaut mieux faire des études.* |
| Verbes | étudier prendre sa retraite | |

6.6. LOISIRS, DISTRACTIONS, SPORTS

6.6.1. Loisirs, distractions

Généralités

Noms	**activité(s), loisir(s)**	
	vacances	
	week-end, fêtes	
	temps libre	
Verbes	aimer (bien) *GN/GV*	
	adorer, détester, préférer	
	s'amuser	
	faire la fête	

Activités, détente
(Voir 6.6.2. et 6.6.4.)

Noms	jeu	
	lecture, **bibliothèque**	
	[…] radio, télévision,	
	information(s), film, cinéma,	
	publicité	
	[…] théâtre, **spectacle,**	
	danse, photographie	
	[…] concert, musique,	
	chanson, discothèque	
	art	
	voyage, tourisme, **touriste**	
	promenade	
	sortie, musée, exposition, visite	
	cuisine	
	[…] sport, football, rugby	
Verbes	faire du/de la *GN*	*Je fais du vélo.*
	[…] danser, chanter, dessiner,	
	lire, **cuisiner, écrire, peindre**	
	voyager, se promener, marcher,	
	jouer au/à la *GN*,	*Sophie joue au football.*
	jouer de *GN*	
	aller à *GN*	*Nous allons souvent au cinéma.*
	sortir, visiter, voir	*Va voir ce film!*

6.6.2. Jeux

Généralités

Noms	jeu, **jouet**	
	[…] jeu de société,	
	jeu de cartes, jeu vidéo,	
	échecs, dominos	
	règle	
Verbes	jouer, gagner, perdre	*Tu veux jouer aux cartes avec nous ?*

6.6.3. Spectacles, expositions

Lieux

	Noms	[...] cinéma, théâtre, musée, cirque	*Les enfants ont vu des lions au cirque.*
		place	
		salle	
	Adjectifs	ouvert, fermé	*Le musée est fermé.*

Types

	Noms	[...] film, concert, pièce de théâtre, danse	
		exposition	
		spectacle	
		salon	*On se voit cet après-midi au Salon du livre ?*
	Verbes	voir, regarder	
		entendre, écouter	
		aller à *GN*	
		sortir	
		réserver	*Tu as réservé les places de concert ?*

Artistes et public

| | Noms | [...] acteur, artiste, chanteur, comédien, danseur, musicien, peintre | |
| | | public | |

Instruments de musique

| | Noms | [...] piano, guitare, violon | *Je joue du piano depuis cinq ans.* |
| | Verbes | jouer du/de la *GN* | *Elle joue de la guitare.* |

6.6.4. Sports

Types de sports

	Noms	sport	
		[...] natation, football, basket, ski, tennis, danse	*Je joue au football tous les samedis.*
	Verbes	faire de *GN*	*Bruno fait du cheval.*
		jouer à *GN*	*Elle joue au tennis.*
		[...] courir, nager, skier, danser	

Matériel et équipement

| | Noms | [...] ballon, balle, maillot de bain, raquette | *N'oublie pas ta raquette de tennis.* |
| | | [...] bateau, cheval, vélo | |

Lieux

| | Noms | stade, piscine | |
| | | salle | *Où est la salle de gym ?* |

Sportifs et spectateurs

	Noms	sportif	
		équipe	
		champion	*Il est champion de France de judo.*
		joueur	
		spectateur	

Manifestations sportives

Noms	[…] **match, course**	*Tu sais quelle équipe a gagné le match ?*
	[…] **Jeux olympiques, Coupe du Monde**	
Verbes	**gagner, perdre**	

6.6.5. Nature
(Voir 6.17.)

Activités

Noms	[…] **promenade, voyage, camping**	*J'aime faire du camping en montagne, l'été.*

Lieux

Noms	[…] **campagne, mer, plage, montagne, jardin, forêt, rivière**
Verbes	se promener, **se balader, marcher, nager, faire du camping**

6.7. MÉDIAS, INFORMATION

Noms	journal, **article**
	télé(vision), chaîne
	radio
	Internet, site
	cinéma, film
	programme
	livre, photo
	publicité
	info(rmation)s
	annonce
	émission
Verbes	lire
	écouter
	regarder
	recevoir
	enregistrer
	copier
Adjectifs	**informatique**

6.8. HABITAT

Types de logements

Noms	**logement**	
	immeuble, maison	
	appartement	
	résidence	
	(1, 2, 3…) pièce(s)	
	studio	
	rez-de-chaussée, étage	*C'est au deuxième étage.*
	ascenseur, **escalier**	

Description du logement

Noms	pièce	
	[…] chambre, cuisine, salle de bain, toilettes	
	jardin	
	porte, fenêtre	
	couloir	
Adjectifs	petit, grand	
	ancien, neuf	
	clair	
	calme	
	confortable	

Mobilier, équipement

Noms	[…] table, chaise, lit	
	eau, gaz, chauffage, électricité, **lumière**	
	cuisinière, frigo/réfrigérateur, **machine à laver**	
	télé(vision), radio, hi-fi, vidéo	
	ordinateur	

Mode d'habitation

Noms	location	
	locataire	
	voisin	
Verbes	habiter	*Elle habite chez sa sœur.*
	acheter	
	louer	
	vivre	*On vit dans un deux pièces.*

6.9 TRANSPORT ET VOYAGES

6.9.1 Généralités

Noms	voyage
	vol
	transport
	départ, arrivée, correspondance
	voyageur, passager
Verbes	partir, arriver
	changer
	passer, s'arrêter
	attendre
	voyager

6.9.2. Moyens de transport publics

Généralités

Noms	train, métro, (auto)bus,
	tram(way)
	taxi, avion, bateau
	place
	arrêt

Départ et arrivée
	Noms	**départ, arrivée**	
		direction	
		station, gare, quai, voie	
		horaire	
		aéroport	
		porte d'embarquement	
		enregistrement	
		retard	
	Verbes	**être en avance/en retard/à l'heure**	
		changer	*Pour Pyramides, changez à Opéra.*
	Adjectifs	**direct, rapide, express**	

Titres de transport
	Noms	billet, ticket	
		aller, retour, aller-retour	*Je voudrais un aller-retour pour*
		réservation	*Trouville.*
		couloir/fenêtre	
	Verbes	**prendre**	
		acheter, réserver	

Bagages
| | **Noms** | bagage | |
| | | valise, sac | |

Services
	Noms	**guichet**	
		accueil, information,	
		renseignements, réservation	

6.9.3. Transports privés

Moyens de transports privés
	Noms	auto, voiture, vélo, bicyclette, moto	
		camion, scooter	
		panne, accident	
	Verbes	**conduire**	

Parties du véhicule, équipement
	Noms	moteur	
		[...] volant, roue, phare	
		ceinture (de sécurité)	*N'oublie pas de mettre ta ceinture.*
		siège	

Lieux
	Noms	parking, garage	
		place	*Essaie de trouver une place.*
		station service	

Signalisation
	Noms	feu(x) (**vert, rouge, orange**)	*Arrête-toi, le feu est rouge!*
		danger	
		stop	
	Adjectifs	**interdit, autorisé**	

Documents
| | **Noms** | permis de conduire | |
| | | assurance | |

6.9.4. Voies de communication

Noms	circulation
	rue, route, autoroute
	carrefour
	pont
	entrée, sortie
Verbes	prendre, tourner
	entrer, sortir
	monter, descendre
	traverser

6.9.5. Station service, réparation automobile

Lieux et équipements

Noms	station service	
	garage	
	parking	

Produits

Noms	essence	
	pièce	

Incidents, accidents
(Voir 6.13.4)

Noms	**accident**	
	panne	
	secours	*Il faut appeler les secours.*
	réparation	
Verbes	**réparer**	
	marcher	*Le clignotant ne marche plus.*

Services

Noms	**plein**	*Le plein de diesel, s'il vous plaît.*
Verbes	**faire le plein**	
	vérifier	
	changer	

6.9.6. Voyages
(Voir 6.6.1. et 6.17.1)

Généralités

Noms	tourisme
	voyage
	visite

Personnes

Noms	**guide**
	touriste

Lieux touristiques

Noms	**[...] musée, monument, parc**
Verbes	visiter
	voir, regarder

6.9.7. D'un pays à un autre
(Voir 6.3.6. et 6.3.7.)

Passage

Noms	police, douane, frontière	
	passeport, visa, **formulaire**	
	change	
	étranger	
Verbes	**passer**	
	déclarer	
	contrôler	
	changer	

Pays et langues
(Voir 6.17.1. et 6.16.1.)

6.10. GÎTE ET COUVERT : HÔTEL, RESTAURANT

6.10.1. Hôtel, gîte

Généralités

Noms	hôtel, réception	
	nuit	*C'est pour combien de nuits ?*
	chambre	
	étage, ascenseur, escalier	
	clé	
	petit déjeuner	*Le petit déjeuner est servi de 7 h à 9 h.*
	bagage(s), valise	
Verbes	réserver	
	louer	
	payer	
Adjectifs	complet, **libre**	
	ouvert, fermé	

6.10.2. Camping

Lieux

Noms	**accueil**	
	camping, **terrain**	

Matériels

Noms	tente	
Verbes	**camper**	

6.10.3. Restaurant
(Voir 6.11.)

Lieux

Noms	café, restaurant, **bar,**	*Un café pour la table 10 !*
	cafétéria	
	table	

Personnes

Noms	**client**	
	serveur, serveuse	

Repas

Noms	petit déjeuner, déjeuner, dîner	
	menu, carte, boisson	
	plat, plat du jour	
	entrée, dessert	
	addition	
	service	*Le service est compris.*
Verbes	prendre	*On prend le menu à 23 euros.*
	emporter	*Sur place ou à emporter ?*
	choisir	
	manger, boire	
	payer	
Adjectifs	bon	

6.11 NOURRITURE ET BOISSONS

6.11.1. Généralités

Noms	faim, soif
	repas
Verbes	manger, boire
	déjeuner, dîner
Adjectifs	frais

6.11.2. Pain et viennoiseries

Noms	pain, baguette
	[...] croissant, brioche
	[...] *types de pain*
	sandwich

6.11.3. Viande
(Voir 6.11.4.)

Généralités

Noms	viande
	[...] steak, rôti

Types

Noms	[...] bœuf, porc, mouton, agneau, poulet

6.11.4. Charcuterie

Noms	[...] jambon, pâté

6.11.5. Poissons et fruits de mer

Noms	poisson
	[...] thon, saumon
	[...] crevettes, moules

6.11.6. Légumes

Noms	légumes
	[...] carottes, haricots, salade

6.11.7. Céréales et pâtes

Noms	riz, pâtes

6.11.8. Épices et condiments

Noms	sucre
	sel, poivre
	sauce

6.11.9. Laitages et produits laitiers

Noms	lait
	beurre
	yaourt
	fromage
	[...] *noms de fromages*

6.11.10. Fruits

Noms	fruit
	[...] orange, pomme, banane

6.11.11. Desserts

Noms   dessert, **pâtisserie**   *Vous voulez un fruit ou une pâtisserie ?*

gâteau
[...] *types de gâteaux*
[...] *types de tartes*   *Je voudrais une tarte aux pommes.*
glace
[...] *types de glaces et de sorbets*   *Et moi, une glace au chocolat.*
fruit

6.11.12. Boissons

Noms   boisson
eau
jus de fruit   *J'aimerais un jus d'orange, s'il vous plaît.*

alcool
bière
vin   *Je préfère le vin rouge au vin blanc.*
[...] *noms de vins*
apéritif
café, thé, **chocolat**

6.11.13. Matériel et ustensiles
(Voir 6.10.3.)

Noms	plat
	assiette
	verre, tasse
	fourchette, couteau, cuillère,
	couverts
	serviette
	[...] casserole, poêle

6.11.14. Plats
(Voir 6.10.3.)

Noms	plat
	recette
	[...] soupe, salade, œuf,
	viande, poisson, dessert
	[...] purée, frites, pizza,
	couscous, crêpes
Verbes	préparer
	mélanger, couper
	(faire) cuire

6.12. COMMERCES ET COURSES

6.12.1. Généralités

Lieux

Noms	marché
	commerce
	magasin, boutique
	centre commercial
	supermarché
	[...] librairie, marchand de journaux

Matériels

Noms	caisse	
	sac	
	ticket	*N'oubliez pas votre ticket de caisse.*

Personnels et clients

Noms	vendeur	
	client	
	caissier	*Demandez à la caissière.*
	commerçant	

Vente et achat

Noms	carte	
	prix	
	vente, achat	
	soldes	
	facture	
	chèque, carte bancaire, billet,	
	pièce, argent, monnaie	*Vous avez de la monnaie ?*

	[…] euro, yen, dollar	
Verbes	payer	
	acheter, **vendre**	
	coûter	*Combien ça coûte ?*
	donner, prendre	
	échanger	
	commander, réserver	
	faire des courses	
Adjectifs	cher	*Deux euros, c'est pas cher.*
	gratuit	

6.12.2. Alimentation

Magasins ou rayons

Noms	[…] épicerie, boucherie, boulangerie, **charcuterie**, **marchand de fruits et légumes**	

Personnel

Noms	**[…] boucher, boulanger, pâtissier, charcutier, poissonnier**	*Nous allons chez le boulanger.*
Verbes	**peser**	
	servir	

6.12.3. Vêtements

Commerces et rayons

Noms	homme, femme, enfant, **bébé**

Vêtements et chaussures

Noms	vêtement	
	mode	
	modèle, taille	
	[…] chemise, **top**, pull,	
	pantalon, jean(s), T-shirt, jupe,	
	veste, manteau, slip, soutien-gorge,	
	chaussettes, **bas**, collant, **survêtement**	
	[…] chaussures, **bottes**	
Verbes	**porter**	
	mettre	
	essayer	
	enlever	*Je l'enlève, ça ne me va pas du tout.*
	s'habiller	
Adjectifs	**chic, élégant**	
	léger, chaud	

Accessoires

Noms	lunettes
	montre
	gants
	écharpe
	ceinture
	chapeau, **bonnet, casquette**

		parapluie sac à main **sac à dos**	
Matière			
	Noms	[…] laine, coton, **plastique**, cuir	
Taille			
	Noms	taille, pointure **[…] 38, 40, 42**	*Quelle taille ? 10 ou 12 ans ?* *Le 42 est trop grand. Donnez-moi* *du 40.*

6.12.4. Tabac et fumeurs

Généralités			
	Noms	**fumeur, non-fumeur**	
Lieux			
	Noms	**bureau de tabac**	
Articles			
	Noms	**tabac**, cigarette, paquet **allumette, briquet, feu** **cendrier, fumée**	*Vous avez du feu ?* *La fumée me dérange.*
	Adjectifs	fumeur, non-fumeur	*C'est un vol non-fumeur.*

6.12.5. Hygiène et entretien

(Voir 6.14.1.)

Généralités			
	Noms	**toilette**	*Patrick, tu fais ta toilette avant ou* *après le petit déjeuner ?*
		bain, douche	*Je vais prendre une douche.*
		[…] **brosse, mouchoir,** **papier-toilette**, serviette, savon, dentifrice, brosse à dents, **parfum**, rasoir, crème, peigne, **sèche-cheveux**, shampooing WC, toilettes **[…] lessive, éponge, aspirateur,** **balai**	
	Verbes	se laver **faire la vaisselle** essuyer	
	Adjectifs	**propre, sale**	

6.12.6. Pharmacie, médicaments

Généralités		
	Noms	pharmacie ordonnance
Médicaments et articles		
	Noms	médicament **[…] comprimé, sirop,** **cachet, crème**

	piqûre, vaccin	
	boîte, **tube, bouteille**	
	[…] aspirine, antibiotique	
	goutte	*Une goutte dans chaque œil.*
Verbes	prendre	
	mettre, enlever	*Mettre de la crème tous les jours.*
	avaler	
Adverbes	*nombre* **fois par jour**	*Deux fois par jour, sans faute, hein ?*

6.13. SERVICES PUBLICS ET PRIVÉS

6.13.1. Poste et télécommunications

6.13.1.1. La poste

Noms	poste, **bureau de poste**
	guichet
	destinataire, expéditeur
	boîte aux lettres
	courrier, lettre, carte postale, colis, paquet
	timbre
	enveloppe
	adresse, code postal
Verbes	**remplir**
	envoyer, **poster**
	recevoir, répondre

6.13.1.2. Télécommunications

Noms	**appel**	
	message	
	téléphone, **fax, courrier**	
	Internet, site	
	mot de passe	
	mail/mèl, courriel	
	répondeur	
	portable	
	adresse, numéro	
Verbes	**appeler, répondre**	
	sonner	
	envoyer	
	allumer, éteindre	
	se connecter	
	téléphoner	
	recevoir	
	imprimer	
	télécharger	
Adjectifs	électronique	
	portable	*C'est un nouveau téléphone portable.*

6.13.2. Banque

Lieux

Noms	banque	
	distributeur	*DAB, ça veut dire « distributeur automatique de billets ».*

Entités

Noms	argent	
	billet, chèque, carte bancaire	
	compte	*Quel est votre numéro de compte ?*
Verbes	changer	
	retirer	*Tu retires 50 € au distributeur ?*
	ouvrir, fermer	*Je voudrais ouvrir un compte.*

6.13.3. Police

Noms	police	*Appelez la police !*
	vol	
	commissariat (de police)	
	(CH) poste de police	
	agent de police	
Verbes	**appeler**	
	voler	
	arrêter	

6.13.4. Urgences, secours
(Voir 6.13.3. et 6.14.4.)

Noms	secours	*Appelez les secours !*
	pompier(s)	
	ambulance	
	feu, accident	
	aide	
Verbes	**appeler**	
	emmener	
	sauver	
	aider	
	avoir besoin de	*Vous avez besoin d'aide ?*
Adjectifs	**grave**	
	urgent	

6.13.5. Administration
(Voir 6.3. et 6.14.3.)

Généralités

Noms	**dossier, certificat**, fiche, formulaire, **attestation**	
	déclaration	
	droits	
Verbes	**s'adresser**	*Adressez-vous à la mairie.*

Lieux

Noms	service, bureau	
	[…] ambassade, **consulat,**	
	mairie, préfecture	
	tribunal	

État civil

Noms	**état civil**

Domicile
(Voir 6.8.)

Noms	adresse
	domicile

6.14. SANTÉ

6.14.1. Hygiène, soins du corps
(Voir 6.12.5.)

Noms	toilette
	douche, bain
Verbes	se laver
	se doucher
	se coiffer
	se raser
	se brosser les dents
Adjectifs	propre, sale

6.14.2. Maladies, accidents
(Voir 6.12.6.)

Généralités

Noms	maladie, accident	*Elle a eu un accident.*
Adjectifs	malade, **guéri**	*Vous êtes malade ?*
	en bonne santé	
	mort	
Verbes	mourir	

Affections, maladies

Noms	fièvre	
	[…] grippe, **allergie, sida,**	
	cancer, bronchite	
	brûlure	
Verbes	[…] avoir mal à la tête/à la	
	gorge/au ventre/à l'estomac	
	tousser, avoir de la fièvre	
	faire mal	*Ça vous fait mal, là ?*
	aller mieux	
	guérir	
	soigner	
Adjectifs	**grave**	

Accidents

Verbes	**se faire mal**	
	[…] se couper, se casser,	*Il s'est cassé la jambe au ski.*
	se brûler	

Adjectifs	**blessé**	
	[...] **cassé, brûlé**	*Elle a la jambe cassée.*

6.14.3. Protection sociale
(Voir 6.12.6.)

Noms	**assurance**
	retraite
	remboursement

6.14.4. Hôpital, clinique
(Voir 6.13.4.)

Lieux

Noms	hôpital, clinique
	chambre, lit
	opération

Services

Noms	consultation
	[...] **radiologie**, urgences,
	maternité
Verbes	**soigner**
	opérer
	examiner

6.14.5. Professions médicales et de santé
(Voir 6.14.4. et 6.12.6.)

Médecins et malades

Noms	médecin
	malade
	[...] chirurgien, **cardiologue**
	dentiste
	pharmacien
Adjectifs	**médical**

Documents

Noms	ordonnance
	certificat médical
	résultats

Actes médicaux

Noms	visite
	rendez-vous
	consultation
	examen
	radio
	analyse
	opération
	prise de sang

6.15. RELATIONS FAMILIALES, SOCIALES ET ASSOCIATIVES
(Voir 6.3.5.)

6.15.1. Famille

Généralités

Noms	famille	

Liens de parenté

Noms	parents	*Je te présente mes parents !*
	père, mère	
	papa, maman	
	enfant, fils, fille	
	frère, sœur	
	grand-père, grand-mère, **grands-parents**	
	beau-père, belle-mère	
	oncle, tante, cousin(e)	
	neveu, nièce	
	petit-fils, petite-fille, petits-enfants	
Verbes	**naître, mourir**	

Union, fréquentation

Noms	mariage, **divorce**
Verbes	vivre avec *GN*, **sortir avec**
	se marier, se séparer, divorcer
Adjectifs	**célibataire, marié**
	divorcé, séparé, veuf
	amoureux

Personnes

Noms	couple
	mari, femme
	copain, compagnon,
	petit ami, petite amie

6.15.2. Autres relations
(Voir 6.2.2., 6.4., 6.5., 6.6.)

Amitié

Noms	ami, **amitié**
	copain
	voisin
	invité
	fête, cadeau
Verbes	voir, connaître
	aller voir
	inviter
	rencontrer

Travail

Noms	collègue
	[...] chef, directeur, employé

Associations, loisirs, sports

Noms	club	
	membre	
Verbes	**faire partie de**	*Je fais partie d'un club de sport.*

6.15.3. Termes d'adresse
(Voir 3.5. et 6.3.2.)

6.16. LANGAGE

6.16.1. Langues
(Voir chap. 5)

Typologie des langues

Noms	langue	
	[…] *noms de langues*	*Je parle l'allemand, le russe et le néerlandais.*
Adjectifs	**lu**, écrit	
	oral, **parlé**	

Propriétés

Noms	son	
	alphabet	
	grammaire	
	orthographe	
	vocabulaire	
	phonétique	
	[…] nom, verbe, adjectif,	
	mot, phrase, syllabe, lettre	
	[…] point, **point d'interrogation**,	
	virgule, accent	
	[…] conjugaison, temps, présent,	
	futur, passé composé	
	singulier, pluriel, masculin,	
	féminin	
Verbes	parler, dire	
	vouloir dire	*Qu'est-ce que ça veut dire ?*
	écouter	
	répéter, prononcer, épeler	
	comprendre	
	lire, écrire	
	traduire	
Adjectifs	[langue] maternelle, étrangère	
	débutant	
	facile, difficile	

Supports

Noms	[…] livre, **CD, DVD**, dictionnaire, grammaire

6.16.2. Activités langagières
(Voir chap. 3)

Noms	conversation, **dialogue**
	question, **réponse**
Verbes	écrire, parler
	écouter, lire
	discuter
	raconter

demander, répondre
expliquer, répéter, corriger
[…] accepter, refuser

6.17. ENVIRONNEMENT GÉOGRAPHIQUE, FAUNE, FLORE, CLIMAT

6.17.1. Géographie
(Voir 6.9.7. et 6.13.5.)

Généralités

Noms	**géographie**	
	Terre, **planète**	
	océan	
	[…] *noms d'océans*	
	écologie	
	nature	

Terre

Noms	monde	
	continent	
	Europe, Asie, Afrique,	
	Amérique, Océanie	
	pays	
	[…] *noms de pays*	
	frontière	
	capitale	
	État, région	
Adjectifs	**européen, africain, asiatique,**	
	américain	
	national, régional	*C'est le parc national de Camargue.*

Relief et littoral

Noms	océan, mer
	lac
	plage, côte
	île
	fleuve, rivière
	montagne
	désert

6.17.2. Climat

Climat

Noms	saison
	climat
	température

Saisons

Noms	**printemps, été, automne,**
	hiver

Météo

Noms	temps
	soleil
	nuage
	vent

	[...] pluie, orage, brouillard, neige	
	météo	
Adjectifs	beau, mauvais	*Voici le bulletin météo.*
	chaud, froid	*Quel mauvais temps !*
	[...] **gris, sec, humide, doux**	

6.17.3. Urbanisme, ville, campagne

(Voir 6.9.4.)

Ville, urbanisme

Noms	ville, village	
	centre-ville, banlieue, quartier	
	rue, avenue, boulevard, place,	
	pont, parc, **jardin, pelouse**	
	[...] école, église, hôpital,	
	usine, magasin, marché,	
	centre commercial	
	entreprise	
	immeuble	
	[...] *noms de services*	
	administratifs	

Campagne

Noms	campagne, champ	
	forêt, **bois**	*On habite près du Bois de Vincennes.*
	chemin	
	ferme	

6.17.4. Animaux

Généralités

Noms	animal
	bête

Familiers

Noms	[...] chien, chat, poisson (rouge), oiseau
Verbes	garder
	promener
	donner à manger
	sortir
Adjectifs	**sauvage, domestique**

De la ferme

Noms	[...] vache, cochon, poule, lapin,
	cheval, canard

Non domestiques

Noms	[...] mouche, moustique,
	abeille, guêpe
	[...] éléphant, lion, **dauphin**
	[...] **requin, saumon**

6.17.5. Flore

Arbres

Noms	arbre	
	feuille	
	plante	
	[…] **sapin, chêne…**	

Fleurs

Noms	fleur	
	bouquet	
	[…] **rose, tulipe, violette, mimosa…**	
	jardin	

6.18 VIE SOCIALE ET ACTUALITÉ

6.18.1. Généralités

Noms	société	
	événement	
	réunion	
	rencontre	
	guerre, crise	
Adjectifs	important	
	grave	
	tragique, terrible,	*Terrible accident sur l'autoroute : trente morts et quinze blessés.*
	extraordinaire, exceptionnel	
	social, économique, politique	
	international	
	riche, pauvre	*C'est un pays très pauvre.*

6.18.2. Vie politique et citoyenneté

Institutions et modes de gouvernement

Noms	État	
	[…] république, **monarchie**, démocratie	

Élections

Noms	élection	
	vote	
	sondage	
Verbes	voter	
	élire	

Partis

Noms	parti	
	gauche, centre, droite	

Organisation de l'État

Noms	gouvernement	
	loi	

Acteurs

Noms	citoyen	

		[...] **président, roi, premier ministre, maire**	
		ministre, député	
	Verbes	décider	
		voter	
Valeurs			
	Noms	liberté, égalité, solidarité, fraternité	
		paix	
		justice	
		tolérance, **racisme**	*« Non au racisme! »*
		démocratie	
		droit, devoir	

6.18.3. Vie économique et sociale

Généralités

	Noms	économie
		société
		production
		prix
		chômage
		crise, grève

Secteurs d'activité
(Voir 6.5.)

	Noms	commerce, industrie,
		agriculture, **administration**
		[...] **entreprise, société**
	Verbes	**acheter, vendre**
	Adjectifs	**public, privé**
		riche, pauvre

6.19. NOTIONS, IDÉES, COGNITION
(Voir 4.6. et 5.3.4.)

	Noms	idée	
		science	
		opinion	
		connaissance	*Testez vos connaissances.*
		analyse	
		explication	
	Verbes	croire, savoir, connaître	
		penser	*Qu'est-ce que tu en penses?*
		comprendre	
		expliquer	
		oublier	
	Adjectifs	scientifique	

6.20. Sciences et techniques

Cette rubrique peut inclure, de façon ouverte, les noms et adjectifs correspondant à des sciences, des techniques, des domaines, des disciplines et des matières d'études, qui intéressent directement les apprenants selon leurs études, leurs métiers, leurs projets et leurs domaines d'intérêt.

On peut alors se reporter à la rubrique 6.20. du niveau B2.

CHAPITRE 7

MATIÈRE SONORE

7.1. INTRODUCTION

Le *Cadre européen commun de référence pour les langues* définit ainsi le niveau **A2** pour la maîtrise du système phonologique :
« La prononciation est en général suffisamment claire pour être comprise malgré un net accent étranger mais l'interlocuteur devra parfois faire répéter » (p. 92).
À titre indicatif, le niveau **A1** est défini comme suit :
« La prononciation d'un répertoire très limité d'expressions et de mots mémorisés est compréhensible avec quelque effort pour un locuteur natif habitué aux locuteurs du groupe linguistique de l'apprenant/utilisateur[1]. »
Pour les niveaux suivants, la progression de la maîtrise du système phonologique est décrite ainsi :
B1 : « La prononciation est clairement intelligible même si un accent étranger est quelquefois perceptible et si des erreurs de prononciation proviennent occasionnellement. »
B2 : « A acquis une prononciation et une intonation claires et naturelles. »
C1 : « Peut varier l'intonation et placer l'accent phrastique correctement afin d'exprimer de fines nuances de sens. »
C2 : comme C1.

La maîtrise du système phonologique est là envisagée, en parallèle aux autres composantes de la langue, comme un continuum depuis une prononciation difficile et limitée (A1), en passant par une prononciation « en général suffisamment claire pour être comprise » (A2), avant une prononciation « clairement intelligible » (B1) et jusqu'à l'expression « de fines nuances de sens » (C1).
Elle concerne la réception et la production de l'oral, mais aussi les capacités de transcodage oral ⇔ écrit (oralisation de l'écrit et transcription de l'oral, voir chapitre 8).

La sélection et la délimitation de cette compétence au niveau A2 sont signalées dans le *Cadre* selon les repères suivants :

Page, partie	Extraits
pp. 49-50 **4.4.1. Production orale** Production orale générale	*more detailed* « Peut décrire ou présenter simplement des gens, des conditions de vie, des activités quotidiennes, ce qu'on aime ou pas, par de courtes séries d'expressions ou de phrases non articulées. »
Monologue suivi : décrire l'expérience	« Peut décrire sa famille, ses conditions de vie, sa formation, son travail actuel ou le dernier en date. Peut décrire les gens, lieux et choses en termes simples. »

---

1. Le lecteur/utilisateur du *Niveau A2* peut avoir ou ne pas avoir lu/utilisé le *Niveau A1*.

	« Peut raconter une histoire ou décrire quelque chose par une simple liste de points. Peut décrire les aspects de son environnement quotidien tels que les gens, les lieux, l'expérience professionnelle ou scolaire. » « Peut faire une description brève et élémentaire d'un événement ou d'une activité. » « Peut décrire des projets et préparatifs, des habitudes et occupations journalières, des activités passées et des expériences personnelles. » « Peut décrire et comparer brièvement, dans une langue simple, des objets et choses lui appartenant. » « Peut expliquer en quoi une chose lui plaît ou lui déplaît. »
Annonces publiques	« Peut faire de très brèves annonces préparées avec un contenu prévisible et appris **de telle sorte qu'elles soient intelligibles pour des auditeurs attentifs**[2]. »
S'adresser à un auditoire	« Peut faire un bref exposé élémentaire, répété, sur un sujet familier. » « Peut répondre aux questions qui suivent si elles sont simples et directes et à condition de pouvoir faire répéter et se faire aider pour formuler une réponse. » « Peut faire un bref exposé préparé sur un sujet relatif à sa vie quotidienne, donner brièvement des justifications et des explications pour ses opinions, ses projets et ses actes. » « Peut faire face à un nombre limité de questions simples et directes. »
pp. 54-59 **4.4.2.1. Écoute ou compréhension de l'oral** Compréhension générale de l'oral	« Peut comprendre des expressions et des mots porteurs de sens relatifs à des domaines de priorité immédiate (par exemple, information personnelle et familiale de base, achats, géographie locale, emploi. » « Peut comprendre assez pour pouvoir répondre à des besoins concrets à condition que **la diction soit claire et le débit lent**. »
Comprendre une interaction entre locuteurs natifs	« Peut généralement identifier le sujet d'une discussion se déroulant en sa présence si **l'échange est mené lentement et si l'on articule clairement**. »
Comprendre des annonces et instructions orales	« Peut saisir le point essentiel d'une annonce ou d'un message brefs, simples et clairs. » « Peut comprendre des indications simples relatives à la façon d'aller d'un point à un autre, à pied ou avec les transports en commun. »
Comprendre des émissions de radio et des enregistrements	« Peut comprendre et extraire l'information essentielle de courts passages enregistrés ayant trait à un sujet courant prévisible, si **le débit est lent et la langue clairement articulée**. »

---

2. En gras, ce que nous soulignons.

156

Comprendre des émissions de télévision et des films	« Peut suivre les rubriques du journal télévisé ou de documentaires télévisés **présentés assez lentement et clairement en langue standard**, même si tous les détails ne sont pas compris. » « Peut identifier l'élément principal de nouvelles télévisées sur un événement, un accident, etc., si le commentaire est accompagné d'un support visuel. »
pp. 60-70 **4.4.3.1. Activités d'inter-action et stratégies** Interaction orale générale	« Peut communiquer dans le cadre d'une tâche simple et courante ne demandant qu'un échange d'information simple et direct sur des sujets familiers relatifs au travail et aux loisirs. Peut gérer des échanges de type social très courts mais est rarement capable de comprendre suffisamment pour alimenter volontairement la conversation. » « Peut interagir avec une aisance raisonnable dans des situations bien structurées et de courtes conversations à condition que l'interlocuteur apporte de l'aide le cas échéant. Peut faire face à des échanges courants simples sans effort excessif ; peut poser des questions, répondre à des questions et échanger des idées et des renseignements sur des sujets familiers dans des situations familières prévisibles de la vie quotidienne. »
Comprendre un locuteur natif	« Peut comprendre suffisamment pour gérer un échange simple et courant sans effort excessif. » « Peut comprendre **ce qui lui est dit clairement, lentement et directement** dans une conversation quotidienne simple **à condition que l'interlocuteur prenne la peine de l'aider à comprendre**. » « Peut généralement comprendre un discours qui lui est adressé dans une langue standard clairement articulée sur un sujet familier, à condition de pouvoir demander de répéter ou reformuler de temps à autre. »
Conversation	« Peut gérer de très courts échanges sociaux mais peut rarement soutenir une conversation de son propre chef bien qu'on puisse l'aider à comprendre si l'interlocuteur en prend la peine. » « Peut utiliser des formules de politesse simples et courantes pour s'adresser à quelqu'un ou le saluer. » « Peut faire et accepter une offre, une invitation et des excuses. » « Peut dire ce qu'il/elle aime ou non. » « Peut établir un contact social : salutations et congé ; présentations ; remerciements. » « Peut généralement comprendre un discours standard clair, qui lui est adressé, sur un sujet familier, à condition de pouvoir faire répéter ou reformuler de temps à autre. » « Peut participer à de courtes conversations dans des contextes habituels sur des sujets généraux. »

Discussion informelle (entre amis)	« Peut dire en termes simples comment il/elle va et remercier. » « Peut discuter simplement de questions quotidiennes si l'on s'adresse directement à lui/elle, clairement et simplement. » « Peut discuter de l'organisation d'une rencontre et de ses préparatifs. » « Peut généralement reconnaître le sujet d'une discussion extérieure si elle se déroule lentement et clairement. » « Peut discuter du programme de la soirée ou du week-end. » « Peut faire des suggestions et réagir à des propositions. » « Peut exprimer son accord ou son désaccord à autrui. »
pp. 85-86 **5.1.4.2. Conscience et aptitudes phonétiques**	« De nombreux apprenants, et notamment les adultes, verront leur aptitude à prononcer une nouvelle langue facilitée par : – la capacité d'apprendre à distinguer et à produire des sons inconnus et des schémas prosodiques, – la capacité de produire et enchaîner des séquences de sons inconnus, – la capacité, comme auditeur, de retrouver dans la chaîne parlée la structure significative des éléments phonologiques (= de la diviser en éléments distinctifs). »
pp. 91-92 **5.2.1.4. Compétence phonologique**	« La prononciation est en général suffisamment claire pour être comprise malgré un net accent étranger mais l'interlocuteur devra parfois faire répéter. »
pp. 93-95 **5.2.2. Compétence sociolinguistique**	« Peut se débrouiller dans des échanges sociaux très courts, en utilisant les formes quotidiennes polies d'accueil et de contact. Peut faire des invitations, des excuses et y répondre. » « Peut s'exprimer et répondre aux fonctions langagières de base telles que l'échange d'information et la demande et exprimer simplement une idée et une opinion. » « Peut entrer dans des relations sociales simplement mais efficacement en utilisant des expressions courantes les plus simples et en suivant les usages de base. »
p. 100 **5.2.3.2. Compétence fonctionnelle** Aisance à l'oral	« Peut construire des phrases sur des sujets familiers avec une aisance suffisante pour gérer des échanges courts et malgré des hésitations et des faux démarrages évidents. » « Peut se faire comprendre dans une brève intervention, même si la reformulation, les pauses et les faux démarrages sont très évidents. »

p. 117 **6.4.7. Développer les compétences linguistiques** **6.4.7.9. La prononciation**	« Les utilisateurs du *Cadre de référence* envisageront et expliciteront selon les cas comment les formes orthographiques et phonétiques des mots, des phrases, etc. sont transmises aux apprenants et comment ils les maîtrisent. » « Comment peut-on attendre ou exiger des apprenants qu'ils développent leur capacité à prononcer une langue : a. par la simple exposition à des énoncés oraux authentiques ? b. par une imitation en chœur (collective) – de l'enseignant ? – d'enregistrements audio ou vidéo de locuteurs natifs ? c. par un travail personnalisé en laboratoire de langues ? d. par la lecture phonétique à haute voix de textes calibrés ? e. par l'entraînement de l'oreille et l'exercice phonétique ? f. comme dans d. et e. mais avec l'appui de textes en transcription phonétique ? g. par un entraînement phonétique explicite ? h. par l'apprentissage des conventions orthoépiques (c'est-à-dire la prononciation des différentes graphies) ? i. par une combinaison des pratiques ci-dessus ? »

Nous rappelons que, parmi les compétences communicatives langagières, le *Cadre* distingue plusieurs composantes des compétences linguistiques, sociolinguistiques et pragmatiques. Ainsi, la compétence phonologique (*Cadre* 5.2.1.4., p. 91), qui est elle-même une composante de la compétence linguistique, est décrite comme « une aptitude à percevoir et à produire :
- la prosodie de la phrase (accentuation, rythme, intonation, etc.) ;
- la composition des mots (structure syllabique, séquence des phonèmes, accentuation des mots, tons, assimilation, allongements) ;
- les traits phonétiques qui distinguent les phonèmes ;
- les unités sonores de la langue. »

Elle est en rapport avec la compétence orthoépique (*Cadre* 5.2.1.6.), capacité de « produire une prononciation correcte à partir de la forme écrite », et avec la compétence sociolinguistique (*Cadre* 5.2.2.). Ainsi, pour la *Correction sociolinguistique* au niveau A2 (*Cadre* p. 95), on trouve : « Peut s'exprimer et répondre aux fonctions langagières de base telles que l'échange d'information et la demande et exprimer simplement une idée et une opinion. Peut entrer dans des relations sociales simplement mais efficacement en utilisant les expressions courantes les plus simples et en suivant les usages de base. Peut se débrouiller dans des échanges sociaux très courts, en utilisant les formes quotidiennes polies d'accueil et de contact. Peut faire des invitations, des excuses et y répondre. »
Elle est également en relation avec le paralinguistique (*Cadre* 4.4.5.).
En production, réception et interaction (*Cadre* 4.4. et 4.5.), le travail initial d'appropriation phonique implique et met en jeu des stratégies individuelles et interactives d'adaptation et d'ajustement (voir *Cadre* 6.4.7.9 et chap. 10).

La prononciation au niveau A2 est donc définie comme « **en général suffisamment claire pour être comprise malgré un net accent étranger** ». On doit lire cette définition par rapport au niveau A1 où la prononciation est décrite comme « compréhensible ». Pour ces deux niveaux A, comme de façon générale en prononciation, l'expérience, la tolérance, la perception de l'interlocuteur sont cruciales. Pour A1, l'interlocuteur devait être prêt à fournir « quelque effort » tout en étant « habitué aux locuteurs du groupe linguistique de l'apprenant/utilisateur ». Pour A2, « **l'interlocuteur devra parfois faire répéter** ».

Nous avions précisé pour le niveau A1 que la prononciation **quasi conforme** au modèle standard **d'un répertoire très limité d'expressions et de mots mémorisés** semblait possible, en particulier via la mémorisation/reproduction de modèles issus de l'enseignant et/ou d'enregistrements de locuteurs natifs et/ou d'échanges avec des locuteurs natifs. Les performances attendues à ce niveau de découverte tant par les enseignants que les apprenants/utilisateurs ne semblaient pouvoir être limitées par la définition du *Cadre* au moins pour les raisons suivantes :

- parce que la **mémorisation** faisant plus appel à l'auditif qu'au linguistique (en particulier quand l'exposition à l'écrit est la plus différée possible), l'attention se porte plus facilement sur la forme phonétique : l'imitation quasi conforme d'expressions et de mots généralement attendus dans des situations de communication définies peut aller bien au-delà d'une « compréhensibilité » avec effort de la part d'un interlocuteur habitué aux locuteurs du groupe linguistique ;
- parce que l'entrée de l'apprenant/utilisateur dans la nouvelle langue est marquée par l'**acceptation** (qui peut être rapide) ou le **refus** (qui peut durer longtemps) de pratiquer de nouveaux « gestes » de parole. La vigueur de l'intérêt porté dès le début de l'apprentissage sur la prononciation de la part de l'apprenant/utilisateur et de l'enseignant influence fortement la performance.

Pendant cette période d'exposition, l'apprenant découvre (et accepte en imitant, ou refuse en déformant, voir *Cadre* 5.1.3., *Savoir être*) la nouvelle musique et les nouveaux sons de la langue.

Les nouvelles caractéristiques sonores de la langue sont souvent vite et bien perçues[3] mais généralement minimisées en production à cause de l'attention portée au linguistique, plus importante au niveau A2 qu'au niveau A1, nous y reviendrons. **La maîtrise de la prononciation n'est pas un processus linéaire.** Elle est fortement marquée par l'étape d'entrée dans la nouvelle langue et par l'acceptation ou le refus de l'utilisateur de pratiquer de nouveaux « gestes » de parole.

La prononciation au niveau A2 est « **en général suffisamment claire pour être comprise** » et non plus « compréhensible avec quelque effort » comme au niveau A1. Mais à l'opposé, l'interlocuteur doit parfois « **faire répéter** », ce qui offre un ambitus large de performances. Cette définition est très générale : le niveau A2 attendu sera variable selon la langue maternelle et l'exposition au français, soit en milieu francophone, soit en classe.

Le **net accent étranger** mentionné pour ce niveau A2 est à entendre comme résultant des interférences phonétiques issues de la langue maternelle (*r* roulé d'un hispanophone par exemple) et non comme les interférences issues de l'exposition à l'écrit (par exemple : *il lit* prononcé avec [t] final).

Les maîtres mots du *Cadre* pour le niveau A2 en termes de **perception** sont : une **articulation claire** et un **débit lent**. On peut supposer que ces deux traits qualifient les modèles auxquels l'apprenant a été exposé, et, par conséquent, les modèles dont il tente de s'approcher au mieux, d'où une performance attendue « **suffisamment claire** ».

---

3. Ce dont témoignent les imitations de la langue en non-mots et les imitations d'accent de L2 en L1 (voir la notion de « paysages sonores » dans Lhote, E., *À la découverte des paysages sonores des langues*, Annales Littéraires, Besançon, 1987, et Lhote, E., *Enseigner l'oral en interaction*, Hachette, coll. F., Paris, 1995.

Le niveau A2 doit continuer à mettre en évidence les grandes caractéristiques de la prononciation du français (voir ci-dessous 7.9., *Modes phonétiques du français*). L'attention doit être portée à égalité sur les aspects suprasegmentaux (rythme, accentuation, intonation) et sur les aspects segmentaux. L'analyse contrastive segmentale (la comparaison son à son des systèmes de la langue-source et de la langue-cible) permet, au niveau A2, de comprendre les difficultés rencontrées, en les organisant en systèmes.

Il demeure difficile de fixer de façon très précise ou très directive des compétences spécifiquement phonétiques au niveau A2, en particulier s'il n'y a pas eu, au niveau A1, une attention portée à la prononciation des mots et expressions mémorisés. La sollicitation cognitive étant plus forte au niveau A2 pour la composition du message, l'attention est susceptible de ne pas pouvoir se porter autant sur la production de la matière sonore. La performance optimale attendue pourrait donc être moindre au niveau A2 qu'au niveau A1. Mais le développement morphosyntaxique et morphophonologique entre ces deux niveaux rend plus cruciale la maîtrise phonologique.

Nous rappelons que certains locuteurs/apprenants peuvent avoir perçu et/ou être en voie de maîtriser certains traits phonétiques, tout en en ayant négligé d'autres.

On peut attendre du locuteur A2 une forme d'adhésion à la « différence » sonore. Dans les cadres institutionnels, il est important de continuer à favoriser cette adhésion à la différence sonore, au-delà de la réalisation des sons particuliers.

Il est alors nécessaire d'essayer de distinguer ce qui est difficile à réaliser pour le locuteur/apprenant A2 et ce qu'il refuse plus ou moins consciemment/délibérément de produire (par préjugé, jugement esthétique, etc.).

7.2. REMARQUES PRÉLIMINAIRES

7.2.1. L'exposition à l'écrit

L'exposition à l'écrit (voir chap. 8, *Matière graphique*) favorise l'utilisation des habitudes de lecture de la langue maternelle ou d'une autre langue ayant le même alphabet. L'expérience montre qu'il est généralement plus judicieux et profitable pour la prononciation du français de commencer par se familiariser avec la musique et les sons avant de découvrir les graphies et de savoir répéter/produire les énoncés avant de les lire.

Pour ce qui concerne l'apprentissage des correspondances graphie-phonie (orthoépie), fort complexes en français, voir le chapitre 8. Précisons néanmoins ici que, parmi les propositions du *Cadre* permettant aux utilisateurs de préciser les moyens d'« attendre ou exiger des apprenants qu'ils développent leur capacité à prononcer une langue », « l'apprentissage des conventions orthoépiques » (c'est-à-dire la prononciation des différentes graphies) ne nous semble pas viable en tant que tel à cause de la grande complexité en français des rapports phonie-graphie (/Œ/ s'écrit *e*, *eu*) et graphie-phonie (*e* peut ne pas être prononcé ou se prononcer : [ɛ] *belle*, /Œ/ *que*, ou, en association avec d'autres lettres, servir à former d'autres sons : [o] *eau*, [ɑ̃] *vent*, [ɛ̃] *bien*, etc.).

7.2.2. Normes et variations

Le français parlé connaît de nombreuses variantes nationales (France, Belgique, Suisse, Québec…), régionales et sociales. Néanmoins, toutes les personnes ayant une fonction publique (politiciens, annonceurs…), quelle que soit leur région, ont généralement une prononciation dont les caractéristiques ont suffisamment de points communs (voir 7.2.5.) pour qu'on en tire un modèle, dont les marques d'appartenance à un groupe minoritaire sont absentes ou faibles. Le modèle retenu en France est le français standard, dit aussi français des médias. Nous choisissons ce modèle comme norme pédagogique.

Quel que soit l'environnement, la compétence phonétique des apprenants/utilisateurs doit correspondre à l'exigence des auditeurs, y compris les enseignants, suivant les situations de communication.

7.2.3. Fautes phonologiques, fautes phonétiques et niveau A2

Nous revenons ici sur le caractère « **généralement compréhensible** » de la prononciation attendue au niveau A2. Le locuteur peut contrôler son débit de parole, en particulier dans la lenteur, pour optimiser sa prononciation.

On a souvent voulu distinguer les fautes phonologiques relevant de la confusion de deux unités distinctives (fonctionnelles, donc entre deux phonèmes) de la langue cible (*C'est vu ?* prononcé *C'est vous ?* par un hispanophone par exemple) et les fautes phonétiques, relevant de l'utilisation d'une unité de la langue source en langue cible (*C'est tout ?* prononcé *C'est t^hout* par un anglophone par exemple). On a aussi souvent posé la frontière de l'intelligibilité/compréhensibilité entre les fautes phonologiques (décrites alors comme les seules nuisant à la compréhension) et les fautes phonétiques (alors simplement porteuses de « **l'accent étranger** »). La réalité est plus complexe : l'intervention des éléments suprasegmentaux (rythme, accentuation, intonation), et plus généralement encore du contexte et du type de communication, brouillent ce schéma réducteur. La performance phonétique est la résultante d'un ensemble.

Les composantes d'une compétence en prononciation.

Niveau suprasegmental Rythme Accentuation Intonation	S'appliquent sur plusieurs syllabes[4] composant un groupe rythmique.
Enchaînements vocaliques Enchaînements consonantiques Liaisons	S'appliquent entre deux syllabes.
Structure syllabique Dynamique syllabique	Définissent la syllabe.
Niveau segmental Voyelles Semi-consonnes Consonnes	Définissent les phonèmes.

7.2.4. Terminologie

Les termes utiles pour définir la compétence de niveau A2 sont détaillés ci-dessous.

7.2.4.1. Le niveau suprasegmental ou prosodique

a. Rythme : durée (régularités, allongements, pauses, voir 7.3.1.).
b. Accentuation : les syllabes marquées par la durée et/ou la hauteur et/ou l'intensité (voir 7.3.2.).

---

4. Nous n'employons le terme syllabe que pour désigner la syllabe phonétique. Par exemple : *J'arrive !* présente deux syllabes phonétiques [ʒa-ˈʁiv].

c. Intonation : mélodie (montante, stable, descendante, aiguë ou grave, voir 7.3.3.).
Ces paramètres prosodiques ont comme supports les groupes rythmiques composés de syllabes (voir 7.3.4.).
Nous ajoutons ici :
d. Le contrôle du débit de parole.
e. Savoir syllaber.

7.2.4.2. Le niveau segmental

a. Voyelles (centre de syllabe → une seule voyelle par syllabe phonétique) (voir 7.3.5.1.).
b. Semi-consonnes ou semi-voyelles (ainsi appelées car, bien que de nature vocalique, elles ont un statut de consonne dans la composition de la syllabe, précédant et parfois suivant – pour [j] – la seule et unique voyelle de la syllabe en français, voir 7.3.5.3.).
c. Consonnes simples, groupes de consonnes (voir 7.3.5.4.).
Le cadre suprasegmental est aussi important que la réalisation des segments (souvent survalorisée), la prononciation est un tout.
Entre ces deux niveaux, segmental et suprasegmental, se situent les phénomènes impliquant deux syllabes (les enchaînements vocaliques, les enchaînements consonantiques, les liaisons) et la nature de la syllabe : structure syllabique (syllabe ouverte se terminant par une voyelle/syllabe fermée se terminant par une ou plusieurs consonnes) et dynamique syllabique (tendue-continue en français).

7.3. LA COMPÉTENCE PHONÉTIQUE[5]

> La prononciation du locuteur/apprenant A2 est en général suffisamment claire pour être comprise, occasionnellement marquée par un net accent étranger (l'interlocuteur devra parfois faire répéter).
> Le locuteur/apprenant A2 est conscient de ses difficultés en prononciation et est prêt à varier quelques traits afin de mieux se faire comprendre (chap. 10).

Nous soulignons pour le niveau A2 l'importance de l'établissement d'un cadre suprasegmental incluant prioritairement le rythme et l'accentuation (*Cadre* 4.4.5.).[6]

7.3.1. Le rythme

Les regroupements de sons dans le temps, les unités ou groupes rythmiques, coïncident rarement avec les mots écrits. Ainsi : *Qu'est-ce que ça veut dire ?* (7 mots) et *À l'aéroport* (3 mots) sont des énoncés qui présentent le même rythme (5 syllabes). Il est donc important de toujours envisager la prononciation dans le cadre d'un groupe rythmique, et non pas à partir d'un mot isolé qui n'apparaît (presque) jamais sous cette forme dans le discours.

7.3.1.1. Les groupes rythmiques

Dans les énoncés plus longs, la parole est découpée en groupes rythmiques, séparés les uns des autres par des procédés de démarcation : essentiellement la syllabe accentuée et la pause,

---

5. Désormais, sauf indication autre, les transcriptions phonétiques utilisent l'Alphabet phonétique international (API 1999).
6. L'intonation est particulièrement importante pour les mots-phrases, souvent polysémiques. Par exemple : *Ça va !* (affirmation), *Ça va !* (ça suffit !).

avec les modifications de l'intonation qu'ils impliquent. Le découpage est de type syn-taxico-prosodique. Les endroits où peut se produire la démarcation sont donnés théorique-ment par la structure syntaxique : *Je cherche / la gare.// Le train / arrive / à deux heures.//*

7.3.1.2. Les pauses

Une pause expressive peut être sonore (« euh... ») ou silencieuse ; la pause sonore est un phénomène d'hésitation et elle peut être suivie d'une pause silencieuse ayant la même valeur : le choix de l'une ou l'autre manière d'hésiter relève de la personnalité du locuteur. L'adoption de la pause sonore « à la française » (« euh », *versus* « um » anglais, ou « mm » ou « eh » espagnol) illustre une volonté de pratiquer/partager un geste vocal propre au français.

> En perception, le locuteur A2 est conscient que la séparation graphique des mots écrits ne se retrouve pas à l'oral. Il sait que le repérage des groupes rythmiques peut l'aider à accéder au sens.
> En production, le locuteur A2, dans les constructions d'énoncés, marque la frontière entre les groupes rythmiques, en particulier lorsqu'il cherche à faciliter la compréhension de l'interlocuteur.

7.3.2. L'accentuation

Le français standard ne présente pas d'accent lexical mais un accent de durée porté par la dernière syllabe du groupe rythmique.
Exemple :

Paris ?	***Mille***
À Paris ?	*Mille **neuf***
T'es à Paris ?	*Mille neuf **cents***
Tu vas à Paris ?	*Mille neuf cent **quatre***
Tu habites à Paris ?	*Mille neuf cent **quarante***

Cet accent **de durée** est très présent par exemple dans les listes et les énumérations (*du **pain**, du **lait**, du **beurre**...*), les hésitations (*celui-**ci**... ou celui-**là***), la voix projetée/criée (*Qu'est-ce que tu **dis** ? Parle plus **fort** !*) ou la voix chuchotée et aussi en parole naturelle (en parti-culier dans les narrations et les formes déclaratives).
On décrit souvent les accents expressifs (par exemple : *C'est in·**croy**·able !*)[7] comme des accents de hauteur ou d'intensité.

> Le locuteur A2 est relativement familier avec l'accentuation de durée sur la dernière syl-labe du groupe rythmique. Il sait que la bonne prononciation de la dernière syllabe du groupe rythmique est essentielle pour bien se faire comprendre.
> Le locuteur A2 sait mettre en valeur la dernière syllabe phonétique du groupe rythmique pour éviter les productions erronées : *À Montrou'ge* [amɔʀu'ʒə] ou *À Gam'bet(ta)* [agɑ̃'bɛtə]. Il distingue là l'oral de la transcription orthographique.

---

7. Le signe [·] est placé avant la syllabe accentuée.

7.3.3. Le cadre intonatif

Chaque variété de français présente ses caractéristiques intonatives propres. L'intonation peut informer aussi sur l'appartenance à un groupe social et sur l'état émotif du locuteur (comme indice ou comme signal) et varie selon la nature de la situation de communication. On distingue le rôle linguistique de l'intonation (rôle syntaxique et rôle sémantique de hiérarchisation) et le rôle expressif.

L'intonation, associée avec le découpage rythmique et l'accentuation, permet de distinguer les énoncés suivants :

C'est à lui ?	Question (ton haut)
C'est à lui.	Réponse/Finalité (ton bas)
Les gares / sont dessinées	La syllabe accentuée [gaʀ] porte la continuation (ton haut)
Les garçons / dessinaient	La syllabe accentuée [sɔ̃] porte la continuation (ton haut)

Le locuteur A2 sait produire un ton haut sur la dernière syllabe du groupe pour poser une question sans mot interrogatif *Deux heures ?* (– ‾) ou pour signifier que l'énoncé n'est pas achevé *La poste,/ c'est là* (montée de continuation). Il sait produire un ton bas pour signifier la finalité : *Deux heures.* (–_). Il évite généralement les variations intonatives importantes sur les syllabes inaccentuées, réservant les marques intonatives aux syllabes accentuées.

7.3.4. Les syllabes

Les groupes rythmiques sont constitués d'un nombre variable de syllabes. L'oral spontané présente le plus souvent des groupes rythmiques de moins de sept syllabes.

On distingue les syllabes ouvertes (se terminant par une voyelle (V) prononcée) et les syllabes fermées (se terminant par une ou plusieurs consonne(s) (C) prononcée(s)).

Les mots les plus fréquents dans le français oral sont les monosyllabes grammaticaux comme *à* [a], *et* [e], *la* [la], *de* [dø], *c'est* [se], qui se situent toujours à l'intérieur d'une l'unité rythmique.

Toutes positions confondues, on trouve en français environ 80 % de syllabes ouvertes (CV (55 %) : *Si !* ; CCV (14 %) : *Quoi ?* ; V (10 %) : *Où ?*) et 20 % de syllabes fermées (CVC (13 %) : *Six* ; CCVC (2,5 %) : *Treize* ; CVCC (1,5 %) : *Quatre* ; VC (1,3 %) : *Onze*) (Wioland, 1991).

En français standard, le flux syllabique du groupe rythmique est continu et relativement stable. Nous utilisons ici le terme « continu » pour rassembler les notions de mode tendu et mode croissant (voir ci-dessous les modes phonétiques).

En suivant une terminologie musicale, les syllabes sont « liées » (et non « piquées »). Il n'y a pas de syllabes faibles et fortes comme en anglais ou en italien. La syllabe accentuée, dernière syllabe du groupe rythmique, porte en français standard un accent de durée et une marque intonative de continuation ou d'interrogation (montée) ou de finalité (descente). Les autres syllabes du groupe sont inaccentuées : régulières et continues et généralement dépourvues de marques intonatives.

Les modes phonétiques

Nous évoquons ici « les modes phonétiques du français », selon Delattre (1953) et Faure (1971), tentant de synthétiser les caractéristiques générales du phonétisme français.

• *Le mode « tendu »*

Le français se caractérise par une grande dépense d'énergie pour tendre les muscles d'articulation pendant la phonation. On observe une relative stabilité des timbres et des états articulatoires (exemple : pas de diphtongaison en français).

• *Le mode « antérieur »*

Les lieux *d'articulation* et les résonances des sons se portent vers l'avant de la bouche, lèvres arrondies, projetées, langue bombée (exemple : les voyelles antérieures labialisées caractéristiques du français [y, ø, œ]).

• *Le mode « croissant »*

Pour les voyelles, les consonnes, les syllabes, l'effort n'est pas porté au début pour se relâcher aussitôt (>), mais il commence doucement et augmente progressivement (<). Exemple : l'accent en français porte sur la dernière syllabe du mot, du syntagme, du groupe rythmique ; le mouvement ouvrant de la syllabe domine en français (importance de la voyelle).

Il y a interdépendance des modes tendu et croissant : le phonétisme français est caractérisé par sa tension, et cette tension est une tension progressive/croissante.

> Le locuteur A2 est en mesure de produire des expressions mémorisées en français standard dont le flux syllabique est relativement continu et stable, en particulier à l'intérieur des groupes rythmiques. Les énoncés construits *ad hoc* sont souvent plus hésitants, mais peuvent être répétés avec un flux syllabique plus contrôlé. Le locuteur A2 peut savoir préparer une lecture, en indiquant les groupes rythmiques par exemple, pour maîtriser au mieux la continuité/stabilité de son flux syllabique.

7.3.5. L'enchaînement et la liaison
(Voir chap. 8)

> La continuité syllabique amène le locuteur A2 à pratiquer l'enchaînement et la liaison au moins dans les groupes figés ou fréquents.

7.3.6. Les phonèmes

On distingue, pour la maîtrise des systèmes vocalique et consonantique, les capacités de perception (discrimination, identification de phonèmes) et les capacités de prononciation.

7.3.6.1. Voyelles (Voir figure 1)

Trapèze vocalique articulatoire

À partir du trapèze vocalique de l'API 1999, nous proposons un système simplifié de sept voyelles orales (dont trois archiphonèmes) et trois voyelles nasales.

Rappelons que [i, a, u], comme valeurs vocaliques, existent dans toutes les langues du monde, [e, o] dans la plupart des systèmes vocaliques.

Les archiphonèmes /E, Œ, O/ regroupent les voyelles [e/ɛ, ø/œ, o/ɔ]. Lors de l'exposition à ces voyelles, on relèvera en priorité que la tendance générale est d'utiliser les sons les plus ouverts [ɛ, ø, ɔ] en syllabes fermées et les sons le plus fermés [e, ø, o] en syllabe ouverte. Attention, il ne s'agit que d'une tendance : il existe de nombreux mots présentant [ɛ] en syllabe ouverte, les mots en [oz] (syllabe fermée), les graphies <ô> et *grosse, haute, chaude, chose, faute,* les mots en [øz] (syllabe fermée).

Figure 1 : Le trapèze articulatoire des voyelles du français.

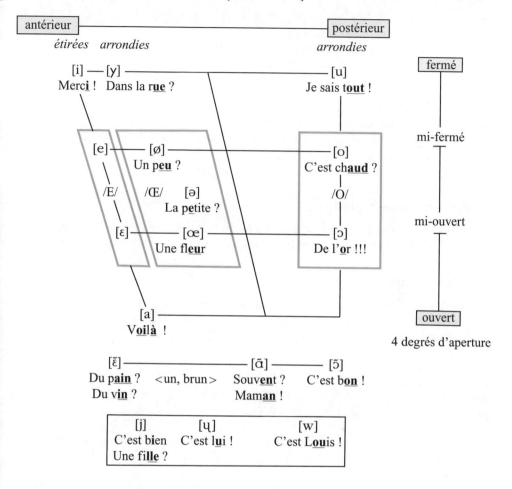

Les voyelles en ordre décroissant de fréquence en français sont :
/E/ : 24,4 % ; **/a/** : 19,7 % ; **/i/** : 11,8 % ; **/Œ/** : 9,9 % ; **/O/** : 7,7 % ; **/ã/** : 7,1 % ; **/u/** : 5,6 % ; **/ɔ̃/** : 5,2 % ; **/y/** : 4,4 % ; **/ɛ̃/** : 4,2 % (Wioland, 1991).

Rappelons que deux séries de voyelles caractérisent souvent le français aux oreilles des non-natifs : la série antérieure labiale [y, ø, œ] et la série nasale [ɛ̃, ã, ɔ̃].
Signalons également l'importance de l'archiphonème /Œ/ (rassemblant trois valeurs [ø, œ, ə] : *Un peu, J'ai peur, Dis-le*), en particulier dans son opposition à l'archiphonème /E/ pour les raisons suivantes :
   – si /Œ/ existe dans d'autres langues, c'est un son relativement typique du français (quatrième en terme de fréquence, le *euh...* d'hésitation) ;
   – l'opposition /Œ / E/ est d'un fort rendement morphologique (singulier/pluriel : *le livre/les livres* ; présent/passé : *Je fais/J'ai fait*).

Le locuteur/apprenant A2 sait globalement distinguer et produire les dix voyelles de base du français (dont trois archiphonèmes), les difficultés spécifiques variant suivant la langue-source. Il connaît ses éventuelles difficultés et peut ponctuellement tenter de préciser une voyelle.

7.3.6.2. e caduc

On appelle « e caduc », « e muet » ou parfois « e instable », la voyelle graphique <e> lors-qu'elle peut ne pas être prononcée à l'oral.

La présence ou l'absence de [ə] dépend du niveau de discours du locuteur (moins d'efface-ments en registre soutenu), du débit (moins d'effacements en débit lent), de l'expressivité, de l'origine régionale du locuteur (par exemple le <e> final est prononcé en français méri-dional).

La distinction phonétique entre le « e caduc » [ə], le [œ] de *J'ai peur* et le [ø] de *Un peu*, ne concerne, ni en production ni en réception, le niveau A2 (voir plus haut archiphonème). Mais le caractère variable de sa présence/absence (notable par exemple en cas de syllaba-tion, ou de parole ralentie) est identifié, en relation avec la graphie (*je, le, / j', l'*, etc.) pour les mots grammaticaux les plus usuels (*de, le, me, ne, se, te*).

7.3.6.3. Semi-consonnes

La maîtrise des distinctions, tant en réception qu'en production orales, respectivement entre [i] et [j], entre [u] et [w], entre [y] et [ɥ], dépend de la langue maternelle des apprenants.

7.3.6.4. Consonnes

La consonne est en position forte à l'initiale de la syllabe accentuée ([v] dans *Ça va ?* [sa.va]), mais en position faible après la voyelle ([ʀ] dans *L'amour ?* [la.muʀ]), et en position très faible, parfois effacée, après une consonne ([ʀ] dans *Quatre* [kat(ʀ)]).

Les consonnes (et les semi-consonnes) en ordre décroissant de fréquence en français sont : /ʀ/ : 12,8 % ; /s/ : 10,6 % ; /l/ : 10 % ; /t/ : 9,4 % ; /k/ : 7,2 % ; /d/ : 7,1 % ; /m/ : 6,8 % ; /p/ : 6,6 % ; /n/ : 5,5 % ; /v/ : 4,9 % ; /j/ : 3,5 % ; /ʒ/ : 2,9 % ; /z/ : 2,7 % ; /f/ : 2,5 % ; /w/ : 2,5 % ; /b/ : 2,3 % ; /ʃ/ : 0,9 % ; /ɥ/ : 0,9 % ; /g/ : 0,8 %.

[ʀ] apparaît souvent comme typique du français en particulier en raison de sa fréquence et de sa présence dans les groupes consonantiques (avant ou après consonne). La consonne [ʒ] est importante pour dire *Je*.

Signalons également l'importance de [s], [z], [t], [d] comme étant, à l'oral, les marqueurs les plus fréquents du genre et du nombre.

Le locuteur/apprenant A2 sait distinguer et produire, dans les limites de son répertoire morpholexical, les consonnes de base du français, les difficultés spécifiques variant sui-vant la langue-source. Il connaît ses éventuelles difficultés et peut ponctuellement tenter de préciser une consonne ou un groupe de consonnes.

Figure 2 : Le tableau articulatoire des consonnes du français.

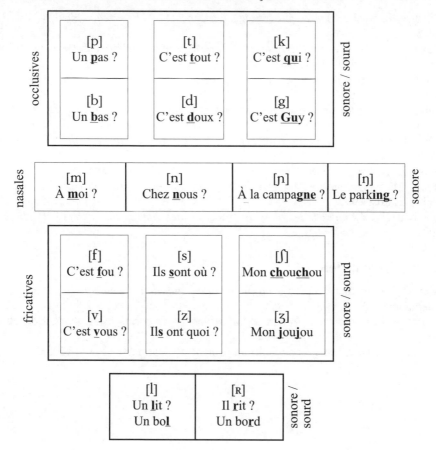

Références bibliographiques

Delattre, P. : « Les modes phonétiques du français », *The French Review*, vol. 27, n° 1, 1953.

Delattre, P. : *Comparing the Phonetic Features of English, French, German and Spanish*, Julius Groos Verlag, Heidelberg, 1965.

Faure, G. : « Les tendances fondamentales du phonétisme français », *Études de linguistique appliquée*, Didier, n° 3, 1971.

Lebel, J.-G. : *Traité de phonétique ponctuelle*, Éditions de la Faculté des Lettres, Université Laval, 1990.

Léon, P. : *Prononciation du français standard : aide-mémoire d'orthoépie*, Didier, Paris, 1978.

Lhote, E. : *Enseigner l'oral en interaction*, Hachette, coll. F., Paris, 1995.

Rossi, M. : *L'intonation, le système du français : description et modélisation*, Éditions Ophrys, Paris, 1999.

Wioland, F. : *Prononcer les mots du français : des sons et des rythmes*, Hachette, Paris, 1991.

Pour aller plus loin

Abry, D., Veldeman-Abry, J. : *La phonétique : audition, prononciation, correction*, CLE International, Paris, 2007.

Lauret, B. : *Enseigner la prononciation du français : questions et outils*, Hachette, Paris, 2007.

Wioland, F. : *La vie sociale des sons du français*, L'Harmattan, Paris, 2005.

Introduction

Dans le chapitre *Compétences linguistiques* (5.1.), le *Cadre* identifie et spécifie une compétence orthographique (5.2.1.5.) et une compétence orthoépique (5.2.1.6. *Oralisation de l'écrit*), avant de préciser (p. 93) : « Les utilisateurs du *Cadre* envisageront et expliciteront selon les cas les besoins des apprenants en termes d'orthographe et d'orthoépie en fonction de l'usage qu'ils feront des oraux et des écrits et du besoin qu'ils auront à transcrire de l'oral à l'écrit et vice versa. »

Dans le chapitre *Activités de communication langagière*, qui traite des compétences de communication, sont recensées (*Cadre* 4.4. et 5.2.) diverses activités et capacités, identifiées et étalonnées selon l'échelle de niveaux du *Cadre*. Celles concernant l'écrit se répartissent entre production (« écrire ») et réception (« lecture », « compréhension écrite »).

Ainsi, la matière graphique concerne d'une part la maîtrise de l'orthographe, d'autre part les compétences d'écrit, c'est-à-dire de compréhension et production écrites, et aussi de transcodage oral ⇔ écrit (oralisation de l'écrit et transcription de l'oral ; voir *Cadre* 5.2.1.6.).

La sélection et la délimitation de ces compétences, de ces activités et de la matière graphique à maîtriser au niveau A2 sont indiquées dans le *Cadre* selon les repères suivants concernant la réception et la production écrites :

p. 26 **3.3. (Lire)**	« Peut lire des textes courts. » « Peut trouver une information particulière prévisible dans des documents courants comme les publicités, les prospectus, les menus et les horaires et peut comprendre des lettres personnelles courtes et simples. »
p. 26 **3.3. (Écrire)**	« Peut écrire des notes et des messages simples et courts. » « Peut écrire une lettre personnelle très simple, par exemple de remerciements. »
p. 51 **4.4.1.2. Production écrite générale**	« Peut écrire une série d'expressions et de phrases simples reliées par des connecteurs simples tels que *et, mais* et *parce que.* »
p. 52 **4.4.1.2. Écriture créative**	« Peut écrire une suite de phrases et d'expressions simples sur sa famille, ses conditions de vie, sa formation, son travail actuel ou le dernier en date. » « Peut écrire des biographies imaginaires et des poèmes courts et simples sur les gens. » « Peut écrire sur les aspects quotidiens de son environnement, par exemple les gens, les lieux, le travail ou les études avec des phrases reliées entre elles. »

p. 52 **4.4.1.2. Écriture créative**	« Peut faire une description brève et élémentaire d'un événement, d'activités passées et d'expériences personnelles. »
p. 57 **4.4.2.2. Compréhension générale de l'écrit**	« Peut comprendre des textes courts et simples, contenant un vocabulaire extrêmement fréquent, y compris un vocabulaire internationalement partagé. » « Peut comprendre de courts textes simples sur des sujets concrets courants avec une fréquence élevée de langue quotidienne ou relative au travail. »
p. 58 **4.4.2.2. Comprendre la correspondance**	« Peut comprendre une lettre personnelle simple et brève. » « Peut reconnaître les principaux types de lettres standard habituelles (demande d'information, commandes, confirmations, etc.) sur des sujets familiers. »
p. 58 **4.4.2.2. Lire pour s'orienter**	« Peut trouver un renseignement spécifique et prévisible dans des documents courants simples tels que prospectus, menus, annonces, inventaires et horaires. » « Peut localiser une information spécifique dans une liste et isoler l'information recherchée. » « Peut comprendre les signes et les panneaux courants dans les lieux publics tels que rues, restaurants, gares ; sur les lieux de travail pour l'orientation, les instructions, la sécurité et le danger. »
p. 59 **4.4.2.2. Lire des instructions**	« Peut suivre le mode d'emploi d'un appareil d'usage courant comme le téléphone public. » « Peut comprendre un règlement concernant, par exemple, la sécurité, quand il est rédigé simplement. »
p. 68 **4.4.3.2. Interaction écrite générale**	«Peut écrire de brèves notes simples en rapport avec des besoins immédiats. »
p. 69 **4.4.3.2. Correspondance**	« Peut écrire une lettre personnelle très simple pour exprimer remerciements ou excuses. »
p 69 **4.4.3.2. Notes, messages et formulaires**	« Peut écrire une note ou un message bref et simple, concernant des nécessités immédiates. » « Peut prendre un message bref et simple à condition de pouvoir faire répéter et reformuler. »
p. 77 **4.6.4.2. Traiter un texte**	« Peut prélever et reproduire des mots et des phrases ou de courts énoncés dans un texte court qui reste dans le cadre de sa compétence et de son expérience limitées. »

La nature de la matière graphique maîtrisée en A2 est spécifiée explicitement de la manière suivante :

p. 93 **5.2.1.5. et 5.2.1.6.** **Compétence** **orthographique** **et orthoépique**	« Peut copier de courtes expressions sur des sujets courants, par exemple les indications pour aller quelque part. » « Peut écrire avec une relative exactitude phonétique (mais pas forcément orthographique) des mots courts qui appartiennent à son vocabulaire oral. »

Plus généralement, le *Cadre* indique que « les utilisateurs [du *Cadre de référence*] envisageront et expliciteront selon les cas les besoins des apprenants en termes d'orthographe et d'orthoépie en fonction de l'usage qu'ils feront des oraux et des écrits et du besoin qu'ils auront de transcrire de l'oral à l'écrit et *vice versa* » (p. 93).

L'extension de ces compétences et savoir-faire est encore forcément réduite au niveau A2, où se confortent les premières bases, linguistiques et communicatives, de la maîtrise de l'écrit, en production et en réception, et donc du code écrit. Leur délimitation et leur définition sont, dans la pratique, fonction des publics et des contextes[1], et donc des besoins et des objectifs inhérents à un programme, mais aussi de la proximité/distance entre le français et la/les langue(s) déjà connue(s) des apprenants, et en particulier de leur connaissance ou non de l'écriture latine et de langues plus ou moins proches du français (langues romanes en particulier). Ces compétences et savoir-faire sont également fonction des compétences visées, à plus ou moins long terme, dans les niveaux ultérieurs.

Pour la réception et la production de l'écrit, la différence entre les modes d'écriture (manuscrite, imprimée, script, cursive, majuscules/minuscules) est à prendre en compte, y compris pour les échanges électroniques (Internet) en production, en réception et en interaction.

Ainsi, l'apprenant/utilisateur au niveau A2 peut percevoir et produire les symboles qui composent les textes écrits, et donc les lettres de l'alphabet. Pour les mots qu'il connaît, il peut produire au moins une forme de graphie (cursive, script ou majuscules) et les reconnaître sous forme minuscule et majuscule.

De la ponctuation, il connaît au moins les signes simples (point et virgule) et quelques signes doubles (point d'interrogation et point d'exclamation), et il sait identifier le début et la fin d'une phrase.

Par ailleurs, la réception audiovisuelle, dès le niveau A2, peut impliquer réception et traitement de messages ou documents mixtes oraux-écrits (soit dans l'espace pédagogique du cours de langue, soit dans le champ ouvert des médias)[2].

Dans le cas du français, la maîtrise initiale de la matière graphique se trouve étroitement liée à celle de l'oral et du système phonétique (chap. 7), comme à celle de la morphologie (chap. 5). Plusieurs spécificités du français[3] sont en effet à rappeler, qui expliquent

---

1. Élèves du primaire ou du secondaire, débutant dans une 1re ou 2e langue étrangère dans leur pays ; adultes migrants, de séjour récent ou long, en recherche d'emploi ou de maintien d'emploi ; étudiants d'université en programme temporaire d'échange ou engagés dans un programme d'études long dans un pays francophone ; adultes suivant des programmes intensifs dans un centre de langues ou une Alliance française ; cadres moyens ou supérieurs ayant besoin d'une formation pointue sur objectifs spécifiques ; élèves de CLIN ou de CLA(D) en France, etc.

2. Par exemple, lorsqu'un enseignant oralise ce qui est simultanément lu par des apprenants ; ou lors de la réception audiovisuelle de dialogues ou de paroles sous-titrés dans la même langue (le même texte est simultanément perçu ou reçu sous formes orale et écrite).

3. Dans ce chapitre 8, les exemples seront pris, dans presque tous les cas, dans les inventaires lexicaux (chap. 3 et 5) et grammaticaux (chap. 4) du *Niveau A2*.

l'importance de l'orthographe dans son apprentissage et dans son utilisation de cette langue, et donc divers choix opérés dès le niveau A1.

Le nombre de mots courts (une à deux syllabes) y est très important, y compris la majorité des mots grammaticaux usuels (articles, pronoms, prépositions, adverbes) et plus particulièrement ceux qui relèvent du niveau A2 (*le, un, des, au, à, en, dans, pour, avec, je, tu, qui, où,* etc.).

La plupart des marques morphologiques écrites (de nombre mais aussi de genre) ne s'entendent pas à l'oral. Exemples :

(genre) *Mon amie belge est arrivée seule/Mon ami belge est arrivé seul.*

(nombre) *Cet ami suisse voyage seul/Sept amis suisses voyagent seuls.*

Un grand nombre de mots différents, qui se prononcent de la même manière, s'écrivent de façon différente. Exemples :

voit – voix – voie

les – lait – l'ai

sept – cet – cette

Par ailleurs, le découpage écrit en mots ne correspond pas au découpage des segments sonores (chap. 7) ni au découpage syllabique de l'oral. Exemple :

Il arrive avec elle : [i la ʀi va vɛ kɛl].

Dans ce chapitre, on recense les formes graphiques dont la maîtrise correspond au niveau A2. Les relevés et les classements présentés adoptent une perspective qui va de l'oral à l'écrit. La perspective inverse, complémentaire, est abordée dans le chapitre 7.

Ce recensement distingue, en termes de compétences, quatre catégories :

• la compétence relative à la transcription graphique des sons (8.1.) ;
• la compétence relative à la graphie lexicale en général (8.2.) ;
• la compétence relative à l'orthographe grammaticale (8.3.) ;
• la compétence relative à l'orthographe des formes verbales (8.4.).

On utilise ci-dessous, pour la transcription des formes orales, l'alphabet phonétique international (API) (voir aussi chap. 7).

8.1. L'ORTHOGRAPHE ET LA PRONONCIATION

On recense[4], à partir des phonèmes (chap. 7), les graphèmes qui relèvent du niveau A2. Par *phonème*, on entend la plus petite unité distinctive de la chaîne orale, et par *graphème* la plus petite unité distinctive de la chaîne graphique : alors que les phonèmes sont constitués d'un seul son, les graphèmes peuvent être constitués de deux ou plusieurs lettres (*eau, qui, moi...*).

Les graphies des phonèmes (ou groupes de phonèmes) sont listées phonème par phonème. On retient au niveau A2 la/les *graphie(s) de base* qui représentent de 20 % à 100 % des emplois, ainsi que quelques *autres graphies*, qui concernent l'orthographe de mots particulièrement importants (les lettres *e* ou *à* pour le son [a] dans *femme* ou *là* par exemple), qui relèvent d'un système cohérent (les nasales avec *m* : *chambre, temps, faim, sombre, parfum...*) ou qui constituent une extension des acquis de A1 : *ô* pour [Œ] et [o] (*côte*), *œu* pour [ø] ou [œ] (*cœur*), *sc* pour [s] (*science*). La connaissance de ces graphies, au niveau A2, concerne essentiellement la reconnaissance de lecture, et non la production écrite.

On se reportera, pour les correspondances entre matière graphique et matière sonore, au chapitre 7.

---

4. À partir des travaux de Nina Catach.

8.1.1. L'écriture des sons vocaliques et semi-vocaliques

On décrit ici, à la suite, les graphies des voyelles orales, des voyelles nasales et des semi-voyelles (ou *semi-consonnes*), pour lesquelles l'apprenant/utilisateur sait produire les graphies de base et reconnaître les autres graphies.

8.1.1.1. [a]

[a]		exemples
Graphie de base	**a**	*ma, va, café*
Autres graphies	**à**	*à, là* –
	â	*âge*
	e	*femme*

8.1.1.2. [i]

[i]		exemples
Graphie de base	**i**	*ici, il*
Autres graphies	**î**	*dîner*
	y	*il y a*

8.1.1.3. [y] et [u]

[y]		exemples
Graphie de base	**u**	*du, une*
Autre graphie	**û**	*sûr*

[u]		exemples
Graphie de base	**ou**	*pour, vous*
Autres graphies	**où**	*où*
	oû	*goût*

8.1.1.4. [e] et [ɛ]

[e] [ɛ]		exemples
Graphies de base	**é**	*été, café, né*
	è	*mère*
Autres graphies	**e**	*mer, elle*
	er	*parler*
	es	*mes, les*
	et	*et, paquet*
	ez	*mangez, nez*
	ai	*j'ai, faire*
	ei	*treize*
	ê	*êtes, même*

8.1.1.5. [ɔ] et [o]

[ɔ] et [o]		exemples
Graphies de base	**o**	*bravo, gros, homme*
	au	*autre, aussi*
	eau	*eau, bateau*
	ô	*côte*

8.1.1.6. [ø], [œ] et [ə]

[ø], [œ] et [ə]		exemples
Graphie de base	**e**	*le, demain, revenir*
Autres graphies	**eu**	*deux, peu, leur*
	œ	*œil, sœur*

8.1.1.7. [ɑ̃]

[ɑ̃]		exemples
Graphie de base	**an**	*enfant, dans*
Autres graphies	**en**	*en, enfant*
	am	*chambre, champ*
	em	*membre, temps*

8.1.1.8. [ɛ̃]

[ɛ̃]		exemples
Graphies de base	**un**	*un, lundi*
	in	*matin, cinq*
	ain	*pain*
Autres graphies	**ein**	*plein*
	en	*vient, Indien*

8.1.1.9. [õ]

[õ]		exemples
Graphie de base	**on**	*on, bon, monter*
Autre graphie	**om**	*sombre, compter*

8.1.1.10. [j] (communément appelé « yod »)

[j]		exemples
Graphies de base	**i**	*bien, hier, attention*
	y	*payer*
Autres graphies	**il**	*réveil, œil*
	ille	*fille*

8.1.1.11. [w] et [ɥ]

[w]		exemples
Graphie de base	ou	*oui, Louis*
Autres graphies	oi	*à droite, moi*
	oin	*loin*
	oy	*voyez*

[ɥ]		exemples
Graphie de base	u	*nuit, lui*

8.1.2. L'écriture des sons consonantiques

8.1.2.1. [p] et [b]

[p]		exemples
Graphie de base	p	*par, après*
Autre graphie	pp	*appeler*

[b]		exemples
Graphie de base	b	*bien, beaucoup*

8.1.2.2. [f] et [v]

[f]		exemples
Graphie de base	f	*café, fini, français*
Autres graphies	ff	*chauffage*
	ph	*pharmacie, téléphone*

[v]		exemples
Graphie de base	v	*vous, vert, avec*
Autre graphie	w	*wagon, WC*

8.1.2.3. [t] et [d]

[t]		exemples
Graphie de base	t	*toi, partir*
Autres graphies	tt	*attendre, mettre*
	th	*théâtre, thé*

[d]		exemples
Graphie de base	d	*de, pardon, aider*
Autre graphie	dd	*addition*

8.1.2.4. [s] et [z]

[s]		exemples
Graphie de base	s	*si, sur, sont, tous*
Autres graphies	ss	*passer*
	c	*facile, c'est*
	ç	*leçon, ça*
	t	*attention*
	sc	*sciences, piscine*

[z]		exemples
Graphie de base	s	*chose, maison*
Autre graphie	z	*onze, zéro*

8.1.2.5. [ʃ] et [ʒ]

[ʃ]		exemples
Graphie de base	ch	*chat, chez, acheter*

[ʒ]		exemples
Graphies de base	j	*jeune, jamais, jour*
	g	*fromage, manger, âge*

8.1.2.6. [k] et [g]

[k]		exemples
Graphies de base	c	*sac, comme*
	qu	*quand, que, question, Afrique*
Autres graphies	k	*kilo*
	q	*cinq*
	ch	*orchestre*
	cc	*d'accord*

[g]		exemples
Graphies de base	g	*gauche, frigo*
	gu	*langue*

8.1.2.7. [m] [n] et[ɲ]

[m]		exemples
Graphie de base	m	*moi, ami, même*
Autre graphie	mm	*femme, homme*

[n]		exemples
Graphie de base	n	*neuf, nous*
Autre graphie	nn	*donner, panne*

[ɲ]		exemples
Graphie de base	**gn**	*signe, Allemagne*
Autre graphie	**ni**	*Daniel*

8.1.2.8. [ʀ] et [l]

[ʀ]		exemples
Graphie de base	**r**	*être, finir, très, rouge*
Autre graphie	**rr**	*arriver, courrier, terre*

[l]		exemples
Graphie de base	**l**	*la, bleu, lundi, mal*
Autre graphie	**ll**	*aller, ville*

8.2. L'ORTHOGRAPHE LEXICALE

Au niveau A2, l'utilisateur/apprenant est capable de reconnaître des mots qu'il connaît et qu'il peut comprendre et produire à l'oral. Le caractère limité du lexique concerné donne d'autant plus d'importance à ses capacités de reconnaissance graphique et de compréhension écrite.

Pour un nombre limité de mots lexicaux et grammaticaux particulièrement fréquents et utiles[5], présents dans les inventaires des chapitres 4 (*Notions générales*) et 6 (*Notions spécifiques*), la graphie sera maîtrisée au niveau A2. Pour d'autres, la reconnaissance écrite, en rapport avec la forme orale, sera seule requise. Il n'est pas possible de fixer *a priori* le détail des mots dont la maîtrise graphique doit être assurée au niveau A2 : premièrement en raison des proximités/distances entre les systèmes graphiques des langues et la proximité typologique (familles et groupes de langues) entre les langues déjà connues et celle en cours d'appropriation ; deuxièmement en raison de la diversité des contextes, des besoins et des nécessités ; troisièmement selon les parcours et programmes d'appropriation divers et plus ou moins longs que concerne l'étape A2.

Néanmoins, l'apprenant/utilisateur A2 est familiarisé avec certaines caractéristiques de l'orthographe française, en particulier la présence de marques écrites non prononcées, l'existence de digrammes ou de quelques trigrammes (deux/trois lettres pour un son) tels que *ai, au/eau, eu, on, ou, ch, qu,* y compris les lettres redoublées (*cc, nn, rr, ss, tt*).

Il est sensibilisé, pour certains mots, à l'existence et à la place des accents écrits (aigu, grave, éventuellement circonflexe) et des tirets.

---

5. Y compris les mots grammaticaux invariables tels que les prépositions (sauf *à* et *de,* à morphologie variable) et quelques adverbes. Pour les mots grammaticaux variables (articles, pronoms), voir 8.3.

Il sait épeler (chap. 10) les mots dont il connaît la graphie et faire épeler (et comprendre l'épellation) des mots.

Il connaît l'existence de mots homophones et sait en distinguer un certain nombre (voir tableau ci-dessous).

La liste ci-dessous recense les mots qui se prononcent de la même manière (homophones) et qui s'écrivent différemment (hétérographes). Cette liste ne tient pas compte des distinctions orales entre [e] et [e ouvert], entre [o] et [ɔ] et entre [e muet], [ø] et [œ] (chap. 7). Cette liste comprend, pour les verbes relevant du niveau A2, des formes verbales (relevant elles-mêmes du niveau A2) homophones d'autres mots (noms, adjectifs, prépositions, etc.), comme *entre* (préposition) et *entre(s)* (du verbe *entrer*). Tant pour la morphologie verbale que pour les homophones hétérographes, le niveau A2 se caractérise notamment par l'introduction de l'imparfait, au moins pour les personnes 1, 2, 3 et 6 (*nous* et *vous* sont en effet d'un usage à la fois plus accessoire et plus complexe).

Pour les mots grammaticaux homophones et les séquences homophones de mots grammaticaux, voir 8.3.1. ci-dessous.

à, a + as<avoir
aller, allez, allé, allai-s-t-ent <aller
ai, et, es + est<être
an, en
au, eau, haut
avion, avions<avoir

bas, bas-t<battre
bois, bois + boit<boire

ça, sa
calcul, calcule-s-nt<calculer
calme, calme-s-nt<calmer
car, quart
ce, ceux, se
celle, sel
cent, sans, sang, sens-t<sentir
ces, ses, sait + sais<savoir
cet, cette, sept
change-es-ent<changer, change
change, change-s-nt<changer
ci, si, {six}
{cinq}, saint
cou, coup
cour, cours, court, cours-t-ent<courir
cuire, cuir

dans, dent
de, deux
déjeuner, déjeuné + déjeunai-s-t-
    ent<déjeuner
dîner, dîné + dînai-s-t-ent<dîner
dis + dit<dire, {dix}
doigt, dois + doit<devoir

du, dû<devoir
dur, dure-es-ent<durer

eau, au, haut
elle, L
en, an
entre, entre-s-ent<entrer
entrée, entré + entrer + entrai-s-t-ent<entrer
et, es + est<être, ai<avoir
été, été + étais-t-ent<être

faim, fin
faire, fer
fait, fais + fait<faire
fête, faites<faire
ferme-es-ent<fermer, ferme

gare, gare-s-nt<garer

haut, au, eau

il, île

je, jeu
joue, joue-es-ent<jouer
joué + jouai-s-t-ent<jouer, jouet

la, là
lait, les
lion, Lyon
lit, lis + lit<lire
livre, livre-s-nt<livrer
loup, loue-s-nt<louer

mai, mais, mes, met + mets<u>mettre</u>
mari, Marie
mer, mère
mètre, mettre
moi, mois

né<<u>naître</u>, nez
non, nom

on, ont<avoir
ou, où

pain, peint-s<<u>peindre</u>
par, pars + part<partir
parti<<u>partir</u>, partie, parti
pensée, pensé<<u>penser</u>
père, perd + perds<<u>perdre</u>
pierre, Pierre
peu, peux + peut<<u>pouvoir</u>
porte, porte-es-ent<<u>porter</u>
poste, poste-es-ent<<u>poster</u>
près, prêt
pris<<u>prendre</u>, prix

quart, car

réveil, réveille-s-nt<<u>réveiller</u>
ri-s-t-ent<<u>rire</u>, riz
roue, roux

sa, ça
sale, salle

salut, salue-s-nt<<u>saluer</u>
sang, sans, cent, sens-t<<u>sentir</u>
saint, {cinq}
savon, savons<<u>savoir</u>
se, ce, ceux
sel, celle
sept, cet, cette
ses, ces, sais-t<<u>savoir</u>
si, {six}
{six}, si
son, sont<<u>être</u>
sortie, sorti<<u>sortir</u>
souris, souris + sourit<<u>sourire</u>
suis, suis + suit<<u>suivre</u>
sur, sûr

tes, thé
temps, tant, tend-s<<u>tendre</u>
tien, tiens<<u>tenir</u>
travail, travaille-es-ent<<u>travailler</u>
tombe, tombe-s-nt<<u>tomber</u>

vent, vend + vends<<u>vendre</u>
vers, vert, verre
veux-t<<u>vouloir</u>, vœu
vie, vis + vit<<u>vivre</u>
vin, vingt
voix, vois-t<<u>voir</u>
vue, vu<<u>voir</u>

8.3. L'ORTHOGRAPHE GRAMMATICALE

L'orthographe grammaticale concerne :
- la forme graphique des mots grammaticaux et des séquences comportant des mots grammaticaux, avec leurs variations morphologiques (voir 8.3.1.) ;
- les formes de genre et de nombre des noms, des pronoms et des adjectifs (voir 8.3.2) ;
- l'orthographe grammaticale des formes verbales, y compris l'imparfait (voir 8.4.).

Les listes et les indications qui suivent concernent essentiellement la reconnaissance graphique et la compréhension écrite. La maîtrise, en production écrite, des marques écrites de genre et de nombre ne fait que commencer au niveau A2 (voir cependant 8.3.2. et 8.4.).

8.3.1. L'orthographe des mots grammaticaux

L'orthographe grammaticale concerne :
- la forme graphique des mots grammaticaux et des séquences comportant des mots grammaticaux, avec leurs variations morphologiques (8.3.1)
- les formes de genre et de nombre des noms, des pronoms et des adjectifs (8.3.2)
- l'orthographe grammaticale des formes verbales, y compris l'imparfait (8.4).

8.3.1.1. Mots grammaticaux monosyllabiques

à, a-as<u>avoir</u>

ce, se, ceux

ces, ses, sais-sait<u>savoir</u>

es-est<u>être</u>, et, ai<u>avoir</u>

on, ont<u>avoir</u>

ou, où

peu, peux-peut<u>pouvoir</u>

sa, ça

son, sont<u>être</u>

tout, tous

8.3.1.2. Distinction entre suite de mots grammaticaux

c'est, cet, cette

c'est, s'est, sait-sais, ces, ses

c'était, s'était

d'en, dans

l'a, la, là

l'ai, les

mes, m'est, mais, met-mets<u>mettre</u>

m'a-as, ma

m'ont, mon

qu'elle, quelle

qu'en, quand

s'en, sans

si, s'y

t'en, tant

t'a, t'as, ta

t'es, t'est, tes

t'ont, ton

8.3.1.3. Distinction entre séquences complexes de mots grammaticaux (en reconnaissance)

il/elle a, il/elle l'a, il/elle la

je l'ai, je les

qu'il, qui l'

8.3.1.4. Mots grammaticaux invariables

ailleurs	comme	longtemps	puis
ainsi	comment	lorsque	quand
alors	d'abord	maintenant	que
après	dans	mais	quelquefois
assez	dehors	mieux	qui
aujourd'hui	demain	moins	quoi
aussi	depuis	nulle part	si
aussitôt	devant	ou	sous
avant	donc	où	sur
bientôt	et	parfois	toujours
car	hier	pendant	très
chez	jamais	plus	trop
combien	loin	près	vers

8.3.1.1.5. Élision et apostrophe

Le principe de la forme écrite variable de quelques mots grammaticaux, en relation avec l'oral, est identifié au niveau A2 et elle commence à être maîtrisée en production :

ce, c'

de, d'

la, le, l'

me, m'

ne, n'

que, qu'

se, s'

te, t'

8.3.2. L'orthographe des noms et des adjectifs (voir aussi 5.1.2.)

8.3.2.1. Le genre (masculin/féminin)

Au niveau A2, l'apprenant aura identifié le principe élémentaire du marquage de genre :
* l'addition d'une lettre *e* au féminin,
* la différence entre le marquage de genre à l'écrit et à l'oral,

et perçu que ce marquage dépend du genre lexical des noms. Le principe de l'accord en genre est identifié, mais non maîtrisé en production écrite (sauf pour des besoins minimaux d'identification personnelle (nationalité, profession).

Processus identifiés (en reconnaissance) :
* adjonction d'un *e* sans modification de prononciation :

ami-amie, invité-invitée, bleu-bleue
* adjonction d'un *e* avec modification de la prononciation :

petit-petite, grand-grande, Français-Française, Africain-Africaine, étudiant-étudiante
* adjonction d'un *e* avec doublement de la consonne graphique :

gros-grosse, chat-chatte, Tunisien-Tunisienne

8.3.2.2. Le nombre (singulier/pluriel)

Au niveau A2, l'apprenant aura globalement identifié le principe élémentaire du marquage du nombre :
* par l'addition d'une lettre *s* au pluriel ;
* par l'adjonction d'un *x* graphique pour les noms en *-eu, -au* ou *-eau (beaux, aux, feux...)*.

Le principe de l'accord en nombre est identifié et commence à être maîtrisé en production écrite.

Le principe du cumul et de l'ordre des marques (*ami-e-s*) et de l'accord (*mes ami-e-s sont arrivé-e-s*) en genre et en nombre est bien identifié en lecture et commence à être maîtrisé en production écrite, notamment lorsque les marques en questions s'entendent (*le garçon est content/les filles sont contentes...*).

8.4. L'ORTHOGRAPHE DES FORMES VERBALES (voir aussi 5.1.1.)

L'apprenant/utilisateur A2 est capable d'identifier les principales formes flexionnelles de personne et de nombre pour les verbes et les temps verbaux relevant du niveau A2 (voir 4., 6. et 5.1.1.), et en particulier :
* les formes 1, 2, 3, 6 *(-s, -ons, -ez, -ent)* du présent de l'indicatif, de l'imparfait, les formes de l'infinitif *(-er, -ir)*[6] et du participe passé *(-é, -i, -u)* ;
* les formes 4 et 5 sont maîtrisées, au moins en reconnaissance.

Il maîtrise les formes des verbes suivants :
* tous les verbes dits « irréguliers » (supérieurs à cinq bases) : *être, avoir, aller, faire, savoir* ;
* des verbes fréquents des 2e et 3e groupes : *venir, tenir, prendre, pouvoir, devoir, boire, voir, lire, dormir, sortir, écrire, finir...*
* des verbes en *-er* à alternance vocalique (*lever, appeler, jeter...*) ;
* les verbes en *-er* simples, à l'exclusion de ceux avec un radical vocalique (*envoyer, jouer...*).

---

6. Utiles par exemple pour la compréhension de panneaux, d'instructions ou d'avertissements dans des lieux publics.

Références bibliographiques

Catach, N. (1980): *L'orthographe française*, Nathan, Paris.

Catach, N, (1991): *L'orthographe en débat*, Nathan, Paris.

Pinchon, J. & Couté B. (1980): *Le système verbal du français*, Nathan, Paris.

CHAPITRE 9
LES COMPÉTENCES CULTURELLES ET INTERCULTURELLES : LE STADE «PRISE DE CONSCIENCE»

Ce *Niveau A2 pour le français* comporte, comme les précédents, des propositions de repérage relatives aux dimensions culturelles qui sont spécifiées suivant la même perspective et les mêmes principes : on pose qu'avec les dimensions culturelles, la « matière » à définir fait intervenir des compétences et des connaissances de nature non linguistique, dont des valeurs, attitudes et comportements. Les compétences culturelles et interculturelles mises en jeu dans la découverte d'une autre culture et utilisées pour comprendre celle-ci ou pour agir en son sein sont largement indépendantes de la compétence langagière en langue cible des apprenants.

Cela signifie par exemple que, au niveau A2 comme en A1 :

- les activités de classe portant sur ces « contenus » culturels ne se réalisent pas nécessairement (ou exclusivement) dans la langue cible. Si l'emploi de la langue cible est toujours souhaitable, rien n'interdit d'avoir recours à d'autres langues connues des apprenants, d'autant que les objectifs poursuivis ici ne sont linguistiques que de manière secondaire ;
- l'âge des apprenants est un facteur plus important que les connaissances en langue pour des activités de cette nature. Chez les enfants, le « degré » d'implication dans la vie sociale est en partie dépendant de leur développement mais, pour les adultes, il est fonction de l'interprétation qu'ils donnent de leur responsabilité individuelle dans la vie commune.

Les stades de développement de compétences culturelles/interculturelles décrits dans les *Niveaux pour le français* ne sont pas nécessairement en relation avec les niveaux linguistiques correspondants des apprenants/utilisateurs. Le choix des objectifs à atteindre (ici A2) dans ce domaine peut être pertinent pour des locuteurs ayant une maîtrise langagière développée en français (de type B2, par exemple) mais n'ayant qu'une faible expérience directe de l'altérité ou de l'étranger. On posera donc que ces compétences culturelles et interculturelles d'un acteur social sont susceptibles de passer par différents stades de développement. Par exemple, une description de ceux-ci a été fondée sur la notion d'empathie par C. Kramsch et P. Nelson (1996) et a pris la forme d'un schéma à quatre « niveaux » :

- curiosité, ouverture à la différence ;
- tolérance, intérêt actif, acceptation de la culture cible ;
- volonté de résolution de conflit, adaptation de son comportement et de sa conversation en fonction du contexte ;
- compréhension des manifestations de la culture cible, conscience de sa propre perspective culturelle et conscience de sa propre altérité, action culturellement appropriée.

Nous retiendrons une base plus large pour spécifier ces compétences, en mobilisant les concepts de personnalité et de citoyenneté. Il ne nous a pas semblé impossible de décrire la genèse d'une personnalité pluriculturelle en six étapes, même si cette partition comporte un certain arbitraire. On ne l'adopte ici que pour qu'elle soit compatible avec les niveaux de référence du *Cadre*. On propose donc de distinguer :

- un stade « **découverte** » ;
- un stade « **prise de conscience interculturelle** » ;
- un stade « **insertion** » et « **recul interprétatif** » ;
- un stade « **insertion** » ou « **intégration** », même réversible et provisoire ;

- un stade « **implication personnelle et citoyenne** » ;
- un stade « **personnalité pluriculturelle** ».

Nous décrirons ci-après le stade dit *de prise de conscience interculturelle* et nous le mettrons en relation avec les compétences de communication attendue en A2. Mais il doit demeurer clair que cette compétence culturelle peut être acquise par un sujet social possédant des compétences langagières plus élevées et sans doute aussi de niveau A1.

9.1. UNE TYPOLOGIE DES COMPÉTENCES CULTURELLES/ INTERCULTURELLES ARTICULÉE SUR LA DESCRIPTION DES NIVEAUX DE RÉFÉRENCE DU *CADRE* EN FRANÇAIS

Pour décrire et classifier les compétences de nature culturelle/interculturelle, on retiendra un ensemble de composantes qui ne figure pas dans le *Cadre*. Cette spécification ne prétend pas constituer un modèle du développement de la compétence culturelle/interculturelle de l'utilisateur/apprenant : elle vise seulement à permettre de déterminer des formes différentes d'objectifs d'enseignement possibles d'une « matière culturelle » qui se manifeste sous des formes verbales/discursives mais qui est aussi caractérisable en termes de compétences sociales et intellectuelles, d'attitudes et de valeurs.

On utilisera une catégorisation qui cherche à mettre en relation les compétences culturelles et le matériel social/linguistique/discursif sur lequel celles-ci peuvent prendre appui, étant entendu que ces deux « échelles » sont indépendantes l'une de l'autre. Les compétences de nature culturelle/interculturelle sont spécifiées en cinq composantes :

- **la composante actionnelle** permet de décrire le « savoir agir » dans une société peu connue, de manière à pouvoir y gérer sa vie matérielle et relationnelle, professionnelle, etc., qu'il s'agisse d'un séjour provisoire, comme touriste, ou d'un séjour de plus longue durée (expatriation). Cette forme d'insertion dans une autre société donne lieu, potentiellement, à des observations et à des interprétations de la part de l'apprenant. Elle constitue alors souvent la matière des premiers malentendus ou surprises culturels, et implique, surtout lors des contacts initiaux, une prise de distance et une disposition à la découverte ;
- **la composante ethnolinguistique** permet de caractériser le « vivre ensemble verbal », qui est régulé par des normes ou habitudes concernant les comportements communicatifs (étudiés par l'ethnologie de la communication et l'ethnolinguistique) et qui ont des effets directs sur la réussite de la communication. Cette compétence, qui fonde, avec les compétences linguistiques, les représentations du « bien parler », sont d'autant plus attendues de la part d'un utilisateur/apprenant que son niveau est élevé ;
- **la composante relationnelle** concerne les attitudes et les compétences verbales nécessaires à une gestion appropriée d'interactions verbales portant explicitement, même partiellement, sur la matière culturelle et sociétale elle-même. Ces interactions ne relèvent pas uniquement d'un savoir-faire d'ordre interactionnel : elles constituent l'une des formes visibles de la « communication interculturelle » et elles impliquent la constitution ou le renforcement d'attitudes positives, comme la curiosité, la bienveillance, la tolérance et l'acceptation culturelles. Ces interactions supposent des contacts avec des natifs et semblent donc possibles pour des apprenants-type A2 qui sont capables de demander des informations et d'en donner ;
- **la composante interprétative** concerne les représentations (discursives, en particulier) de la culture des sociétés autres. Elle est relative à ces représentations telles qu'elles se manifestent dans les contacts directs (observation, interaction verbale) ou à travers des discours dits *sociaux*, à savoir ceux relatifs à la « description » d'une société donnée. La matière culturelle se présente alors sous des aspects de connaissance, d'information, de description, d'explication, d'interprétation, de prise de position, suivant les genres discur-

sifs qui la matérialisent. Cette diversité suscite des stratégies différentes chez l'utilisateur/
apprenant pour identifier les connaissances qui lui sont nécessaires, pour se les approprier
et pour construire des interprétations, en n'abdiquant rien de la vigilance idéologique et
éthique dont il peut faire preuve. La caractérisation de la matière culturelle permet de spécifier des stratégies de réception adaptées aux formes discursives où sont exposées ces
connaissances et activer des attitudes intellectuelles dynamiques par rapport aux discours
tenus sur la société cible, sur la sienne, avec des membres de l'autre société ou de la
sienne (discussions, comparaisons, commentaires de voyages, médiation culturelle). Cela
revient à concevoir la matière culturelle comme étant intrinsèquement diversifiée par les
discours qui la constituent ou qui la transmettent ;
• **la composante interculturelle** proprement dite est pour partie la résultante des capacités précédentes : elle permet d'appréhender la matière culturelle en tant qu'elle est objet
de jugements évaluatifs susceptibles, en particulier, d'activer des réactions d'ethnocen-
trisme et d'intolérance, des processus d'acculturation et de dépendance culturelle, d'en-
fermement identitaire ou d'aliénation. Elle a pour finalité d'agir sur ces représentations et
attitudes négatives et de conduire les apprenants à une forme plus ouverte et disponible
d'identité culturelle. Elle concerne donc pleinement le développement d'une personnalité
interculturelle et, en termes de pédagogie, s'interprète comme une responsabilité éducative des enseignants de langue.

Tableau résumé : les composantes de la compétence culturelle/interculturelle

Compétences communicatives/culturelles caractérisant le stade *prise de conscience interculturelle*	Matériel social, linguistique et discursif et compétences de communication de type A2
Composante actionnelle : savoir et savoir-faire relatifs à la connaissance de la société cible dans ses aspects matériels et pratiques.	Scripts sociaux, connaissance des institutions, des formes d'organisation de la vie collective, etc., et compétences de communication qui y correspondent.
Composante ethnolinguistique : savoir et savoir-faire relatifs aux formes verbales des interactions, dans leurs variations culturelles.	Propriété verbale, politesse, genres discursifs, etc.
Composante relationnelle : savoir et savoir-faire relatifs aux interactions portant sur la matière culturelle.	Interactions verbales avec des locuteurs relevant du groupe cible ou d'autres groupes/sociétés et se rapportant directement à la matière culturelle.
Composante interprétative : savoir et savoir-faire relatifs à la connaissance et à la construction d'interprétations de la matière culturelle fondant éventuellement un comportement citoyen responsable dans la société.	Données discursives, variables : • selon les formes de présence de la matière culturelle (contact direct) et/ou de représentation des connaissances, informations, descriptions et interprétations de celle-ci (circulant sous forme de discours) ; • selon les formes de compréhension, d'élaboration et d'interprétation auxquelles elles donnent lieu de la part de l'utilisateur/apprenant.

Composante interculturelle proprement dite : savoir gérer les expériences et les contacts interculturels à partir de dispositions bienveillantes. Les sociétés sont objet d'évaluation (interne et externe). Ces dimensions évaluatives relèvent de l'éducation interculturelle proprement dite et de l'éthique. Celle-ci vise à apprendre le « vivre ensemble » démocratique, la tolérance et le respect mutuel, pour autant que les traits des sociétés en contact soient en conformité avec les droits de l'homme et compte tenu des différences idéologiques entre les locuteurs. Cette dimension interculturelle est transversale à toutes les composantes précédentes.	Essentiellement, les discours produits par les apprenants eux-mêmes, sur lesquels ils sont invités à développer une attitude réflexive.

On trouvera ci-après, sous forme de description d'objectifs d'enseignement, la spécification de cette compétence culturelle/interculturelle du stade de «prise de conscience», suivant les catégories précédentes. On cherchera à y définir, partout où cela est possible, des correspondances avec le matériel linguistique/discursif et les compétences communicationnelles dont la maîtrise caractérise le niveau A2 de compétence en français.

9.2. LA COMPOSANTE ACTIONNELLE DE LA COMPÉTENCE CULTURELLE/INTERCULTURELLE

La gestion efficace de la communication verbale ayant trait à la vie quotidienne, sociale, professionnelle, dans ce qu'elle a de collectif et de matériel, est un objectif de formation particulièrement mis en évidence dans les descripteurs du *Cadre*. Elle repose sur la maîtrise de compétences non exclusivement linguistiques : celle de schémas d'action comme prendre l'autobus, aller au restaurant, utiliser un parking public, poster un colis… Quand ces scénarios d'actions sont intériorisés, ils permettent de gérer les tâches sociales correspondantes qui impliquent actions physiques et interactions verbales. Ces schémas d'action constituent des séquences d'éléments, puisque des choix distincts sont possibles à certains points de ces scénarios. Ils organisent la vie collective, à travers les comportements admis, qui dépendent en partie des règlements, des services collectifs qui les prennent en charge. Ceux-ci produisent des formes matérielles de vie sociale qui peuvent être très différentes d'un pays à l'autre. Ces schémas d'action sociale mettent en évidence certains traits anthropologiques de la société qui les utilise (par exemple : horaires des magasins, heures des repas et formes de gestion du temps).

Les objectifs identifiés pour un niveau culturel/interculturel « prise de conscience» relatifs à cette composante sont les suivants :

Attitudes et comportements visés	Matériel social, linguistique et discursif et compétences de communication de type A2
• Identification intuitive et/ou explicite de différences dans les comportements sociaux, dans le domaine de la vie collective et reconnaissance des régularités de ceux-ci. • Capacité à s'interroger sur ses propres comportements sociaux. • Maîtrise partielle (réelle ou virtuelle) d'un nouvel environnement social : reconnaissance de quelques scripts sociaux ordinaires et capacité à utiliser ces derniers, avec une certaine efficacité, au moins partiellement, avec la médiation éventuelle d'un membre de la société d'accueil.	• Capacité à s'informer sur des comportements peu compréhensibles, à expliciter partiellement les siens. • Maîtrise de formes discursives « standardisées » pour gérer de telles situations de la vie courante, devenues prévisibles pour l'utilisateur/apprenant (par exemple : réponse à des questions courantes). • Appropriation des notions générales et spécifiques correspondantes et des fonctions discursives relatives à la demande d'information ou de service (objets, argent, loisirs…) ainsi que d'éléments des interactions verbales correspondantes. • Reconnaissance et utilisation de noms de produits et de marques (nourriture, vêtements…). • Gestion globalement efficace des interactions de service (au moyen de toutes les ressources du répertoire plurilingue et non exclusivement en langue cible).
• Disponibilité pour des formes de relations sociales, à visée non exclusivement pratique, avec les membres de la communauté d'accueil.	• Gestion globalement efficace d'interactions de socialisation minimale (s'identifier : origine, situation familiale, profession, raison du séjour…), apprécier ou répondre à des demandes d'évaluation (*Comment trouvez-vous notre pays ?*) et identification des routines conversationnelles correspondantes.
• Intérêt pour des caractéristiques de la société d'accueil au-delà de son fonctionnement matériel immédiatement utile.	• Repérage de quelques thèmes récurrents de l'actualité, des acteurs principaux de celle-ci. Premières reconnaissances du panorama médiatique, en particulier premières impressions sur l'offre télévisuelle (genre des émissions).

Cette compétence sollicite en particulier des fonctions comme interagir à propos d'activités ou d'actions (3.4. et en particulier celles décrites de 3.4.1. à 3.4.7. et 3.4.11.). Elle implique la maîtrise des notions générales relatives à la quantité, à l'espace et au temps (4.2., 4.3. et 4.4.), ainsi que celle de notions spécifiques comme : transports et voyages (6.9.), hôtel et restaurant (6.10.), nourriture et boissons (6.11.) ou encore commerces et courses (6.12.) ou services publics (6.13.).

À ce niveau, l'utilisateur/apprenant doit aussi être en mesure d'interpréter les principales notions spécifiques relatives aux formes d'organisation de la vie collective :
- des noms propres de lieu (variables selon les endroits : par exemple, Place de l'homme de fer ou Grand Rue pour Strasbourg, Place de la Concorde pour Paris), certains noms de rues, les modes de désignation de l'espace urbain (centre/banlieues...), etc. ;
- des noms de marques, de produits de consommation ordinaires (par exemple, noms d'eaux minérales, de vins, de fromages...), d'aliments (types de fromages, de desserts, de poissons...), etc. ;
- des noms d'institutions, leurs rôles et les sigles correspondants : SNCF, RATP (à Paris), Poste, Préfecture de police, etc.

On se donnera les moyens didactiques pour que l'enseignement/apprentissage de ces comportements sociaux, qui ne constitue pas partout des objectifs réalistes ou motivants pour les apprenants, suscite des réactions de la part de ceux-ci, car ils constituent la forme de contact avec une société inconnue la plus immédiate et la plus à la portée des apprenants. C'est ce contact qu'il importe de prendre en charge dans une perspective éducationnelle.

9.3. LA COMPOSANTE ETHNOLINGUISTIQUE DE LA COMPÉTENCE CULTURELLE/INTERCULTURELLE

On considère que la maîtrise d'une langue implique non seulement celle de ses composantes formelles mais aussi l'identification et la maîtrise de comportements verbaux, qui sont régulés par des conventions sociales, plus ou moins partagées dans une communauté de communication donnée. Cette structuration de la communication verbale relève d'un cadre d'analyse dit souvent « ethnolinguistique ». Le fonctionnement des communautés de communication met en évidence des régulations ou des normes de comportement verbal qui se manifestent au « niveau » des mots, en termes de propriété, c'est-à-dire d'acceptabilité consensuelle : en français, par exemple, on salue en disant *Bonjour* et non *Belle journée*, énoncé pourtant parfaitement grammatical. Ces normes peuvent devenir sujet d'étonnement ou source de malentendu d'une communauté à une autre. La propriété des énoncés s'impose comme un objectif à la fois culturel et linguistique. Cette composante est vraisemblablement celle dans laquelle les dimensions culturelles et linguistiques sont intégrées, puisque les régulations ethnolinguistiques des communautés de communication peuvent être tenues indifféremment pour des règles culturelles de comportement linguistique ou des règles linguistiques de comportements culturels. Cela implique que, au niveau-type A2, les activités portant sur des activités communicatives comportent des éléments de sensibilisation à leurs conditions sociales/culturelles d'emploi, puisque ce dernier se caractérise en particulier par une maîtrise accrue de la politesse verbale.

Par exemple, on veillera à faire percevoir la « force » de fonctions comme *Rectifier* (*de manière non polémique* 3.1.7.), *Exprimer le désaccord* (*de manière non agressive pour ménager la face de l'autre* 3.2.3.), *Exprimer des sentiments négatifs* (*de manière retenue*, 3.3. en général). Plus largement, l'apprenant/utilisateur-type A2 doit être rendu conscient de ce caractère « culturel » fondamental de la communication, de manière à ce qu'il ne se préoccupe pas uniquement de grammaire ou de grammaticalité. Il importe qu'il perçoive que certaines expressions, pourtant correctes, ne « se disent pas », c'est-à-dire qu'elles ne sont pas appropriées.

Les objectifs identifiés pour un niveau culturel/interculturel « prise de conscience » sont les suivants :

Attitudes et comportements visés	Matériel social, linguistique et discursif et compétences de communication de type A2
• Disponibilité du locuteur à analyser les comportements communicationnels dans lesquels il est impliqué. • Identification de quelques différences spécifiques du comportement verbal : identification intuitive et/ou explicite de quelques différences, dans le domaine de la politesse verbale (emploi de *tu/vous*, des modes d'adresse), des demandes de faire (intensité et minimisation) et des risques de malentendu culturel sur ces bases ethnolinguistiques. • Maîtrise partielle de certaines situations de communication ordinaires : gestion de relations sociales minimales à visée fonctionnelle ou non, avec des interlocuteurs d'occasion ou des interlocuteurs bien disposés et/ou connus (parlant éventuellement la langue de l'apprenant). • Identification de formes caractéristiques de la politesse verbale ordinaire et d'autres normes non verbales dominantes de la politesse sociale (ponctualité, manières de table…).	• Capacité à s'interroger sur ses propres comportements verbaux et à s'informer sur des comportements verbaux peu connus. • Capacité à nommer et/ou à reconnaître le nom de certaines fonctions discursives (exemple : *merci* et *remercier, remerciement*) et à identifier du matériel verbal correspondant. • Maîtrise verbale partiellement correcte et appropriée de certaines des fonctions discursives constitutives des interactions orales (réelles ou simulées) prévisibles correspondantes dans le cadre d'échanges (paires de répliques orales suivies) ou de séquences très limitées d'échanges. • Capacité à utiliser les fonctions relatives à la politesse verbale courante et aux demandes de faire/de service/d'information, sans menace forte pour la face du destinataire.

9.4. LA COMPOSANTE RELATIONNELLE DE LA COMPÉTENCE CULTURELLE/INTERCULTURELLE

On peut être amené à décrire, analyser, porter des jugements de valeur, etc. sur son groupe ou sa société d'appartenance ou sur d'autres dans le cadre d'interactions verbales qui constituent un espace de contact interculturel ordinaire. On réservera à ce type de situations d'interaction verbale la dénomination de *communication interculturelle* ou d'*interactions verbales interculturelles*. Dans les autres cas, où des ensembles culturels viennent en contact, du fait essentiellement de l'apprenant/utilisateur et sans interaction verbale directe avec des membres d'une autre communauté, on parlera de *contacts interculturels*, lesquels ne sont pas nécessairement verbaux ni même verbalisés. Les interactions verbales interculturelles sont une sous-catégorie d'interactions, relevant en général de la sphère privée, amicale, sociale. Elles constituent un lieu de création, de cristallisation, d'exposition, de discussion, de modification, de confirmation de l'expérience sociale de chacun, où sont mises en jeu informations, connaissances, croyances, idéologies et valeurs.

Pour le locuteur allophone, la finalité majeure de ces interactions ou séquences d'interactions est probablement de mieux connaître une communauté autre que celle dont il relève, en mettant à profit ses contacts avec des membres de cette société. Au niveau de référence

A2, ses compétences en langue cible lui permettent de donner des informations sur la société où il vit (le *Cadre* utilise souvent le terme *environnement*). Ces interactions relèvent de spécifications descriptibles en termes d'éducation interculturelle, puisqu'elles constituent une des formes du *contact interculturel*, sans doute la plus riche de potentialités, car elles s'effectuent en face à face et en dimension réelle. Elles relèvent aussi de l'apprendre à connaître et à interpréter. Les connaissances ou les informations, mises en circulation dans ces interactions par les membres de la communauté cible à destination d'allophones en quête d'information auprès d'eux, peuvent avoir des statuts épistémologiques très différents : mise en discours de l'expérience individuelle, à travers les représentations sociales marquées par des appartenances de groupes, connaissances objectivées provenant des sciences sociales, croyances, opinions, convictions, stéréotypes, contrevérités... Elles sont à interpréter pour ce qu'elles sont par l'apprenant/utilisateur.

Les objectifs identifiés pour un niveau culturel/interculturel « prise de conscience » relatifs à cette composante sont les suivants :

Attitudes et comportements visés	Matériel social, linguistique et discursif et compétences de communication de type A2
• Capacité à gérer avec succès des situations de communication simulées ou des échanges réels limités ayant pour objet la communauté cible, en langue première (ou dans une langue tierce commune) et partiellement en langue cible (obtenir et donner les informations et les explications recherchées). • Capacité à comparer les communautés de manière globale : décrire des caractéristiques de sa communauté en langue cible (donner des informations sur soi-même, en tant que sujet social).	• Capacité à demander des informations, des précisions, en langue cible, dans le cadre d'une brève série d'échanges. • Capacité à fournir des informations non demandées et à les accompagner de jugements de valeur ou de commentaires, au moyen de toutes les ressources du répertoire plurilingue.

9.5. LA COMPOSANTE INTERPRÉTATIVE DE LA COMPÉTENCE CULTURELLE/INTERCULTURELLE

Si l'on s'en tient aux enseignements en milieu allophone, le contact culturel se produit à travers l'enseignant, le manuel, les médias nationaux ou internationaux, Internet, les relations personnelles... Il s'agit donc essentiellement d'un contact à travers des documents oraux, écrits ou audiovisuels, qu'il convient d'apprendre à comprendre linguistiquement et à interpréter socialement. Pour faire de l'utilisateur/apprenant un observateur curieux et attentif d'une réalité inconnue ou peu connue, il importe de mettre en place des activités permettant d'interpréter les faits sociaux en fonction de sa propre expérience, de ses connaissances, de ses valeurs et croyances, au-delà de réactions ethnocentriques non contrôlées. Cet entraînement à l'observation de la réalité sociale implique de rendre l'apprenant capable :
- de repérer des indices ;
- de mettre les indices et les observations ponctuelles en corrélation ;
- de distinguer événements ou faits considérés comme accidentels dans la communauté cible de ceux faisant sens dans/pour celle-ci (en ce qu'ils en mettent en évidence les structurations, les problèmes...) ;

• d'identifier les connaissances et informations nécessaires et disponibles et d'en distinguer la nature et la portée, en fonction de leurs conditions de production et des enjeux auxquels elles sont susceptibles de répondre ;
• d'établir des comparaisons en ayant conscience de la difficulté de mettre en regard des réalités qui peuvent ne pas être comparables (même si elles sont matériellement identiques), ce qui implique de veiller aux comparaisons « frontales », comme si les communautés étaient homogènes ;
• d'être conscient des limites de toute généralisation « nationale », en ce que les communautés nationales ne sont pas homogènes culturellement. Ces activités sont une composante fondamentale d'une éducation interculturelle et elles contribuent de manière très significative au développement d'une personnalité interculturelle. Elles présentent l'avantage d'être pédagogiquement possibles et pertinentes dans n'importe quel contexte éducatif.

Les objectifs identifiés pour un niveau culturel/interculturel « prise de conscience » relatifs à cette composante sont les suivants :

Attitudes et comportements visés	Matériel social, linguistique et discursif et compétences de communication de type A2
• Capacité à maintenir la curiosité culturelle en éveil, passée la phase d'appropriation de l'environnement pour les besoins matériels immédiats. • Capacité à identifier des manques d'information et à chercher à les combler. • Capacité à utiliser des sources d'information ordinaires (touristiques, encyclopédiques…) en les confrontant à l'expérience sociale propre. • Capacité à mettre en relation des indices observés dans l'environnement quotidien et à en tirer de premières interprétations, autres que relatives au « caractère national » ou à des prétendus qualités/défauts collectifs. • Capacité à construire des interprétations explicatives non stéréotypées ou convenues (à l'aide de catégories comme *romantique, original, typique…*). • Capacité à repérer des points de vue visiblement ethnocentriques dans les analyses issues de sa propre communauté (médias, par exemple) et concernant l'autre communauté. • Lecture des signes, symboles et formes, de la gestuelle.	• Capacité à faire la différence entre des difficultés de compréhension de nature nettement linguistique et celles relevant de méconnaissances sociales et culturelles. • Lecture, à des fins d'information de nature non exclusivement pratique, de brefs textes de divulgation (synthèses), aux formes discursives prévisibles. • « Lecture » de schémas, cartes, tableaux à plusieurs entrées, données iconographiques, données quantitatives concernant la société non connue. • Appropriation de notions concernant l'espace et le temps (*boulevard, week-end…*). • Appropriations de notions spécifiques, relatives aux comportements ordinaires (pratiques alimentaires, vestimentaires…) et aux institutions et organisations impliquées dans la vie quotidienne, dans leurs dimensions lexicales et sociales. • Capacité de verbalisation sous formes d'énoncés évaluatifs.

9.6. LA COMPOSANTE INTERCULTURELLE PROPREMENT DITE

L'objectif d'une éducation qui permette le développement d'une personnalité pluriculturelle est la capacité à gérer ce qui apparaît sous forme d'émotions, de sentiments et de réactions, de toute nature, que sont susceptibles de produire les contacts avec une société inconnue ou peu connue. Le *Cadre* retient comme finalité des formations en langue la constitution d'une telle personnalité pluriculturelle, caractérisée par une compétence pluriculturelle, symétrique, d'une certaine manière, de la compétence plurilingue (voir *Cadre*, chap. 8). Ce projet éducatif naît du contact (réel ou virtuel) qu'établissent les langues et leurs enseignements entre des communautés différentes. Il se fonde sur la valeur reconnue à l'altérité, et donc sur la tolérance culturelle, composante d'une culture de la paix. Il fait aussi sa place à la distance critique, à l'intelligence sociale et à des valeurs fondatrices de la citoyenneté démocratique.

Il n'est pas avéré que ces finalités, qui portent sur les attitudes, les convictions, les manières d'être puissent se transformer en un *savoir être*, définissable en termes opérationnels et modélisants, et créer les effets escomptés sur les apprenants/utilisateurs. La modestie est de rigueur dans ces matières éducatives, ainsi que la prudence, car il est sans doute opportun de mesurer la difficulté à mettre au point les démarches pédagogiques correspondantes et de ne pas minimiser la résistance que peut opposer à cette entreprise l'inertie des représentations sociales et des orthodoxies établies.

Toutes les activités énumérées dans les autres composantes doivent contribuer à développer cette compétence culturelle/interculturelle en particulier en ce qui concerne:

- les attitudes psychosociologiques de disponibilité et d'intérêt pour la découverte de formes non connues, non familières, non expérimentées personnellement jusqu'alors, de communication verbale, de comportements individuels, d'organisations sociétales, de croyances et de valeurs… ;
- les stratégies personnelles de non-minoration systématique de réalités autres (ou de non-valorisation systématique de celles-ci);
- les formes de conscience citoyenne démocratique.

Ces spécifications éducatives sont d'autant plus essentielles aux programmes de formation linguistique, quels qu'ils soient, que la langue enseignée se trouve en position dominante (comme langue officielle, comme langue d'enseignement, comme langue étrangère ou privilégiée par les groupes dominants, comme langue renvoyant à des formes culturelles considérées communément comme modélisantes…). Il est de la responsabilité éducative des décideurs en matière de politique linguistique éducative et des enseignants concernés de prendre en compte centralement ces finalités, tendues vers la valorisation et le développement du répertoire communicatif et culturel, pour faire en sorte que la langue en cours d'acquisition et la culture-civilisation en cours de découverte ne « bloquent » pas ultérieurement le développement de celui-ci, qui est destiné à se déployer tout au long de la vie.

Les objectifs identifiés pour un niveau culturel/interculturel « prise de conscience » relatifs à cette composante sont les suivants :

Attitudes et comportements visés	Matériel social, linguistique et discursif et compétences de communication de type A2
• À l'occasion des contacts avec une langue inconnue et une communauté peu ou non connue, prise de conscience de son insertion dans son propre groupe de référence, des formes de sa curiosité pour autrui (en relation avec l'égocentrisme et l'ethnocentrisme), de ses attitudes interculturelles, de sa forme de consommation touristique. • Perception que les formations en langue « étrangère » sont un lieu de contact interculturel (même s'il n'est pas direct). • Détermination des relations entre son apprentissage linguistique et ses attentes en termes de contact interculturel. • Prise de conscience que les incompréhensions langagières peuvent provenir du contact des cultures et non uniquement de raisons linguistiques.	• Identification des formes d'appartenance à une communauté, des marqueurs de celle-ci (y compris les stéréotypes nationaux) et de ses propres représentations de l'autre, à partir des symboles, mots, énoncés génériques et discours qui s'y rapportent. • Acceptation de considérer que la connaissance des communautés autres constitue une finalité de l'enseignement/apprentissage au même titre que l'appropriation d'une langue nouvelle. • Création d'une conscience de phénomènes de cette nature.

Les langues et leurs enseignements établissent des contacts entre des sociétés différentes et constituent potentiellement un lieu de rencontre interculturelle et donc un espace où développer une personnalité pluriculturelle. Ce projet éducatif ne peut se fonder que sur la valeur reconnue à l'altérité et à la tolérance culturelle, composante d'une culture de paix. Il est aussi conçu pour développer la distance critique et l'intelligence sociale et pour former aux valeurs fondatrices de la citoyenneté démocratique. En effet, il faut remettre l'éducation interculturelle en perspective avec l'éducation à la citoyenneté démocratique, dans la mesure où la diversité culturelle n'est pas digne de respect uniquement parce qu'elle est diversité ou différence, mais aussi parce qu'elle témoigne de la variété de « faire l'homme » à partir de valeurs qui vont au-delà des communautés singulières.

9.7. CONTENUS D'ENSEIGNEMENT

Il ne nous échappe pas que les dimensions culturelles sont aujourd'hui largement abordées en termes de contenus et d'informations/connaissances et non de compétences. Dans la présente description de référence, les contenus sont indifférents du moment qu'ils permettent de développer les compétences visées. Mais, concrètement, ils doivent être spécifiés en fonction de la situation éducative et des représentations sociales et attentes personnelles des publics d'apprenants concernés. Cela signifie qu'il n'existe pas de contenus d'enseignements prédéterminés, exception faite d'indications encyclopédiques générales.

Pour effectuer ces choix, un certain nombre de critères semblent devoir être respectés par les manuels et les enseignants :

  • vérifier systématiquement la nature des informations transmises, leur sérieux et leur crédibilité, de manière à éviter de diffuser des stéréotypes ;
  • avoir recours aux acquis des sciences sociales de référence : histoire, anthropologie, sociologie… ;

• identifier les représentations préalables des apprenants (qui peuvent être des stéréotypes), mettre en évidence leur origine (d'où vient la représentation que « les Français ne sont pas propres » ?) et en montrer les limites ;
• construire une représentation qui ne se borne pas à l'identité nationale mais qui montre la pluralité de la société ;
• ne pas se limiter aux « sujets » touristiques, anecdotiques ou plaisants, qui sont sans doute importants pour la motivation mais qui sont de nature à donner une image folklorique ou caricaturale de la/des société(s) où se parle la langue cible ;
• procéder par l'analyse de domaines identifiés plutôt que par « thèmes » vagues (par exemple, *Les Français et l'argent*) qui n'ont de valeur que de divulgation (pour la présentation de ces domaines aux apprenants).

On rappelle ci-après, pour mémoire, quelques-uns de ces domaines éligibles comme « contenus » :
i. Sujets possibles des conversations ordinaires, dans la sphère privée ou personnelle :
• le climat, le temps qu'il fait ;
• habitudes alimentaires, heures des repas, composition des repas, repas de fête, dîners en famille, avec des amis, mets rares, plats nationaux, régionaux, populaires, distingués… ;
• rythmes quotidiens, hebdomadaires, mensuels, vacances, week-end, fêtes, ponctualité ;
• loisirs, télévision, lecture, cinéma, week-end, tourisme et voyages ;
• famille : relations, problèmes (autorité, laxisme…), recensements ;
• relations avec l'entourage : professionnelles, personnelles (voisins, amis, copains…), sentimentales et sexuelles (les jeunes) ;
• scolarité des enfants ;
• santé ;
• budget familial, revenus, coût de la vie, impôts ;
• les achats : nourriture, vêtements, ameublement, équipement, voiture, cadeaux… ;
• sports : football, rugby, cyclisme, ski, tennis, jogging ;
• politique ;
• vie sociale : associations, militantisme, engagement, responsabilités collectives ;
• relations avec autrui : parents, amis, relations professionnelles… ;
• sentiments, état d'esprit ; […]

ii. Entrées/Domaines de type anthropologique :
• rapport avec la nature, écosystème et écologie, domestication, nature vécue, nostalgie de la nature et du naturel ;
• espace, imaginaire spatial ;
• temps et calendriers, fêtes et rythmes ;
• couleurs (significations sociales et symboliques) ;
• représentations et techniques du corps : maîtrise du corps, sport, hygiène ;
• parfums, coiffure, vêtements, modes ;
• habitat, habitation, mobilier, équipements collectifs ;
• relations au végétal, à l'animal, au minéral ;
• pratiques alimentaires, manières de table ;
• cultures du langage, gestuelle, silence ;
• rire, pleurs et sentiments ;
• socialisation, éducation ;
• organisation sociale, hiérarchies ;
• production économique ;
• invention, innovation ;
• mémoire collective ;
• systèmes du droit, peines ;

- relation à l'argent (salaire, épargne, transmission du patrimoine) ;
- amour, sexualité ;
- esthétiques ;
- superstitions, spiritualités, croyances religieuses ;
- éthiques, philosophies, sagesses.

iii. Notions relatives aux problèmes de société (comme lieux potentiels de différenciations culturelles, de différenciations sociales, de désaccords fondés sur l'appartenance à des communautés différentes et/ou relevant de positions idéologiques différentes).

Les domaines suivants sont susceptibles de constituer des débats de société (dans la perspective des sociétés francophones contemporaines), dans les échanges personnels et dans les médias, en particulier :

- inégalités (sociales, régionales, hommes/femmes…) ;
- racisme, intolérance, discrimination positive ;
- système de santé et protection sociale, retraites ;
- personnes âgées, services à la personne ;
- sécurité, violence, criminalité, drogue, catastrophes naturelles ;
- écologie, pollution, principe de précaution, traçabilité des aliments… ;
- circulation automobile, accidents (de la route, du travail) ;
- rôle de la justice, égalité devant la justice, monde carcéral, peines, impunité ;
- urbanisme, urbanisation, monde rural, habitat et habitations, logement, accès au logement ;
- organisation du système éducatif, efficacité, analphabétisme, handicap, enseignement privé, confessionnel, éducation et inégalités sociales ;
- médias : pluralisme, information et désinformation, loisirs, responsabilités éducatives, industries et groupes, audience ;
- rôle de l'État, nationalisations, dénationalisations ;
- efficacité des services publics, service minimum ;
- système d'imposition ;
- coût de la vie, salaires et revenus ;
- religions, laïcité, prosélytisme, fanatisme, sectes ;
- associations, syndicats, partis politiques ;
- création artistique et littéraire, aide à la création, recherche scientifique, droit d'auteur ;
- morale publique, corruption ;
- vie politique, vie parlementaire : débats, déclarations, élections, formation des élites, politiques et presse/groupes industriels ;
- choix diplomatiques, armée et armement, conflits internationaux, alliances, construction européenne ;
- histoire coloniale ;
- valeurs sociales : liberté, égalité, équité, solidarité, justice, aide au développement, droit d'asile ; identité nationale, citoyenneté démocratique, citoyenneté internationale ;
- idéologies : libéralisme, nationalisme, fascisme, communisme, socialisme, social-démocratie, conservatisme, altermondialisme ;
- économie : rôles de l'argent, distribution des richesses, productivité, entreprises, exploitation, mondialisation, société de consommation, pauvreté, marginalisation, exclusion sociale, développement durable, revenu minimum, allocations, temps de travail ;
- unité nationale, décentralisation, autonomie régionale, intégration, minorités, langues régionales ou minoritaires ;
- identité nationale, interprétations contrastées de l'identité nationale, diversité culturelle, société plurielle, respect des différences, minorités et majorités ;

- morale : peine de mort, bioéthique, avortement, divorce, euthanasie ;
- valeurs et croyances : dieu(x), divinités, âme, vie éternelle, réincarnation, paradis, prédestination, fin des temps ;
- langue française, francophonie ;
- histoire récente.

Comme pour le niveau de référence dit « de découverte », la place relative à faire dans les programmes aux différentes composantes de la compétence culturelle/interculturelle au stade « prise de conscience » est variable en fonction des situations éducatives :

- les dimensions actionnelles n'ont de forte pertinence en tant qu'objectif que pour des enseignements se déroulant en milieu francophone ;
- il en va de même pour l'apprentissage de la gestion des dimensions relationnelles qui implique de pouvoir échanger effectivement avec des francophones ;
- les dimensions ethnolinguistiques sont partie intégrante d'enseignements véritablement communicatifs qui intègrent la prise en charge explicite de la variabilité culturelle des comportements verbaux ;
- les dimensions interprétatives sont toujours des objectifs de formation adaptés, car les jugements de valeur des apprenants sont partout suscités par le contact avec une société autre, même à travers un enseignement.

Ces finalités impliquent que les enseignants de français et de langues soient sensibilisés :

- à leur rôle éducatif, qui fait d'eux non uniquement des enseignants de français ou de langue, mais des formateurs de citoyens pour un monde multiculturel ;
- à la différence qu'il importe de marquer entre le discours tenu à la première personne devant les apprenants (par exemple, évocation de l'expérience personnelle relative à la France, à la francophonie et aux Français, aux francophones...) et le discours de transmission de connaissances établies ;
- à la nécessité d'une information (factuelle) ample et contrôlée qui prenne en compte les différences d'origine et le statut des connaissances et qui ne se restreigne donc pas à des savoirs fragmentaires, peu fiables, ou au vécu personnel (surtout pour les natifs).

Références bibliographiques

Beacco, J.-C.: *Les dimensions culturelles des enseignements de langue*, Hachette, Paris, 2000.

Beacco, J.-C. et Lieutaud, S.: *Mœurs et mythes. Lecture de documents authentiques écrits*, col. BELC/Le français dans le monde, Hachette et Larousse, Paris, 1979.

Byram, M.: *Teaching and Assessing Intercultural Communicative Competence*, Multilingual Matters, Clevedon, 1997.

Byram, M., Nichols, A. et Stevens, D.: *Developing Intercultural Competence in Practice*, Multilingual Maters, Clevedon, 2001.

Byram, M., Gribkova, B. et Starkey, H.: *Développer la dimension interculturelle dans l'enseignement des langues. Une introduction pratique à l'usage des enseignants*, Division des Politiques linguistiques, Conseil de l'Europe, Strasbourg, 2002.

Camillieri, C. (éd.): *Différence et culture en Europe*, Éditions du Conseil de l'Europe, Strasbourg, 1995.

Conseil de l'Europe: *Concepts de la citoyenneté démocratique*, Éditions du Conseil de l'Europe, Strasbourg, 2000.

Guilherme, M.: *Critical Citizens for an Intercultural World. Foreign Language Education as Cultural Politics*, Multilingual Maters, Clevedon, 2002.

Kramsch, C. et Nelson, P.: *Acquiring Cross-cultural Competence*, Singerman A. Jr, ed., 1996.

Morin, E.: *Les sept savoirs nécessaires à l'éducation du futur*, UNESCO et Seuil, Paris, 2000.

Morin, E.: *Pour une politique de civilisation*, Arléa, Paris, 2002.

CHAPITRE 10
STRATÉGIES D'APPRENTISSAGE

Ce chapitre traite non de stratégies d'enseignement, mais des stratégies mises en œuvre par les individus lorsqu'ils s'impliquent dans des activités de communication et dans le cours de leur apprentissage.

Les stratégies sont ainsi définies dans le *Cadre* :

• « Est considéré comme stratégie tout agencement organisé, finalisé et réglé d'opérations choisies par un individu pour accomplir une tâche qu'il se donne ou qui se présente à lui » (p. 15).

• « Les stratégies sont le moyen utilisé par l'usager d'une langue pour mobiliser et équilibrer ses ressources et pour mettre en œuvre des aptitudes et des opérations afin de répondre aux exigences de la communication en situation et d'exécuter la tâche avec succès et de la façon la plus complète et la plus économique possible – en fonction de son but précis » (p. 48).

• « La réalisation d'une tâche est une procédure complexe qui suppose donc l'articulation stratégique d'une gamme de facteurs relevant des compétences de l'apprenant et de la nature de la tâche. Pour répondre aux exigences de l'exécution d'une tâche, l'utilisateur/apprenant de langues met en œuvre celles de ces stratégies qui sont les plus efficaces pour la mener à bien. […] Ce sont les stratégies (générales et communicatives) qui créent un lien vital entre les différentes compétences de l'apprenant (innées ou acquises) et l'exécution réussie de sa tâche (voir 4.4. et 4.5.) » (*Cadre* p.122, 7.2.3.).

Elles ont un caractère individuel (même si des stratégies identiques peuvent être mises en œuvre par des individus différents) et structuré (les stratégies sont des conduites « organisées, finalisées et réglées », même si elles sont dans le temps mouvantes et évolutives). Elles sont adaptatives (en fonction de tâches, de buts communicatifs, de visées d'apprentissage) et donc variables.

Voici trois exemples illustrant trois cas de stratégie :

• comment mémoriser un mot nouveau dont on a saisi le sens et que l'on juge utile ou nécessaire pour un réemploi précis ;

• comment amener un interlocuteur à répéter ou à reformuler un énoncé qu'on n'a pas compris ;

• comment effectuer une tâche précise de production orale ou écrite, avec des moyens linguistiques limités.

La notion de stratégie est donc à relier, pour l'en distinguer, à celles de compétence, activité, opération, tâche, telles qu'elles sont présentées et définies dans le *Cadre* (chap. 4 et 6). Le même *Cadre* distingue par ailleurs (chap. 4) :

– les stratégies en réception ;
– les stratégies en production ;
– les stratégies en interaction ;
– les stratégies en médiation.

Elles correspondent aux activités langagières (*Cadre*, chap. 4) du sujet apprenant et communiquant. Elles se trouvent par ailleurs croisées :

– avec la définition des compétences (*Cadre*, chap. 2) ;
– avec l'inventaire typologique des activités communicatives (*Cadre,* chap. 4) ;
– avec des opérations métacognitives (planification, exécution, contrôle, remédiation (*Cadre* 4.4.1.3., 4.4.2.4.).

Les principales indications et caractérisations pour les stratégies dans le *Cadre* sont les suivantes :

p. 15 **2.1. Une perspective actionnelle**	« L'usage d'une langue, y compris son apprentissage, comprend les actions accomplies par les gens qui, comme individus et comme acteurs sociaux, développent un ensemble de **compétences générales**, et notamment une **compétence à communiquer langagièrement**. Ils mettent en œuvre les compétences dont ils disposent dans des **contextes** et des **conditions** variés et en se pliant à différentes **contraintes** afin de réaliser des **activités langagières** permettant de traiter (en réception et en production) des **textes** portant sur des thèmes à l'intérieur de **domaines** particuliers, en mobilisant les **stratégies** qui paraissent le mieux convenir à l'accomplissement des **tâches** à effectuer. » « Est considéré comme stratégie tout agencement organisé, finalisé et réglé d'opérations choisies par un individu pour accomplir une tâche qu'il se donne ou qui se présente à lui. »
p. 17	« Dans une visée d'apprentissage, les stratégies que l'individu sélectionne pour accomplir une tâche donnée peuvent jouer de la diversité des savoir-apprendre qu'il a à sa disposition. Mais c'est aussi au travers de la diversité des expériences d'apprentissage, dès lors que celles-ci ne sont ni cloisonnées entre elles ni strictement répétitives, qu'il enrichit ses capacités à apprendre. »
p. 19 **2.1.5. Tâches, stratégies et textes**	« La relation entre stratégies, tâche et texte est fonction de la nature de la tâche. Celle-ci peut être essentiellement langagière, c'est-à-dire que les actions qu'elle requiert sont avant tout des activités langagières et que les stratégies mises en œuvre portent d'abord sur ces activités langagières […]. » « La tâche peut s'effectuer aussi bien sans recours à une activité langagière ; dans ce cas, les actions qu'elle requiert ne relèvent en rien de la langue et les stratégies mobilisées portent sur d'autres ordres d'actions. »
p. 29 **3.4. Exemples de descripteurs**	« Les stratégies sont considérées comme la charnière entre les ressources de l'apprenant (ses compétences) et ce qu'il/elle peut en faire (les activités communicatives). »
p. 48 **4.4. Activités de communication langagière et stratégies**	« Les stratégies sont le moyen utilisé par l'usager d'une langue pour mobiliser et équilibrer ses ressources et pour mettre en œuvre des aptitudes et des opérations afin de répondre aux exigences de la communication en situation et d'exécuter la tâche avec succès et de la façon la plus complète et la plus économique possible – en fonction de son but précis. » « On a pu utiliser le mot "stratégies" avec des sens différents. On l'entend ici comme l'adoption d'une ligne de conduite particulière qui permet l'efficacité maximum. »

p. 107 **6.1.4.1. e. Variation** **des objectifs en relation** **au** *Cadre*	« Dans bien des parcours d'apprentissage, il peut paraître souhaitable, à un moment ou à un autre, de concentrer l'attention sur le développement des stratégies qui permettent d'accomplir tel ou tel type de tâches comportant une dimension langagière. L'objectif est alors d'améliorer les stratégies auxquelles l'apprenant a habituellement recours, en les complexifiant, en les étendant, en les rendant plus conscientes, en facilitant leur transfert à des tâches où elles n'étaient pas d'abord activées. Qu'il s'agisse de stratégies de communication ou de stratégies d'apprentissage […], il vaut la peine de faire en sorte que de telles stratégies soient effectivement cultivées aussi en tant qu'objectif, même si elles ne sauraient constituer en soi une finalité ultime ».
p. 113 **6.4.5. Stratégies** **communicatives**	« Les utilisateurs du *Cadre de référence* envisageront et expliciteront selon le cas la place des tâches, des activités et des stratégies dans leur programme d'enseignement/apprentissage en langue. »
p. 85-86 **5.1.4. Savoir apprendre**	Les aptitudes, recensées en termes de capacité en 5.1.4.3. (*Aptitudes à l'étude*) et 5.1.4.4. (*Aptitudes heuristiques*), renvoient aux stratégies, par exemple : « […] la capacité d'identifier ses propres besoins et d'organiser ses propres stratégies et procédures en conséquence. »

La présence de ce chapitre 10 dans le référentiel A2, tout comme les éléments relatifs aux stratégies (voir tableau ci-dessus) dans le *Cadre*, visent à inciter les utilisateurs à la prise en compte des stratégies des apprenants (individuelles et interindividuelles, éventuellement collectives), à les observer, à les comprendre mais aussi à les suggérer ou à les activer, voire à les moduler ou les tempérer. Les citations du *Cadre*, que nous venons de mentionner, montrent sans équivoque la place qu'il convient d'accorder aux stratégies d'apprentissage et aux stratégies de communication.

Si au niveau A1, les stratégies – sauf dans le cas d'apprenants déjà expérimentés dans l'apprentissage de langue(s) seconde(s) – sont forcément réduites (aucun descripteur disponible n'est mentionné pour le niveau A1), il n'en va pas de même pour le niveau A2.

Au niveau A2, l'apprenant commence à « entretenir un certain nombre de rapports sociaux » qui lui permettent d'engager des activités comportant un certain degré de complexité. Pour la réalisation de ces tâches, l'apprenant A2 peut « se débrouiller dans la plupart des situations quotidiennes ». Au niveau A2+, il peut participer de manière plus active à des interactions sociales, étant entendu qu'il a besoin pour cela de l'aide et de l'empathie de son interlocuteur. En d'autres termes, au niveau A2, l'apprenant dispose d'un répertoire de ressources, certes limitées, et il va mettre en œuvre des stratégies appropriées à son niveau pour mener à bien les activités communicatives de la vie quotidienne. La différence par rapport au niveau A1 est avant tout quantitative (voir 2.1., *Spécification du niveau A2*), mais, grâce à ce répertoire plus large, l'apprenant A2 peut espérer s'impliquer davantage dans les situations communicatives quotidiennes et ceci avec un premier degré de coopération.

Voici comment le *Cadre* décrit les stratégies en A2 :

pp. 53-54 **4.4.1.3 Stratégies** **de production**	[planification] « Peut tirer de son répertoire une série d'expressions appropriées et les préparer en se les répétant. » [compensation] « Peut identifier ce qu'il/elle veut en le désignant du doigt. » « Peut utiliser un mot inadéquat de son répertoire et faire des gestes pour clarifier ce qu'il veut dire. » [contrôle et correction] *Pas de descripteur.*
pp. 59-60 **4.4.2.4. Stratégies** **de réception**	« Peut utiliser le sens général d'un texte ou d'un énoncé courts sur des sujets quotidiens concrets pour déduire du contexte le sens probable de mots inconnus. »
pp. 69-71 **4.4.3.3 Stratégies** **d'interaction**	[tours de parole] « Peut commencer, soutenir et terminer une conversation simple et limitée en tête à tête ; peut attirer l'attention. » « Peut utiliser des procédés simples pour commencer, poursuivre et terminer une brève conversation. » [coopérer] « Peut indiquer qu'il/elle suit ce qui se dit. » [faire clarifier] « Peut indiquer qu'il/elle ne suit pas ce qui se dit. » « Peut demander, en termes très simples, de répéter en cas d'incompréhension. Peut demander la clarification des mots-clés non compris en utilisant des expressions toutes faites. »
p. 72 **4.4.4.3 Stratégies** **de médiation**	*Il n'existe pas encore d'échelle pour illustrer les stratégies de médiation.*

La distinction proposée entre compétences générales (*Savoir, savoir-être, savoir-apprendre, Cadre* 5.1.) et compétences communicatives langagières (*Cadre* 5.2.) signale les diverses capacités (linguistique, sociolinguistique, pragmatique) et les divers secteurs langagiers (lexique, grammaire, phonétique) où trouvent à s'investir les stratégies individuelles. Elles s'investissent également dans les interactions (en contexte guidé ou non) et dans le traitement et l'exécution des tâches.

Il faut alors distinguer les stratégies spontanées des stratégies induites, suggérées, voire inculquées (sous forme de techniques ou de méthodes), mais aussi retenir que les stratégies sont plus ou moins observables ou interprétables de l'extérieur et ne sont pas forcément conscientes chez l'apprenant[1].

D'autre part, des stratégies individuelles peuvent se trouver partagées entre apprenants, voire diffusées au niveau d'un groupe d'apprenants.

Enfin, les stratégies et leur exploitation dépendent largement du contexte, et en particulier selon que l'apprentissage premier prend place dans un environnement social homoglotte (où est parlée quotidiennement la langue cible) ou hétéroglotte (sans exposition quotidienne ou régulière à la langue cible).

Bien que la distinction soit souvent floue entre stratégies de communication et stratégies d'apprentissage, surtout en A2, on distingue ci-dessous les stratégies de communication (10.1.) et les stratégies d'apprentissage (10.2.), l'auto-apprentissage (10.3.) étant traité à part.

---

1. Diverses recherches sur l'acquisition/apprentissage des langues cherchent précisément à accéder, par différents moyens, à ces stratégies.

10.1. STRATÉGIES DE COMMUNICATION

Pour divers chercheurs, la compétence de communication inclut, outre les compétences linguistique et sociolinguistique, une compétence stratégique, consistant à élaborer et adapter des stratégies de communication aux situations d'interaction, y compris donc aux situations nouvelles ou imprévues. Cela n'implique pas que les stratégies soient à chaque fois de nouvelles conduites momentanément improvisées, mais plutôt qu'elles correspondent à des schèmes d'action, des procédures interactives construites comportant une dimension langagière.

Dans le chapitre 4.4., le *Cadre* explicite la relation entre les activités de communication langagière et les stratégies. Dès qu'il y a un degré d'implication, aussi limité soit-il, qui diffère d'une simple répétition que l'on peut trouver au niveau A1, le locuteur/apprenant met en œuvre des stratégies, qui sont « le moyen […] pour mobiliser et équilibrer ses ressources et pour mettre en œuvre des aptitudes et des opérations afin de répondre aux exigences de la communication en situation et d'exécuter la tâche avec succès et de la façon la plus complète et la plus économique possible » (*Cadre* p. 48). Ainsi, contrairement à une idée répandue, les stratégies ne sont pas de simples techniques pour combler des lacunes et réparer des erreurs de communication. Il faut les comprendre comme « l'adoption d'une ligne de conduite particulière qui permet l'efficacité maximum » (*Cadre* p. 48). Les stratégies mises en œuvre par l'apprenant constituent, par conséquent, des observables qui permettent d'apprécier son niveau de capacité. Les stratégies peuvent être considérées comme l'application de quatre principes métacognitifs : planification, exécution, contrôle et remédiation.

On peut distinguer deux types de stratégies : les stratégies défensives ou stratégies d'évitement, qui permettent de « mettre en adéquation son ambition et ses moyens pour réussir » lorsque ses ressources ne sont pas adaptées ou suffisantes, et les stratégies offensives, de prise de risque, ou les stratégies de réalisation, qui permettent une meilleure adéquation à la tâche et montrent une certaine confiance communicative (*Cadre* p. 53). Ces deux types de stratégies se retrouvent à tous les niveaux, même si on peut estimer, et observer, que les stratégies d'évitement sont plus nombreuses aux niveaux A2 et B1. Il est de ce fait fondamental d'encourager, dès le niveau A2, l'utilisation de ces stratégies qui montrent une attitude positive de l'apprenant face à son répertoire. Au niveau A2, l'apprenant doit pouvoir faire des approximations, utiliser des fragments préfabriqués, combiner et alterner les langues, bref prendre des risques et mettre à l'épreuve son répertoire bilingue (*Cadre* p. 105).

10.1.1. Stratégies en réception

Les stratégies mises en œuvre en réception suivent le schéma suivant :
Planification
• Cadrer (choisir un cadre cognitif, mettre en œuvre un schéma, créer des attentes).
Exécution
• Identifier des indices et en tirer une déduction.
Évaluation
• Vérifier des hypothèses : apparier les indices et le schéma.
Remédiation
• Réviser les hypothèses s'il y a lieu.
Les opérations cognitives qui caractérisent la réception tournent autour d'hypothèses de compréhension qui se construisent au fur et à mesure à partir de schémas et d'indices pour aboutir à la (re)construction du message écrit ou oral. Pour la réception, le *Cadre* ne fournit qu'une seule grille avec le descripteur suivant pour la partie *Exécution* (p. 60) : en A2, « peut utiliser le sens général d'un texte ou d'un énoncé courts sur des sujets quotidiens concrets

pour déduire du contexte le sens probable de mots inconnus. » On attend à ce niveau la mise en place de stratégies permettant la compréhension globale.

Nous reprenons les exemples complémentaires présentés en A1 et toujours valables en A2 :
- Porter son attention sur les unités sonores récurrentes, isolées ou non.
- Porter son attention sur les variations prosodiques.
- Porter son attention sur les indices paralinguistiques (gestes, mimiques, regards) en rapport avec les indices linguistiques et situationnels.
- Porter son attention sur les productions et interactions de locuteurs natifs dans des situations que l'apprenant est susceptible de rencontrer.
- Guetter, éventuellement susciter ou provoquer, des énoncés ou des expressions que l'on (aur)a besoin d'utiliser soi-même.
- Répéter mentalement dès réception, pour les mémoriser, des énoncés ou des unités lexicales que l'on choisit de retenir.
- Enregistrer mentalement (ou noter) des énoncés, expressions, mots, etc., pour en chercher ensuite le sens et l'emploi.
- Porter son attention sur les productions des autres apprenants non natifs.
- Utiliser différents indices de compréhension reliant l'écrit et l'oral.
- Solliciter, de façon verbale ou paraverbale, la réitération (y compris sous forme écrite en réception orale) d'énoncés ou de formes reçus (voir 10.1.4.).
- Dans le cas de réception écrite, consulter des outils tels que les dictionnaires bilingues.
- Observer et exploiter des textes ou documents « dialingues » (énoncés ou textes en deux ou plusieurs langues, tels que films sous-titrés, affiches en plusieurs langues, annonces bilingues dans les aéroports, etc.).

10.1.2. Stratégies en production

Les stratégies mises en œuvre en production suivent le schéma suivant :
Planification
- Répétition ou préparation.
- Localisation des ressources.
- Prise en compte du destinataire ou de l'auditoire.
- Adaptation de la tâche.
- Adaptation du message.

Exécution
- Compensation.
- Construction sur un savoir antérieur.
- Essai (expérimentation).

Évaluation
- Contrôle des résultats.

Remédiation
- Autocorrection.

Les activités de production sont complexes et impliquent la mobilisation de ressources pour la réalisation de la tâche, avec la prise en compte de différents éléments comme le destinataire, la tâche, le message et le contexte. Planification et exécution sont ainsi des opérations cognitives complexes. Au niveau A2, on caractérise ces stratégies de la manière suivante : en planification (répétition et localisation), « peut tirer de son répertoire une série d'expressions appropriées et les préparer en se les répétant » ; en exécution (compensation), « peut utiliser un mot inadéquat de son répertoire et faire des gestes pour clarifier ce qu'il veut dire » ; peut identifier ce qu'il/elle veut en le désignant du doigt ». On peut penser qu'à ce niveau les stratégies d'évaluation et de remédiation sont encore fragiles. Les stratégies de contournement et de réalisation peuvent être paraverbales, mais également linguistiques, utilisation de mots inappropriés. Il est important dès ce niveau de valoriser les alternances bilingues.

Nous reprenons les exemples complémentaires présentés en A1 et toujours valables en A2 :
- Utiliser des moyens non verbaux et paralinguistiques.
- Reformuler, à l'oral, un énoncé jugé mal compris.
- Utiliser, à l'oral, un(des) marqueur(s) élémentaires de reformulation ou d'autocorrection.
- Ralentir le débit.
- Syllaber.
- Allonger les syllabes.
- Éviter les zones de difficulté.
- Simplifier délibérément la forme des énoncés (« moi rentre Danemark »).
- Alterner les langues pour demander de l'aide, se faire comprendre.
- Si le contexte le permet (selon la situation et l'interlocuteur), élaborer ou essayer une production bilingue (voir 10.1.4.).

10.1.3. Stratégies en interaction

Les stratégies mises en œuvre en interaction suivent le schéma suivant :

Planification
- Cadrer (sélectionner un mode d'action).
- Estimer ce qui peut être considéré comme acquis.
- Planifier les échanges.

Exécution
- Prendre son tour.
- Coopération (interpersonnelle).
- Coopération (de pensée).
- Gestion de l'aléatoire.
- Demander de l'aide.

Évaluation
- Contrôler (le schéma et l'action).
- Contrôler (l'effet et le succès).

Remédiation
- Faire clarifier.
- Clarifier.
- Remédier à la communication.

« L'interaction recouvre les deux activités de réception et de production ainsi que l'activité unique de construction d'un discours commun » (*Cadre* p. 69). Il serait ainsi erroné de considérer l'interaction comme une forme de production orale. Les stratégies d'interaction sont originales puisqu'il s'agit de construire à deux ou à plusieurs un discours oral en temps réel. La coopération, la gestion de l'aléatoire, mais aussi le contrôle et la clarification caractérisent l'interaction. La logique des tours de parole, la politesse nécessaire pour éviter de porter atteinte à l'intégrité de l'autre, les rituels sociaux font de l'interaction une activité d'une grande complexité.

Au niveau A2, on caractérise les stratégies d'interaction de la manière suivante :
- Exécution (tours de parole) : « peut attirer l'attention » ; « peut utiliser des procédés simples pour commencer, poursuivre et terminer une brève conversation » ; « peut commencer, soutenir et terminer une conversation simple et limitée en tête à tête ».
- Coopération : « peut indiquer qu'il/elle suit ce qui se dit ».

• Remédiation (faire clarifier) : « peut indiquer qu'il/elle ne suit pas ce qui se dit » ; « peut demander, en termes très simples, de répéter en cas d'incompréhension » ; « peut demander la clarification des mots-clés non compris en utilisant des expressions toutes faites ».
On le voit bien, l'interaction au niveau A2 est très limitée. Le locuteur/apprenant A2 est toutefois capable de gérer en totalité une interaction orale (ouvrir, soutenir, terminer une conversation simple) à condition que l'interlocuteur(rice) facilite l'échange. Il commence également à s'engager dans un premier degré de coopération (peut demander de répéter, peut indiquer sa compréhension). L'évaluation de son interaction est à ce niveau problématique, il dépend essentiellement de l'interlocuteur.
Au niveau A1 et A2, pour les stratégies d'interaction, il faut envisager, éventail large, celles mises en œuvre dans divers contextes d'acquisition et d'interaction (ici essentiellement orale)[2], en champ clos et en champ libre[3]. Elles concernent essentiellement la communication orale.
Nous reprenons les exemples complémentaires présentés en A1 et toujours valables en A2 :
• Adresser la parole, en champ libre (dans la rue) ou en champ clos (service public, magasin, travail) à une personne inconnue.
• Marquer son attention à la parole de l'autre (suivi, compréhension).
• Faire répéter, reformuler ou gloser ce que l'on n'a pas (ou que l'on n'est pas sûr d'avoir) compris, particulièrement au niveau lexical.
• Éventuellement, répéter la parole de l'autre pour marquer qu'on a compris, ou non, et éventuellement son approbation, ou son désaccord.
• Interpréter et utiliser certains gestes ou mimiques accompagnateurs de la parole, y compris ceux à valeur métalinguistique.
• Alterner les langues pour demander de l'aide, se faire comprendre.
• Recourir à une médiation (voir 10.1.4.).
• Proposer une médiation.

10.1.4. Stratégies en médiation

Les stratégies de médiation (non détaillées dans le *Cadre*, voir 4.4.4.3.) renvoient soit à une activité professionnelle (traduction, interprétation), soit à des pratiques non spécialisées, variables selon les circonstances. Ces pratiques non spécialisées (médiation informelle) peuvent apparaître, de façon occasionnelle, dans les pratiques langagières d'apprenants/utilisateurs débutants, en fonction des contextes et du degré de partage des compétences linguistiques.
Compte tenu de la compétence limitée des niveaux A1 et A2, le locuteur/apprenant se trouvera plus souvent en position de solliciter la médiation d'un tiers (y compris d'un enseignant ou d'un partenaire apprenant) que de proposer la sienne. Les stratégies de médiation observables, essentiellement orales, peuvent cependant se rencontrer en contexte scolaire soit entre apprenants, soit entre enseignants et apprenants[4], par recours à la langue maternelle ou à une langue tierce partagée.
Une autre stratégie de médiation (voir 10.1.3.) consiste à proposer et apporter sa collaboration à la réalisation de tâches.

---

2. On ne présente pas ici de repères stratégiques pour l'interaction en communication électronique.
3. Par « champ libre », on entend ici des interactions en dehors d'un cadre « guidé » d'enseignement.
4. Stratégies inopinées ou préconvenues. On « traduit » (ou glose) en L1 pour aider à accéder au sens.

10.2. STRATÉGIES D'APPRENTISSAGE

On entend ici par stratégies d'apprentissage celles mises en œuvre par un apprenant pour s'approprier (apprendre, acquérir) la langue étrangère, soit en milieu guidé (dans un cadre institutionnel programmé et accompagné) soit en milieu non guidé (insertion en milieu social, sans guidage pédagogique), soit en milieu mixte, incluant simultanément et/ou successivement les deux cadres d'appropriation.

Il s'agit des moyens mobilisés par l'apprenant :

1. pour appréhender des données nouvelles, les intégrer à sa compétence, les conserver en mémoire, s'entraîner à les utiliser ;
2. pour effectuer des tâches d'apprentissage ;
3. pour évaluer et améliorer ses compétences et ses progrès.

Ces stratégies peuvent être suggérées, incitées voire inculquées. Cependant, elles relèvent en bonne partie des apprenants, de leur choix et de leur style d'apprentissage. Elles sont à distinguer des méthodes et techniques d'effectuation des tâches (activités, exercices) édictées et contrôlées par l'enseignement. Elles dépendent en effet (voir *Cadre* 5.1.4.) des caractéristiques de l'apprenant et donc de la façon dont il adapte son apprentissage aux tâches mais aussi les tâches à son apprentissage, particulièrement dans le cadre d'auto-apprentissage plus ou moins assisté (voir 10.3. ci-dessous).

Le niveau A1 / A2, utilisateur élémentaire, est celui où l'apprenant aura découvert la langue, mais aussi un univers nouveau d'activités et de tâches : même si certaines lui sont déjà plus ou moins familières (en langue maternelle et/ou en d'autres langues non maternelles, en milieu éducatif), les activités, tâches et exercices concernent là une langue nouvelle et un nouveau mode d'accès. Dans le cas d'apprenants en milieu non guidé (ou mixte), la nature et l'éventail des stratégies d'assimilation sont inséparables des stratégies d'interaction[5]. Ils relèvent de contextes différents et plus diversifiés (voir le *Référentiel* A.1.1.).

Par commodité, on distingue ci-dessous les stratégies d'assimilation (saisie, intégration) et les stratégies d'exécution de tâches, bien que celles-ci et celles-là se trouvent souvent imbriquées.

10.2.1. Assimilation

- Dans l'exposition à l'oral, découper en unités et identifier des unités.
- Intégrer en mémoire (immédiate et à moyen terme) des unités nouvelles, par divers moyens (répétition mentale, associations formelles et/ou sémantiques, situationnelles, verbo-iconiques, graphiques et/ou sonores).
- Effectuer des inférences sur le sens.
- Expliciter (rendre conscients) des règles ou éléments de règles (grammaticales, sémantico-grammaticales, etc.).
- Envisager et vérifier des différences (sémantiques, grammaticales, pragmatiques, de registre), etc.
- Confronter des productions externes (natives ou non) à ses propres productions.
- Confronter des jugements et intuitions externes à ses propres jugements et intuitions.
- Solliciter de façon autonome des informations et jugements de la part d'apprenants-pairs, d'enseignants ou d'autres informateurs, y compris hors contexte institutionnel (en milieu non guidé et en champ libre).

---

5. Dans certains contextes (travailleurs étrangers sur un chantier de construction en France, par exemple), la médiation par d'autres locuteurs bilingues plus anciens peut canaliser, épauler et structurer les stratégies (d'interaction et d'assimilation).

- Utiliser de façon indépendante diverses ressources (dictionnaires, grammaires, manuels, etc.).
- Réviser et modifier ses stratégies et ses techniques d'assimilation.
- Solliciter et éventuellement exploiter les stratégies d'autres apprenants.

10.2.2. Tâches et activités

Il s'agit ici des stratégies d'adaptation aux activités et aux tâches, et à leur traitement.
L'effectuation de tâches et d'activités met en jeu des opérations cognitives et métacognitives : planification, exécution, contrôle (et réparation) (*Cadre*, chap. 4), explicitées ou non, auprès des apprenants. Les contraintes et les latitudes varient selon que les tâches sont en temps limité ou non, étroitement définies ou non, à exécution individuelle ou collective, à fonction de contrôle ou d'entraînement.
Les stratégies ci-dessous sont listées à titre indicatif :
- prendre attentivement connaissance de la nature de la tâche et des opérations qu'elle prévoit ou implique ;
- obtenir des précisions sur la tâche à effectuer, auprès de pairs, d'enseignants ou autres ;
- planifier l'exécution, dans le temps et par étapes, soit individuellement, soit collectivement ;
- rattacher l'activité à l'expérience antérieure de tâches analogues ou comparables ;
- mobiliser les moyens cognitifs, langagiers et éventuellement matériels (outils consultables) requis ou sollicités par la tâche ;
- modifier ou moduler la tâche pour l'adapter à ses propres capacités ;
- solliciter en cours de tâche une information ou une aide, de la part d'un pair ou d'un enseignant (voir 10.1.4.) ;
- chercher à reproduire, ou à simuler, une tâche d'apprentissage dans un contexte de communication.
Pour le cas d'activités choisies ou construites par l'apprenant, voir 10.3. ci-dessous.

10.3. AUTO-APPRENTISSAGE ET AUTONOMIE

L'auto-apprentissage, assisté par diverses ressources, est à l'initiative de l'apprenant ou d'une institution, avec une visée de compétence ultérieure prévue ou indécise. S'il s'agit d'un apprentissage individuel à des fins de communication socialisée et/ou professionnelle, il met en œuvre, en plus ou à défaut d'échanges personnels, des moyens technologiques et didactiques d'apprentissage/enseignement en autonomie et/ou à distance.
Quant au niveau A1 et A2, les stratégies d'auto-apprentissage, naturellement variables selon les contextes et selon les démarches autonomes d'apprentissage initial, sont en partie celles mentionnées ci-dessus (en 10.1. et 10.2.). Mais elles sont alors dans une certaine mesure préconstruites et préorientées selon les raisons, les contraintes ou les choix d'un apprentissage initial autonomisé. Leur prise en compte au niveau A2 concerne :
- le développement des modalités d'apprentissage initial par divers moyens audio/visuels et technologiques ;
- la combinaison et la complémentarité entre des moyens d'auto-apprentissage et des apprentissages en contexte.

Le savoir-apprendre implique des capacités (*Aptitudes heuristiques, Cadre* 5.1.4.4.) « à s'accommoder d'une expérience nouvelle [...] ; à utiliser la langue cible pour trouver, comprendre et, si nécessaire, transmettre une information nouvelle [...] ; à utiliser les nouvelles technologies » (p. 86).

On signale à titre indicatif plusieurs stratégies globales :
- l'aménagement de rencontres avec des locuteurs de langue cible ou de participation à des rencontres avec des locuteurs natifs ;
- l'exposition développée à la langue cible à travers des médias (et leur choix) ;
- l'initiative de cours particuliers, sur mesure ;
- des contacts ou séjours en milieu de langue-cible ;
- la sélection et l'éventuelle combinaison de méthodes individualisées, spontanées ou conseillées, pour l'exploitation d'outils didactiques (dictionnaires, grammaires, vidéo, etc.) ;
- la tenue d'un journal d'apprentissage, répertoriant les étapes et les acquis (y compris par exemple l'enregistrement, au fur et à mesure, du vocabulaire nouvellement rencontré).

Les stratégies de communication et d'apprentissage listées en 10.2. et 10.3. se trouvent alors subordonnées et coordonnées de façon spécifique à la situation et aux démarches d'auto-apprentissage. De même, les contenus d'apprentissage des chapitres 3, 4, 5 et 6 du présent ouvrage peuvent servir, directement ou indirectement, de repère de choix à des apprenants autonomes de niveau A1 et A2.

INDEX

Cet index alphabétique concerne exclusivement les chapitres 4 (*Notions générales*) et 6 (*Notions spécifiques*) du niveau A2. Il présente, selon un ordre alphabétique combiné:
- en caractères romains, l'inventaire lexical correspondant à ces chapitres (exemples: « attendre », « aujourd'hui », « avant », « avenue », « avion »).
- en italique, les catégories et sous-catégories notionnelles (exemples: *antériorité, audition, avenir, mesure, transports*) utilisées dans ces chapitres pour le classement lexical.

Cet ordre alphabétique combiné apparaît comme suit:
attendre: 6.9.1.
audition: 4.5.1.7.
aujourd'hui: 4.4.2.1.

Les unités de l'index renvoient au numérotage des chapitres, parties et sous-parties (4.5.1.7. pour *audition*, 4.4.2.1. pour « aujourd'hui »), ce qui permet au besoin, via les sommaires des chapitres respectifs, de situer d'abord toute unité dans ses catégorie et sous-catégorie(s). Ainsi, pour « aujourd'hui: 4.4.2.1. », on trouve dans le sommaire du chapitre 4:

4.4. Temps
4.4.1. Divisions du temps
4.4.2. Localisation dans le temps
4.4.2.1. Présent

Inversement, « *présent*: 4.4.2.1. » (qui figure dans l'index à sa place alphabétique entre « présent (*adj.*) » et « printemps ») renvoie dans le chapitre 4 à:

4.4.2.1. Présent
maintenant
aujourd'hui

Dans un certain nombre de cas, il y a coïncidence entre des unités lexicales et la dénomination (métalinguistique) des catégories notionnelles-sémantiques, comme pour:
famille: 6.15.1.
famille: 6.15.1.

En ce cas, l'unité lexicale (en caractères romains) précède toujours l'indication de catégorie (en caractères italiques).

Apparaissent en caractères gras les unités introduites en A2 et ne figurant **à aucun endroit** dans les inventaires du niveau A1. Exemple:
abeille: 6.17.4.
accepter: 6.16.2.

Dans quelques cas, il s'est avéré utile de préciser le statut (adjectif, nom, verbe) de certaines unités de l'index, comme pour « plat » ou « aller ».

Figurent également dans l'index les unités lexicales relevant de listes ouvertes (indiquées dans les chapitres par [...]), comme « mimosa », « rugby » ou « chat ». Leur présence, qui ne correspond à aucune priorité au niveau A2, tient à l'exigence de la fidélité de l'index au répertoire lexical des chapitres 4 et 6. À l'inverse, un certain nombre d'unités lexicales relevant du Niveau A2 ne figurent pas dans cet index mais apparaissent abondamment au chapitre 3, comme par exemple les verbes « vouloir » et « devoir ».

Les mots grammaticaux (déterminants, prépositions, adverbes interrogatifs) et les mots phrases (« oui », « bravo », « merci », etc.), absents de cet index, sont présentés au chapitre 5.

Ainsi, la liste présentée dans l'index ci-dessous ne recense pas les connaissances lexi-cales qui *devraient* ou *pourraient* être acquises au niveau A2. Cet index n'a qu'une fonc-tion de consultation : il sert à l'utilisateur à trouver avec précision, dans les chapitres 4 et 6 :
- la mention de l'unité lexicale recherchée et la catégorie ou sous-catégorie où elle s'in-sère ;
- la mention de la (sous-)catégorie notionnelle-sémantique recherchée et les unités lexi-cales qui s'y insèrent.

Une version électronique ultérieure de l'index en permettra une utilisation plus affinée et plus efficace.

bon (*adj.*): 4.5.1.8., 4.5.1.9., 4.5.2.1., 4.5.2.2.,
    6.2.1., 6.4.2., 6.10.3.
bonnet: 6.12.3.
botte(s): 6.12.3.
bouche: 6.1.2., 6.2.1.
boucher (*n.*): 6.5.1., 6.12.2.
boucherie: 6.12.2.
bouger: 6.1.6.
boulanger: 6.5.1., 6.12.2.
boulangerie: 6.12.2.
boulevard: 6.3.3., 6.17.3.
bouquet: 6.17.5.
bouteille: 4.2.2., 6.12.6.
boutique: 6.12.1.
brancher: 6.1.7.
bras: 6.1.2.
brioche: 6.11.2.
briquet: 6.12.4.
bronchite: 6.14.2.
bronzé: 6.1.4.
brosse: 6.12.5.
brosse à dents: 6.12.5.
brosser (se - les dents): 6.14.1.
brouillard: 6.17.2.
bruit: 4.5.1.7., 6.2.1.
brûlant: 4.2.3.9.
brûlé: 6.14.2.
brûler (se): 6.14.2.
brûlure: 6.14.2.
brun (*adj.*): 4.5.1.10., 6.1.4.
brun (*n.*): 4.5.1.10.
bruyant: 4.5.1.7.
bureau: 6.4.2., 6.5.2., 6.13.5.
bureau de poste: 6.13.1.1.
bureau de tabac: 6.12.4.
bus: 6.9.2.

cachet: 6.12.6.
cadeau: 6.15.2.
café: 6.10.3., 6.11.12.
cafétéria: 6.10.3.
cahier: 6.4.2.
caisse: 6.12.1.
caissier: 6.12.1.
calculer: 4.2.3.1.
calme: 4.5.1.7., 6.2.2., 6.8.
camion: 6.9.3.
campagne: 6.6.5., 6.17.3.
campagne: 6.17.3.
camper: 6.10.2.
camping: 6.6.5., 6.10.2.
camping: 6.10.2.
camping (faire du -): 6.6.5.
canard: 6.17.4.
cancer: 6.14.2.
cantine: 6.4.2.
canton: 6.3.3.
capacité: 4.2.3.8., 4.5.2.6.
capitale: 6.17.1.

caractère: 6.2.2.
caractère: 6.2.2.
caractéristiques physiques: 6.1.4.
cardiologue: 6.14.5.
carottes: 6.11.6.
carré (*adj.*): 4.5.1.1.
carré (*n.*): 4.5.1.1.
carrefour: 6.9.4.
carrière: 6.5.7.
carte: 6.10.3., 6.12.1.
carte bancaire: 6.12.1., 6.13.2.
carte d'identité: 6.3.1., 6.3.7.
carte postale: 6.13.1.1.
carton: 4.5.1.5.
casquette: 6.12.3.
cassé: 6.14.2.
casser (se): 6.14.2.
casserole: 6.11.13.
cathédrale: 6.3.8.
cause: 4.6.6.
cause (à - de): 4.6.6.
CD: 6.16.1.
CDI: 6.4.2.
c'est: 4.1.1.
ceinture: 6.9.3., 6.12.3.
célibataire (*adj.*): 6.3.5., 6.15.1.
célibataire (*n.*): 6.3.5.
cendrier: 6.12.4.
cent: 4.2.1.
centième: 4.2.1.
centimètre: 4.2.2., 4.2.3.2., 4.2.3.3.
centimètre carré: 4.2.3.7.
centre: 4.3.3., 6.4.2., 6.18.2.
centre commercial: 6.12.1., 6.17.3.
centres d'intérêt: 6.2.3.
centre-ville: 6.17.3.
céréales: 6.11.7.
certain (*adj.*): 4.1.5.
certainement: 4.1.5.
certificat: 6.13.5.
certificat médical: 6.14.5.
certitude: 4.1.5.
chaîne: 6.7.
chaise: 6.4.2., 6.8.
chaleur: 4.2.3.9.
chambre: 6.8., 6.10.1., 6.14.4.
champ: 6.17.3.
champion: 6.6.4.
change: 6.9.7.
changement: 4.4.3.11.
changement d'adresse: 6.3.3.
changer: 4.4.3.11., 6.9.1., 6.9.2., 6.9.5., 6.9.7.,
    6.13.2.
changer d'adresse: 6.3.3.
chanson: 6.6.1.
chanter: 6.6.1.
chanteur: 6.6.3.
chapeau: 6.12.3.
charcuterie: 6.12.2.

courage : 6.2.2.
courageux : 6.2.2.
courir : 6.1.6., 6.6.4.
courriel : 6.13.1.2.
courrier : 6.13.1.1., 6.13.1.2.
cours : 6.4.2.
course : 6.6.4.
courses : 6.12.
courses (faire des -) : 6.12.1.
court : 4.2.3.3., 4.4.3.9.
couscous : 6.11.14.
cousin(e) : 6.15.1.
couteau : 6.11.13.
coûter : 6.12.1.
couverts : 6.11.13.
couvert (gîte et -) : 6.10.
crayon : 6.4.2.
crèche : 6.4.1.
crème : 6.12.5., 6.12.6.
crêpes : 6.11.14.
crevettes : 6.11.5.
crise : 6.18.1., 6.18.3.
croire : 6.3.8., 6.19.
croissant : 6.11.2.
cuillère : 4.2.2., 6.11.13.
cuir : 4.5.1.5., 6.12.3.
cuire : 6.11.14.
cuisine : 6.6.1, 6.8.
cuisiner : 6.6.1.
cuisinière : 6.8.
CV : 6.5.4.

d'abord : 4.4.3.4.
d'accord : 4.5.2.2.
danger : 6.9.3.
dans : 4.3.3., 4.4.2.3.
danse : 6.6.1, 6.6.3., 6.6.4.
danser : 6.6.1., 6.6.4.
danseur : 6.6.3.
date de naissance : 6.3.4.
dauphin : 6.17.4.
de... à : 4.2.3.4., 4.3.6., 4.4.1.
debout : 4.3.2., 6.1.6.
debout (être -) : 4.3.2.
débrancher : 6.1.7.
début : 4.4.3.4.
débutant : 6.16.1.
décembre : 4.4.1.
décider : 6.18.2.
déclaration : 6.13.5.
déclarer : 6.9.7.
décrire : 6.4.2.
dedans : 4.3.3.
degré : 4.2.3.9.
dehors : 4.3.3.
déjeuner (n.) : 6.10.3.
déjeuner (v.) : 6.11.1.
délicieux : 4.5.1.8., 6.2.1.
demain : 4.4.2.3.

demande : 6.3.7.
demander : 6.3.1., 6.16.2.
déménagement : 6.3.3.
déménager : 6.3.3.
demi : 4.2.2.
demi-heure : 4.4.1.
démocratie : 6.18.2.
dent : 6.1.2.
dentifrice : 6.12.5.
dentiste : 6.14.5.
départ : 4.3.5., 6.9.1., 6.9.2.
département : 6.3.3.
déplacer : 6.1.7.
depuis : 4.4.3.4., 4.4.3.7., 4.4.3.9.
député : 6.18.2.
dernier : 4.4.2.2., 4.4.3.5.
déroulement : 4.4.3.
derrière : 4.3.3.
descendre : 4.3.5., 6.9.4.
désert : 6.17.1.
dessert : 6.10.3., 6.11.11., 6.11.14.
dessert : 6.11.11.
dessiner : 6.6.1.
destinataire : 6.13.1.1.
détester : 6.6.1.
deux : 4.2.1.
deuxième : 4.2.1.
devant : 4.3.3.
devoir (n.) : 6.4.2., 6.18.2.
dialogue : 6.16.2.
dictionnaire : 6.16.1.
différence : 4.6.4.1.
différence : 4.6.4.1.
différent : 4.1.3, 4.4.3.11., 4.6.4.1.
difficile : 6.4.2., 6.5.3., 6.16.1.
dimanche : 4.4.1.
dimension : 4.2.3.3.
dîner (n.) : 6.10.3.
dîner (v.) : 6.11.1.
diplôme : 6.3.7., 6.5.7.
dire : 6.16.1.
direct : 6.9.2.
directeur : 6.4.2., 6.5.1., 6.15.2.
direction : 4.3.6.
direction : 4.3.6., 6.9.2.
discothèque : 6.6.1.
discuter : 6.16.2.
disjonction : 4.6.2.
disponibilité : 4.1.2.
distance : 4.2.3.4.
distance : 4.2.3.4., 4.3.4.
distractions : 6.6., 6.6.1.
distributeur : 6.13.2.
divisions du temps : 4.4.1.
divorce : 6.3.5., 6.15.1.
divorcé (adj.) : 6.3.5., 6.15.1.
divorcé (n.) : 6.3.5.
divorcer : 6.3.5., 6.15.1.
dix : 4.2.1.

dizaine : 4.2.2.
docteur : 6.5.1.
documents (d'identité) : 6.3.7.
doigt : 6.1.2., 6.2.1.
dollar : 6.12.1.
domestique (*adj.*) : 6.17.4.
domicile : 6.13.5.
dominos : 6.6.2.
donner : 6.3.1., 6.12.1.
donner à manger : 6.17.4.
dos : 6.1.2.
dossier : 6.13.5.
douane : 6.9.7.
double nationalité : 6.3.6.
doucement : 4.2.3.5., 6.1.6, 6.1.7, 6.2.1.
douche : 6.12.5., 6.14.1.
doucher (se) : 6.14.1.
doux : 4.5.1.3., 4.5.1.8., 6.2.1., 6.2.2., 6.17.2.
douzaine : 4.2.2.
droit (*adj.*) : 4.3.3., 4.5.1.1.
droite (*n.*) : 4.3.3., 6.18.2.
droits : 6.13.5.
drôle : 6.2.2.
dur : 4.5.1.3., 6.2.1., 6.4.2., 6.5.3.
durée : 4.4.3.9.
durer : 4.4.3.9.
DVD : 6.16.1.

eau : 6.8., 6.11.12.
écharpe : 6.12.3.
échanger : 6.12.1.
échecs : 6.6.2.
école : 6.4.2., 6.17.3.
école : 6.4.2.
écologie : 6.17.1.
économie : 6.18.3.
économique : 6.18.1.
écouter : 4.5.1.7., 6.2.1., 6.4.2., 6.6.3., 6.7.,
   6.16.1., 6.16.2.
écrire : 6.4.2., 6.6.1., 6.16.1., 6.16.2.
écrit : 6.16.1.
éducation : 6.4.
égal : 4.6.4.2.
égalité : 4.6.4.2., 6.18.2.
égalité : 4.6.4.2.
église : 6.3.8., 6.17.3.
élection : 6.18.2.
électricité : 6.8.
électronique : 6.3.3., 6.13.1.2.
élégant : 6.12.3.
éléphant : 6.17.4.
élève : 6.4.2.
élire : 6.18.2.
émission : 6.7.
emmener : 6.13.4.
emploi : 4.5.2.5., 6.5.1.
employé : 6.5.1., 6.15.2.
employer : 4.5.2.5.
emporter : 6.10.3.

en : 4.3.3., 4.4.1.
en bas : 4.3.3.
en bonne santé : 6.14.2.
en haut : 4.3.3.
en face (de) : 4.3.3., 4.3.6.
en même temps : 4.4.3.1.
encore : 4.2.2., 4.4.3.7., 4.4.3.8.
endroit : 4.3.1.
enfance (petite -) : 6.4.1.
enfant : 4.5.1.11., 6.1.1., 6.3.5., 6.4.1., 6.12.3.,
   6.15.1.
enfants (avoir des -) : 6.3.5.
enlever : 4.2.2., 6.1.7, 6.12.3., 6.12.6.
enregistrement : 6.9.2.
enregistrer : 6.7.
enseigner : 6.4.2.
ensemble : 4.6.1.
entendre : 4.5.1.7., 6.2.1., 6.6.3.
entier : 4.2.2.
entourer : 6.4.2.
entrée : 4.3.5., 6.3.3., 6.9.4., 6.10.3.
entreprise : 6.5.2., 6.17.3., 6.18.3.
entrer : 4.3.5., 6.9.4.
entretien : 6.12.5.
enveloppe : 6.13.1.1.
environnement géographique : 6.17.
envoyer : 6.3.3., 6.13.1.1., 6.13.1.2.
épeler : 6.16.1.
épicerie : 6.12.2.
épices : 6.11.8.
épidémie : 6.14.2.
éponge : 6.12.5.
équipe : 6.6.4.
erreur : 6.4.2.
escalier : 6.3.3., 6.8., 6.10.1.
espace : 4.3.
espagnol : 6.4.2.
essayer : 6.12.3.
essence : 6.9.5.
est (*n.*) : 4.3.6.
estomac : 6.14.2.
et : 4.6.1.
étage : 6.3.3., 6.8., 6.10.1.
état : 6.3.3.
État : 6.17.1., 6.18.2.
état civil : 6.3.5., 6.13.5.
état civil : 6.3.
été (*n.*) : 4.4.1., 6.17.2.
éteindre : 6.1.7.
étranger (*adj.*) : 6.3.6., 6.13.12., 6.16.1.
étranger (*n.*) : 6.9.7., 6.13.12.
être (*n.*) : 6.1.1.
être (*v.*) : 4.1.1., 4.1.3., 4.3.1., 4.4.1., 4.4.3.11.,
   6.1.1., 6.2.2., 6.5.1., 6.5.4., 6.5.6., 6.9.2.
être humain : 6.1.
études : 6.5.7.
étudiant : 6.4.2.
étudier : 6.4.2., 6.5.1., 6.5.7.
euro : 6.12.1.

Europe : 6.17.1.
européen : 6.3.6., 6.17.1.
Européen : 6.3.6.
événement : 6.18.1.
éventualité : 4.5.2.9.
exact : 4.5.2.3.
examen : 6.4.2., 6.14.5.
examiner : 6.14.4.
excellent : 4.5.2.1.
exceptionnel : 6.18.1.
exclusion : 4.6.5.
exercice : 6.4.2.
existence : 4.1.
expéditeur : 6.13.1.1.
explication : 6.19.
expliquer : 6.16.2., 6.19.
exposition : 6.6.1, 6.6.3.
exposition : 6.6.3.
express : 6.9.2.
extérieur : 4.3.3.
extraordinaire : 6.18.1.

face (en) : 4.3.6.
facile : 6.4.2., 6.16.1.
facture : 6.12.1.
faible : 4.5.1.7.
faim : 6.11.1.
faire : 4.2.3.1., 4.2.3.2., 4.2.3.3., 4.2.3.4.,
  4.2.3.6., 4.2.3.7., 4.2.3.8., 4.2.3.9., 6.1.4.,
  6.4.2., 6.6.1., 6.6.4.
faire attention : 6.2.1.
faire cuire : 6.11.14
faire grève : 6.5.6.
faire le plein : 6.9.5.
faire mal : 6.14.2.
faire partie de : 6.15.2.
falloir : 4.5.2.7.
famille : 6.3.5., 6.15.1.
famille : 6.15.1.
famille (situation de -) : 6.3.5.
fatigant : 6.5.3.
faune : 6.17.
faute : 4.5.2.3., 6.4.2.
faux (*adj.*) : 4.5.2.3., 6.3.7.
fax : 6.13.1.2.
féminin : 6.1.3., 6.16.1.
femme : 6.1.1., 6.1.3., 6.3.5., 6.12.3., 6.15.1.
fenêtre : 6.8., 6.9.2.
fer : 4.5.1.5.
ferme (*n.*) : 6.17.3.
fermé : 6.6.3., 6.10.1.
fermer : 6.1.7., 6.13.2.
fermeture : 6.1.7.
fête : 6.15.2.
fête (faire la -) : 6.6.1.
fêtes : 6.6.1.
feu : 6.9.3., 6.12.4., 6.13.4.
feuille : 6.4.2., 6.17.5.
février : 4.4.1.

fiche : 6.13.5.
fièvre : 6.14.2.
fièvre (avoir de la -) : 6.14.2.
figures : 4.5.1.1.
fille : 6.1.1., 6.1.3., 6.3.5., 6.15.1.
film : 6.6.1., 6.6.3., 6.7.
fils : 6.3.5., 6.15.1.
fin : 4.4.3.5.
finalité : 4.6.7.
finir : 4.4.3.5.
fleur : 6.17.5.
fleuve : 6.17.1.
flore : 6.17., 6.17.5.
fois : 4.4.3.8., 4.4.3.10., 6.12.6.
foncé : 4.5.1.10, 6.1.4.
football : 6.6.1., 6.6.4.
force : 6.1.7.
forêt : 6.6.5., 6.17.3.
formation : 6.5.7.
forme : 4.5.1.1.
forme (avoir la - de) : 4.5.1.1.
formes et figures : 4.5.1.1.
formidable : 4.5.2.1.
formulaire : 6.9.7., 6.13.5.
fort (*adj.*) : 4.5.1.7., 4.5.1.8., 4.5.1.9., 6.1.7, 6.2.1.
fort (*adv.*) : 6.2.1.
fourchette : 6.11.13.
fragile : 4.5.1.3.
frais : 4.2.3.9., 6.11.1.
français (*adj.*) : 6.3.6.
français (*n.*) : 6.4.2.
fraternité : 6.18.2.
fréquence : 4.4.3.10.
frère : 6.3.5., 6.15.1.
frigo : 6.8.
frites : 6.11.14.
froid (*adj.*) : 4.2.3.9., 6.2.1., 6.17.2.
froid (*n.*) : 4.2.3.9.
fromage : 6.11.9.
frontière : 6.9.7., 6.17.1.
fruit : 6.11.10., 6.11.11.
fruits : 6.11.10.
fruits de mer : 6.11.5.
fumée : 6.12.4.
fumeur (*adj.*) : 6.12.4.
fumeur (*n.*) : 6.12.4.
fumeurs : 6.12.4.
futur : 6.16.1.

gagner : 4.5.2.4., 6.5.5., 6.6.2., 6.6.4.
gai : 6.2.2.
gant(s) : 6.12.3.
garage : 6.9.3., 6.9.5.
garçon : 6.1.1., 6.1.3., 6.3.5.
garder : 6.4.1., 6.17.4.
gare : 6.9.2.
gâteau : 6.11.11.
gauche (*adj.*) : 4.3.3.
gauche (*n.*) : 4.3.3., 6.18.2.

2. Interagir à propos d'informations (3.1.)
Identifier
Affirmer
Décrire
S'informer sur un objet, une personne quelconque
S'informer sur le temps
S'informer sur le lieu
S'informer sur la manière
S'informer sur le degré ou la quantité
S'informer sur la cause
S'informer en demandant d'identifier
S'informer en demandant une confirmation ou un démenti
S'informer de manière informelle
S'informer en exigeant une réponse
S'informer quand on s'attend à une confirmation
S'informer en mettant en doute
Confirmer, démentir
Rectifier un énoncé positif
Rectifier un énoncé négatif
Répondre à une demande d'information en donnant des informations
  • sur le temps
  • sur le lieu
  • sur la manière
  • le degré ou la quantité
  • sur la cause
  • en identifiant
  • en exprimant son ignorance

3. Interagir à propos d'opinions ou de positions (3.2.)
Exprimer son point de vue
Exprimer son accord suite à une formulation positive ou négative
Exprimer son accord avec des réserves
Exprimer son accord avec des réserves de manière informelle
Exprimer un désaccord suite à une formulation positive ou négative
Exprimer un désaccord suite à une formulation négative
Exprimer un désaccord atténué
Exprimer un désaccord total
Exprimer son approbation
Exprimer sa désapprobation
Protester
Dire que l'on sait
Exprimer son ignorance
Exprimer le fait de se souvenir
Exprimer le fait d'avoir oublié
Rappeler quelque chose à quelqu'un
Exprimer sa certitude

Exprimer son incertitude ou sa perplexité
Exprimer son incrédulité
Exprimer l'évidence
Exprimer la probabilité ou la possibilité
Exprimer sa capacité de faire quelque chose
Exprimer son désir de quelque chose
Exprimer son intention de faire quelque chose
Exprimer l'obligation, l'interdit
Exprimer une norme morale ou sociale
Accuser, s'accuser, avouer
Rejeter une accusation
S'excuser

4. Interagir à propos d'émotions ou de sentiments (3.3.)

Exprimer le plaisir, la joie, le bonheur
Exprimer le plaisir, la joie, le bonheur de manière informelle
Exprimer la tristesse, l'abattement
Interroger sur la joie ou la tristesse
Consoler, encourager, réconforter
Exprimer sa sympathie
Exprimer son espoir
Exprimer sa déception
Exprimer sa déception de manière informelle
Exprimer sa peur, son inquiétude, son angoisse
Rassurer
Exprimer son soulagement
Exprimer la souffrance physique
Exprimer le fait d'aimer, d'apprécier quelque chose ou quelqu'un
Exprimer le fait de ne pas aimer
Exprimer la préférence
Exprimer sa satisfaction
Exprimer sa satisfaction de manière informelle
Exprimer l'insatisfaction, se plaindre
Interroger sur la satisfaction ou l'insatisfaction
Exprimer sa colère, sa mauvaise humeur
Exprimer sa colère, sa mauvaise humeur de manière informelle
Réagir à la colère ou la mauvaise humeur d'autrui
Exprimer son intérêt pour quelque chose
Exprimer son intérêt pour ce que dit quelqu'un
Exprimer son intérêt pour ce que dit quelqu'un de manière informelle
Exprimer sa surprise
Exprimer sa surprise de manière informelle
Exprimer le fait de ne pas être surpris
Exprimer son indifférence
Exprimer son indifférence de manière informelle
Exprimer sa gratitude, sa reconnaissance
Exprimer sa gratitude, sa reconnaissance de manière informelle

5. Interagir à propos d'activités ou d'actions (3.4.)

Demander à quelqu'un qu'il fasse quelque chose
- en donnant un ordre ou une instruction
- en suppliant
- en sollicitant son aide
- en passant une commande (au café, au restaurant)

Répondre à une demande
- en acceptant sans réserves
- de manière informelle
- en acceptant avec des réserves
- en hésitant ou en éludant
- en refusant

Proposer à quelqu'un qu'il fasse quelque chose
Proposer à quelqu'un de faire quelque chose ensemble
Proposer à quelqu'un de faire quelque chose à sa place ou pour lui, de l'aider
Proposer à quelqu'un de lui donner, offrir, prêter quelque chose

Répondre à une proposition
- en acceptant
- de manière formelle/informelle
- en acceptant avec des réserves
- en hésitant ou en éludant
- en refusant

Conseiller
Mettre en garde
Encourager
Demander une autorisation, un accord
Donner une autorisation sans réserves
Donner une autorisation sans réserves de manière informelle
Donner une autorisation avec réserves, de mauvais gré
Refuser
Interdire
Menacer
Promettre
Reprocher

6. Interagir dans des rituels sociaux (3.5.)

S'excuser
Attirer l'attention
Saluer
Répondre à une salutation
Présenter quelqu'un
Se présenter
Répondre à une présentation
Accueillir quelqu'un
Porter un toast, trinquer
Féliciter
Présenter ses condoléances
Adresser un souhait à quelqu'un
Prendre congé
Interagir au téléphone

- en répondant
- en demandant à parler à quelqu'un
- en s'informant sur l'identité de l'interlocuteur
- en faisant patienter
- en concluant la conversation

Interagir par courrier en commençant une lettre ou un message
Interagir par courrier en terminant une lettre ou un message
Remercier
Réagir à un remerciement

7. Structurer son propos (3.6.)

Annoncer un plan, un développement
Introduire une histoire, un récit, une anecdote
Introduire une information
Introduire un thème, un sujet
Développer un thème, un sujet en comparant
Souligner, mettre en évidence
Rejeter un thème, un sujet
Donner un exemple
Résumer
Se corriger, se reprendre
Chercher un mot ou une phrase
Remplacer un mot oublié ou inconnu par un nom ou un mot « passe-partout »
Demander de l'aide à propos d'un mot, d'une expression
Conclure son propos

8. Structurer l'interaction verbale (3.7.)

Commencer une conversation
Prendre la parole au cours d'une conversation
Demander la parole
Reprendre la parole après avoir été interrompu
Empêcher quelqu'un de parler
S'assurer que son interlocuteur a bien compris
- en lui demandant s'il comprend, s'il suit
- en définissant un mot, une expression
- par une paraphrase
- en précisant, en expliquant
- en traduisant un mot, une expression
- en épelant, en syllabant
S'assurer de bien comprendre son interlocuteur
- en lui signalant qu'on n'a pas bien compris
- en lui signalant qu'on n'a pas bien compris de manière informelle
- en lui demandant de répéter
- en lui demandant d'épeler
- en lui demandant de parler plus lentement
- en lui demandant une définition, une paraphrase
- en lui demandant une confirmation
- en vérifiant ce qu'on a compris

NOTES

NOTES

NOTES

NOTES

NOTES

NOTES

NOTES

NOTES

NOTES

NOTES

NOTES

NOTES

NOTES

Achevé d'imprimer en avril 2008 par Normandie Roto Impression s.a.s., 61250 (Lonrai)
Dépôt légal : 6299/01 - N° d'impression : 081100